AF642815

Michel Foucault zur Einführung

Philipp Sarasin

Michel Foucault zur Einführung

JUNIUS

Wissenschaftlicher Beirat
Michael Hagner, Zürich
Dieter Thomä, St. Gallen
Cornelia Vismann, Frankfurt a.M. †

Junius Verlag GmbH
Stresemannstraße 375
22761 Hamburg
Im Internet: www.junius-verlag.de

© 2005 by Junius Verlag GmbH
Alle Rechte vorbehalten
Titelbild: Jerry Bauer
Satz: Junius Verlag GmbH
Printed in the EU 2023
ISBN 978-3-88506-066-6
8., unveränderte Aufl. 2023

Bibliografische Information Der Deutschen Bibliothek
Die Deutsche Bibliothek verzeichnet diese Publikation in der Deutschen Nationalbibliografie; detaillierte bibliografische Daten sind im Internet über http://dnb.dnb.de abrufbar.

Inhalt

Zur Einführung …

… hat diese Taschenbuchreihe seit ihrer Gründung 1978 gedient. Zunächst als sozialistische Initiative gestartet, die philosophisches Wissen allgemein zugänglich machen und so den Marsch durch die Institutionen theoretisch ausrüsten sollte, wurden die Bände in den achtziger Jahren zu einem verlässlichen Leitfaden durch das Labyrinth der neuen Unübersichtlichkeit. Mit der Kombination von Wissensvermittlung und kritischer Analyse haben die Junius-Bände stilbildend gewirkt.

Von Zeit zu Zeit müssen im ausufernden Gebiet der Wissenschaften neue Wegweiser aufgestellt werden. Teile der Geisteswissenschaften haben sich als Kulturwissenschaften reformiert und neue Fächer und Schwerpunkte wie Medienwissenschaften, Wissenschaftsgeschichte oder Bildwissenschaften hervorgebracht; auch im Verhältnis zu den Naturwissenschaften sind die traditionellen Kernfächer der Geistes- und Sozialwissenschaften neuen Herausforderungen ausgesetzt. Diese Veränderungen sind nicht bloß Rochaden auf dem Schachbrett der akademischen Disziplinen. Sie tragen vielmehr grundlegenden Transformationen in der Genealogie, Anordnung und Geltung des Wissens Rechnung. Angesichts dieser Prozesse besteht die Aufgabe der Einführungsreihe darin, regelmäßig, kompetent und anschaulich Inventur zu halten.

Zur Einführung ist für Leute geschrieben, denen daran gelegen ist, sich über bekannte und manchmal weniger bekannte Autor(inn)en und Themen zu orientieren. Sie wollen klassische

Fragen in neuem Licht und neue Forschungsfelder in gültiger Form dargestellt sehen.

Zur Einführung ist von Leuten geschrieben, die nicht nur einen souveränen Überblick geben, sondern ihren eigenen Standpunkt markieren. Vermittlung heißt nicht Verwässerung, Repräsentativität nicht Vollständigkeit. Die Autorinnen und Autoren der Reihe haben eine eigene Perspektive auf ihren Gegenstand, und ihre Handschrift ist in den einzelnen Bänden deutlich erkennbar.

Zur Einführung ist in verstärktem Maß ein Ort für Themen, die unter dem weiten Mantel der Kulturwissenschaften Platz haben und exemplarisch zeigen, was das Denken heute jenseits der Naturwissenschaften zu leisten vermag.

Zur Einführung bleibt seinem ursprünglichen Konzept treu, indem es die Zirkulation von Ideen, Erkenntnissen und Wissen befördert.

Michael Hagner
Dieter Thomä
Cornelia Vismann

Vorwort

»– Wie ordnen Sie sich [als Philosoph] in die Gesellschaft ein?
– Ich mich einordnen ...« (Sch I, 713)

Michel Foucault ist schwer zu fassen. Er hat kein systematisch gegliedertes »Werk« hinterlassen, und seine intellektuelle Unruhe hat sich nicht auf die empirischen Probleme der historischen Forschungsfelder beschränkt, die er in der Dimension von Jahrhunderten durchpflügte. Foucault sah sich weder als klassischen Philosophen noch als traditionellen Historiker, sondern als »Archäologen«, »Genealogen« oder »Ethnologen« der abendländischen Kultur, gar als »Sprengmeister«, der wie ein »Geologe« das Gelände inspiziert, um es anschließend zu »sprengen«.[1] Politisch zählte er sich zur Linken, eine Zeit lang zur radikalen Linken, dennoch lehnte er den Marxismus als Denksystem mit scharfen Worten ab (ohne dabei aufzuhören, Marx zu zitieren). Rückblickend bezeichnete er sich einmal als »nietzscheanischen Kommunisten«, ein anderes Mal als »linken Anarchisten«, dann stellte er sich in die Nachfolge von Kant, lobte Max Weber und beschwor die »brüderliche« Nähe zur Kritischen Theorie. (WK, 25) Foucault einordnen? Nichts widerstrebte ihm mehr und nichts würde seinem Denken weniger gerecht. Als er in der Einleitung zu seinem Methodenbuch *Archéologie du savoir* von 1969 schon ahnte, dass man ihm wohl wieder erneute konzeptionelle Verschiebungen und Positionsänderungen vorwerfen werde, notierte er ebenso rhetorisch wie bissig: »Man frage mich nicht, wer ich bin, und man sage mir nicht, ich solle der gleiche bleiben: das ist eine Moral des Personenstandes; sie beherrscht unsere Papiere. Sie soll uns frei lassen, wenn es sich darum handelt, zu schreiben.« (AW, 30)

Kein Wunder, dass die heute schon überwältigend vielfältige Rezeption ein schillerndes, in allen Farben glänzendes Bild von »Foucault« entworfen hat. Für die einen war er schlicht »a fucking saint«[2], ein Heiliger der Gegenkultur, für andere »ein intellektuell unredlicher, empirisch absolut unzuverlässiger, kryptonormativistischer ›Rattenfänger‹ für die Postmoderne«[3]. Mehrheitlich allerdings erscheint Foucault als Begründer eines neuen Denkens in den Humanwissenschaften, als Zertrümmerer des Hegel-Marxismus, zuweilen auch als kalter »Anti-Humanist«[4]; in jüngster Zeit wird er als Visionär einer posthumanen Welt der Biopolitik[5] und der neoliberalen Machtform gelesen[6] – und gleichzeitig als Prophet der Lebenskunst, der anrührenden Sorge um sich.[7] Seit den späten 1960er Jahren, als Foucault zum intellektuellen (Pop-)Star und später auch zum letzten französischen Geistesmandarin nach Jean-Paul Sartre aufstieg, bestritt er heftig, jener Strukturalist zu sein, als den man ihn feierte. Dabei hat er allerdings selbst für solche Verwirrungen gesorgt, weil er sein Denken nicht »einzuordnen« und im Zaum zu halten vermochte – und auch nicht beabsichtigte, dies zu tun. Doch damit beweist dieses Denken seine Produktivität, seine Originalität und sein lebendiges provokatives Potential – auch dort, wo man Foucault widersprechen möchte.

Heute ist die kontroverse und vielgestaltige Rezeption seiner Schriften und sind die diversen Anschlüsse an seine Ideen lebhafter denn je.[8] Das hängt auch damit zusammen, dass posthum nicht nur die vierbändige Sammlung der verstreuten Schriften, Interviews und Vorträge erschienen ist (die *Dits et écrits*, bzw. die *Schriften*, 1994 herausgegeben von Daniel Defert und François Ewald), sondern auch schrittweise Foucaults Vorlesungen am Collège de France ediert wurden, die unser Bild dieses Denkens noch einmal zu Revisionen zwangen. »Foucault« ist nicht nur der ausgetretene Platz einer geschwätzigen Vulgata, die mit fünf Zitaten und einer Handvoll Klischees auskommt, sondern, um eine Metapher aufzugreifen, die Foucault selbst empfohlen hat, eine große Werkstatt, in der mit Foucault und über Foucault hinaus gearbeitet wird.

Die vorliegende Einführung kann diese Bewegungen der Rezeption nicht nachverfolgen, sondern muss sich darauf beschränken, den Blick auf dieses doppelt unabgeschlossene, im Tod abgebrochene und immer noch nicht vollständig edierte Werk zu lenken. Weil dieses aber, wie gesagt, nie einem systematischen Anspruch folgte, sondern Foucault seine Bücher und Texte aus den Notwendigkeiten der Gegenwart heraus schrieb, kann sein Denken nur in seiner historischen Entwicklung – die weit eher eine mäandrierende als eine zielgerichtete war – verfolgt werden. Und weil alle Welt »Foucault« zu kennen glaubt, möchte diese Einführung in erster Linie eine Hilfe bieten, Foucault (wieder) zu lesen, indem sie sein Schreiben in den Vordergrund rückt und auch kleinere, zum Teil erst mit den *Schriften* auf Deutsch erschlossene Texte in den Blick nimmt. Zuweilen – vor allem in den ersten Kapiteln – werden dabei die Dunkelheiten von Foucaults frühem Schreibstil, aber auch seine damalige Nähe zum Strukturalismus spürbar sein, was die Lektüre streckenweise erschweren mag. Doch weil die Themen und Motive, die Foucault in jenen Jahren aufgreift und entwickelt, für sein ganzes späteres Werk prägend bleiben, ist es notwendig, den »ganzen« Foucault zu lesen. Diese Einführung will zeigen, wie gewisse Fragen trotz aller Wandlungen und Verschiebungen seinem Werk eine durchgängige Struktur geben.

Wovon spricht Foucault? Im Vorwort zu den letzten beiden Bänden seiner *Histoire de la sexualité* wagte er eine gewisse Systematisierung seines Denkens: Dieses habe sich immer entlang von drei »Achsen« zur Analyse von Gesellschaften bewegt – »Wissen«, »Macht« und »Selbstverhältnisse«. (GL, 10) Üblicherweise wird, Foucaults eigener Darstellung folgend, dieses Schema zusätzlich noch chronologisch geordnet: Auf die »archäologischen« Untersuchungen zu Wissens- bzw. Denksystemen wie in *Wahnsinn und Gesellschaft* oder *Die Ordnung der Dinge* sei die »genealogische« Phase der Machtanalysen vor allem mit *Überwachen und Strafen* gefolgt, und als dritte Etappe dann die »Wende« zum Subjekt, zu den Selbstverhältnissen bzw. den »Technologien des Selbst« in den letzten beiden Bänden der *Histoire de la sexualité*. Eine solche Gliederung ist allerdings nur beschränkt hilfreich, weil Foucault schon von Anfang an die »Achsen« von Wissen und Macht in ihren Verbindungen und Überkreuzungen analysierte und weil er von Anfang an vom Problem umgetrieben wurde, was ein Individuum bzw. ein Subjekt sei. Genau so, wie er an den Schnittstellen von Wissen und Macht die Frage klären wollte, wie jeweils »Wahrheit« zustande kommt, d.h. was sich in einer bestimmten historischen Situation als »Wahrheit« durchsetzt, wollte Foucault seit *Wahnsinn und Gesellschaft* auch wissen, wie Menschen nicht nur zu von außen beschreibbaren und klassifizierbaren Individuen werden, sondern im engeren Sinne zu Subjekten mit einem »Bewusstsein«, einer »Psyche«, kurz einem »Innen«. Vom Anfang seines Werkes bis zum Schluss hat Foucault seine Antworten auf diese Frage fast immer *gegen* die Konzepte der Psychoanalyse und des Strukturalismus gestellt. Er hat das, was die Psychoanalyse als Determinanten und Schranken des Bewusstseins dechiffriert – seien es die ödipalen Familienstrukturen oder die Strukturen der Sprache –, ebenso konsequent wie radikal als historisch situierbare Machtstrukturen und Diskursmuster beschrieben. Nur etwas hat sich in Foucaults Denken im Übergang zur letzten Arbeitsphase in den frühen 1980er Jahren doch recht stark verändert: Die Frage nach der Konstruktion von Individuen durch Macht- und Diskursstrukturen wandelte sich zur Frage, wie sich Subjekte »selbst« und als »freie« konstituieren, um gegenüber den Macht- und Diskursverhältnissen eine gewisse Distanz zu gewinnen. Aus der »Technologie der Individuen« in *Überwachen und Strafen* wird im Spätwerk eine »Sorge um sich« und eine »Ästhetik der Existenz«.

Eine kurze Gebrauchsanleitung: Foucault hatte keine »Methode«, und man sollte sich beim Lesen dieser Einführung bewusst sein, dass Foucault das klar sah: »Ich versuche, meine [methodischen] Instrumente über die Objekte zu korrigieren, die ich damit zu entdecken glaube, und dann zeigt das korrigierte Instrument, dass die von mir definierten Objekte nicht ganz so sind, wie ich gedacht hatte. So taste ich mich voran und stolpere von Buch zu Buch.« (Sch III, 522) Aus diesem Grund hat Foucault die die Moderne prägenden Macht-, Diskurs- und Subjektverhältnisse in verschiedenen Varianten und Formen immer wieder neu und aus unterschiedlichen Perspektiven zu fassen versucht, so dass seine Bücher erkennbar um ähnliche Fragen kreisen, ohne dabei deckungsgleiche Antworten zu liefern. Diese Einführung beabsichtigt nicht, hier eine nachträgliche Vereinheitlichung herzustellen; sie konzentriert sich darauf, Foucaults Denkbewegungen nachzuzeichnen. Sie will weder – und das mit Bedacht – sein Denken systematisieren, noch leistet sie eine systematische Kritik seiner theoretischen Konzepte oder historischen Darstellungen. Und schließlich vermag sie – bis auf ein paar Bemerkungen – auch nicht die Frage aufzuwerfen, ob Foucaults historische Befunde jeweils »richtig« oder »falsch« waren. Denn abgesehen davon, dass ein solches Unterfangen den Rahmen dieser Einführung sprengen würde, hängen auch die Antworten auf solche Fragen jeweils stark davon ab, ob man die konzeptionellen Voraussetzungen teilt, die seine historischen Darstellungen strukturiert haben. Das bedeutet indes nicht, dass ich Foucault kritiklos gegenüberstünde. Im letzten Kapitel werde ich zeigen, wo ich die inhärente Schwierigkeit und die Probleme seines genealogischen Denkens sehe und von wo aus Foucault meines Erachtens kritisiert werden muss, damit sein Ansatz produktiv bleibt.

Obwohl man Bücher selbst schreiben muss, schuldet auch dieses kleine Buch vieles den Anregungen anderer. Ich danke Elisabeth Bronfen, Michael Hampe, Michael Hagner, Dieter Thomä, Marianne Hänseler, René Scheu, Thomas Lemke, Patrick Kury, Valentin Groebner und Jakob Tanner für ihre hilfreiche, weiterführende Kritik und ebenso meinem Lektor Balthasar Haußmann für sein Insistieren auf Verständlichkeit. Danken möchte ich Mirjam Bugmann und Maurice Erb, die für mich den Dschungel der Foucault-Sekundärliteratur durchforscht und die Erstellung des Manuskripts mit wichtigen Hinweisen begleitet haben. Und schließlich stehe ich in der Schuld von Regula Bochsler, deren unbestechlicher Lektüre des gesamten Manuskripts dieser Text viel verdankt.

Philipp Sarasin — Zürich, im Februar 2005

Zur fünften Auflage

Für diese Neuauflage wurden die in den letzten Jahren erschienenen Vorlesungen und Schriften Foucaults neu berücksichtigt und der gesamte Text, wo nötig, überarbeitet und ergänzt.

Philipp Sarasin — Zürich, im August 2012

Zur siebten Auflage

Für diese Neuauflage wurden nicht nur der Text durchgesehen und kleine Fehler korrigiert, sondern es wurde vor allem ein längerer Abschnitt über den 2018 erschienenen 4. Band der Geschichte der Sexualität eingefügt.

Philipp Sarasin Zürich, im März 2020

1. Wahnsinn, Vernunft und Schweigen

Michel Foucault, der Philosoph und Historiker, der sich als »Ethnologe« unserer Kultur verstand (Sch I, 776), war ursprünglich Psychologe. Foucault hat klinische und experimentelle Psychologie studiert, über Psychologie publiziert und unterrichtet. Auch wenn er schon mit elf Jahren dem Vater erklärt haben soll, »Geschichtslehrer« werden zu wollen – ein in dieser Medizinerfamilie »inakzeptabler Beruf«, wie der Vater sagte, es sei denn, er werde Professor an der Sorbonne (Sch I, 16) –, konzentriert sich der 20-Jährige an der Eliteschule École normale supérieure (ENS) an der Rue d'Ulm in Paris, die das Universitätsstudium begleitet, auf Philosophie und vor allem auf Psychologie. Von 1947 an hat er bei Maurice Merleau-Ponty, damals noch Repetitor an der École, ein erstes Dissertationsprojekt über die Entstehung der Psychologie bei den Nachcartesianern ins Auge gefasst, und 1949 an der Sorbonne seine Licence in Psychologie erworben. Im Oktober 1951, mit 25 Jahren, wird er als Nachfolger von Merleau-Ponty selbst zum Repetitor an der ENS; seine Vorlesungen sind bald ein Anziehungspunkt unter anderem für Paul Veyne, Jacques Derrida und Gérard Genette. Er beteiligt sich an den Experimenten im elektroenzephalographischen Labor im Krankenhaus Sainte-Anne, macht dort und im Gefängnis von Fresnes als Praktikant eine psychiatrische Zusatzausbildung und erwirbt 1952 und 1953 weitere Diplome in Psychopathologie und in experimenteller Psychologie. Daneben arbeitet er an seiner Dissertation über die Nachcartesianer – ein Projekt, das er bald aufgibt, um als Assistent nach Lille zu gehen. Unter dem Einfluss von Louis Althusser, Philosophie-Dozent an der Rue d'Ulm und Theoretiker eines »strukturalen« Marxismus, wird Foucault 1950 Mitglied der Kommunistischen Partei Frankreichs. Er begeistert sich für die pawlowsche Reflextheorie, nimmt gleichzeitig aber auch am Seminar des Psychoanalytikers Jacques Lacan, ebenfalls in Sainte-Anne, teil und liest Heidegger, Marx, Freud und vor allem Nietzsche. 1953 besucht Foucault den Psychiater Ludwig Binswanger in Kreuzlingen in der Schweiz und übersetzt zusammen mit Jacqueline Verdeaux dessen Aufsatz »Traum und Existenz« über die Daseinsanalyse. In dem kleinen Buch, das im April 1954 erscheint, ergänzt er Binswangers Text mit einem langen, von seiner Heidegger-Lektüre und der Phänomenologie Merleau-Pontys geprägten, ganz und gar unmarxistischen Vorwort (Sch I, 107-174), während seine fast gleichzeitig erschienene erste selbständige Arbeit *Maladie mentale et personnalité* (1962 in stark überarbeiteter Form unter dem Titel *Maladie mentale et psychologie* neu aufgelegt) eine marxistische, ja entlang der KPF-Linie argumentierende Analyse der Geisteskrankheit ist. Foucault kritisiert hier den existenzialistischen Ansatz in der Psychologie und begreift Geisteskrankheit als durch den Kapitalismus bedingte »Entfremdung«, von der die »wahre Psychologie den Menschen [...] befreien« (Sch I, 25) müsse. Aber Foucault war auch damals kein Dogmatiker, er begeisterte sich für den Rorschach-Test – eine Schrulle, die er noch lange pflegen wird – und für die Entwicklungspsychologie Piagets. Später wird er einige der vielen Widersprüche seiner damaligen intellektuellen und politischen Position ironisch und knapp mit den Worten kommentieren: »Ein ›nietzscheanischer Kommunist‹ sein, das war natürlich nicht praktikabel und, wenn Sie so wollen, lächerlich. Ich wusste das wohl.« (ME, 39)

Die *thèse principale* des Psychologen

Weder Foucaults Ausbildung als theoretischer Psychologe noch seine weitschweifenden und widersprüchlichen Interessen, Lektüren und Arbeiten jener frühen Jahre können in einem simplen Sinne als Ursprung oder kohärenter Ausgangspunkt für seinen späteren Denkweg konstruiert werden. Er scheint vieles ausprobiert und mit theoretischen Konzepten experimentiert zu haben, ohne sich festzulegen. Auch aus der KP trat er 1953 wieder aus – ob wegen der flagranten stalinistischen Lügen seiner Genossen, die ihm den letzten Rest Glauben an den Kommunismus raubten, oder »nur« wegen seiner Homosexualität, wie Louis Althusser später sagen sollte, ist unklar. Jedenfalls bezeichnet die Formel vom »nietzscheanischen Kommunisten« in präziser Weise die Spannungen, die damals Foucaults Denken eigenständig und produktiv werden ließen: Die *Histoire de la folie* wird stark von einem dezidiert antibürgerlichen und im Grunde marxistischen Gestus der Kritik geprägt sein, und sie verschreibt sich im Vorwort gleichzeitig »de[n] großen nietzscheanischen Forschungen«, die »die Dialektik der Geschichte mit den unbeweglichen Strukturen der Tragik konfrontieren« (WG, 11), jenen »stummen« Strukturen an den »Grenzen unserer Kultur«. (WG, 10) Das sind, wie wir sehen werden, der Wahnsinn, das Verbrechen und die Sexualität.

Das Frankreich der krisengeschüttelten IV. Republik, von Sartres Existenzialismus und dem doktrinären Parti Communiste erschien Foucault nicht als ein Ort, der für seine intellektuelle Unruhe und seine Homosexualität Platz geboten hätte. Im Herbst 1954 ging er nach Uppsala in Schweden, wo er als Lektor an der romanistischen Fakultät und zugleich als Leiter der dortigen Maison de France arbeitete – eine Position, die ihm von dem Religionshistoriker Georges Dumézil vermittelt wurde, dem er ein Leben lang intellektuell und persönlich verbunden blieb. 1958 folgte je ein Jahr in Warschau und in Hamburg. Als er im Oktober 1960 nach Paris zurückkehrte, brachte er das Manuskript seiner Dissertation mit, die er dem Wissenschaftshistoriker Georges Canguilhem vorlegte und die ihm ermöglichte, eine Professur für Psychologie in Clermont-Ferrand zu übernehmen. Doch der Wandel, den er in den letzten fünf Jahren durchgemacht hatte, war trotz dieser scheinbaren Kontinuität seiner wissenschaftlichen Arbeit tiefgreifend. Das Buch, das Foucault im Ausland geschrieben hatte und im Mai 1961 an der Sorbonne als seine *thèse principale* verteidigte – die *Histoire de la folie à l'âge classique*, veröffentlicht unter dem Obertitel *Folie et déraison* –, wird zum Ausgangspunkt für vieles, was er von jetzt an zu sagen hat. Sie ist die Basis seiner künftigen Arbeit und die erste Bestätigung eines neuen, noch immer suchenden, aber schon sehr eigenständigen Denkens. *Wahnsinn und Gesellschaft*, wie das Werk auf Deutsch heißt, ist zuallererst eine von stupender Gelehrsamkeit getragene, fast 600 Seiten starke Abkehr von der Psychologie, ja im Grunde eine Abrechnung. »In unserer Naivität«, heißt es etwas kokett in den Schlusspassagen, »haben wir uns vielleicht vorgestellt, einen psychologischen Typ beschrieben zu haben, den Irren durch hundertfünfzig Jahre seiner Geschichte hindurch. Jedoch müssen wir feststellen, dass wir bei der Abfassung der Geschichte des Irren [...] die Geschichte dessen geschrieben haben, was das Erscheinen einer Psychologie überhaupt ermöglicht.« (WG, 550)

Mit seiner historischen Arbeit über die wechselvolle Geschichte des Wahnsinns und allgemeiner noch der Unvernunft in ihrem, wie wir gleich sehen werden, konstitutiven Verhältnis zur Vernunft hat Foucault zuallererst den scheinbar gesicherten Standpunkt untergraben, von dem aus die Psychologie als positive Wissenschaft glaubt, ihre Gegenstände – den Wahnsinn, psychische Krankheiten, Störungen des Bewusstseins, ja das Bewusstsein überhaupt – als zeitlose Objektivitäten der menschlichen Natur beschreiben zu können. Schon in seiner marxistischen Theorie des Wahnsinns von 1954 hatte er zwar solche positivistischen Annahmen von an sich existierenden Geisteskrankheiten zurückgewiesen und deren gesellschaftliche Bedingtheit herausgestellt – allerdings im Rahmen einer hegelianisch-marxistischen Konzeption eines nicht-entfremdeten und selbstverständlich vernünftigen »homme réel« oder »homme lui-même«[9] als Referenzpunkt jeder Kritik.

Von diesem Idealismus rückt *Folie et déraison* ab. Einerseits wird hier das, was Bewusstsein und Vernunft des Menschen heißt, als ebenso historisches und damit kontingentes Produkt ihrer Auseinandersetzung mit der Unvernunft begriffen wie die Unvernunft bzw. der Wahnsinn selbst. Und andererseits erscheint das, was Foucault in betonter Unschärfe *folie et déraison* – Wahnsinn und Unvernunft – nennt, als eine der faktischen Möglichkeiten des Menschseins, wie sich noch zeigen wird. Aber es ist eine Möglichkeit, die von der Vernunft zum »Schweigen« verurteilt worden ist. »Die Konstituierung des Wahnsinns als Geisteskrankheit am Ende des 18. Jahrhunderts«, so Foucaults zentrale These, macht dieses Schweigen endgültig, und der Wahnsinn erscheint dann nur noch als Krankheit. Während sich zuvor immerhin noch ein gewisser Austausch zwischen Wahnsinn und Vernunft über »unvollkommen[e] Worte ohne feste Syntax, die ein wenig an Gestammel erinnern«, vollzogen habe, sei die neue Sprache der Psychiatrie »ein Monolog der Vernunft *über* den Wahnsinn«, der sich »nur auf einem solchen Schweigen«, auf der Basis der radikalen Verdrängung selbst noch dieses Gestammels, hat errichten können. Doch just diese längst versunkene Sprache ohne Syntax ist es, die Foucault umtreibt: »Ich habe nicht versucht, die Geschichte dieser Sprache [der Psychiatrie, der Psychologie] zu schreiben, vielmehr die Archäologie dieses Schweigens.« (WG, 8) Die »schrecklichen Probleme«, wie Jacques Derrida sagte[10], die Foucault sich damit in methodischer und erkenntnistheoretischer Hinsicht auflud, werden uns noch beschäftigen.

In dem Maße jedenfalls, wie für Foucault der Wahnsinn oder das Bewusstsein nicht mehr länger als zeitlose und damit als ungeschichtliche Gegenstände psychologischer Erkenntnis zu verstehen waren, wollte er konsequenterweise wissen, wie der Wahnsinn sich unter seiner gelehrten Beobachtung, Einsperrung und ärztlichen Behandlung verändert. Oder genauer noch: wie der Wahnsinn damit erst als spezifisches, von der Vernunft beschreibbares, ja als »vernünftiges«, in die Strukturen der Institutionen und des Wissens »eingeschlossene[s]« Objekt entsteht. (WG, 204 f.) Foucault wollte zeigen, dass der Wahnsinn selbst, unter dem Regime der strafenden Vernunft zuerst im so genannten »klassischen Zeitalter« – von Louis XIV. bis zur Französischen Revolution –, dann durch die Psychiatrie des 19. Jahrhunderts und schließlich auch durch die Psychoanalyse Freuds »entfremdet« wurde. (WG, 461) Foucault spielt hier mit den Begriffen *aliéné* und *aliénation*, was ebenso »entfremdet« wie »Wahnsinn« bedeutet: Der Wahnsinn wurde, so Foucault, entfremdet – und damit als *aliénation* auch erst hergestellt ... – durch eine »vergessene« (WG, 533), d.h. verdrängte Praxis der Trennung von Vernunft und Unvernunft und der Einsperrung der Wahnsinnigen in Asyle, was, so Foucaults ikonoklastische These, für die Psychologie *und* für die Psychoanalyse erst die Bedingung ihrer Möglichkeit geschaffen habe.

Dieser Wechsel der Perspektive und die Frage, welche historischen und strukturellen Voraussetzungen Gegenstände des Wissens und Wissenschaften selbst überhaupt erst möglich machen, vollzog sich im Kontext des strukturalistischen Denkens des Ethnologen Claude Lévi-Strauss und des Psychoanalytikers Jacques Lacan, aber auch der nicht am linguistischen Paradigma orientierten strukturalen Religions- und Mythenanalyse Georges Dumézils. Foucault hat Jahre später den Zeitpunkt dieses Wechsels genau situiert. Er habe sich in den frühen 1950er Jahren im Feld von Marxismus und Phänomenologie mit dem Verhältnis von gesellschaftlichen Strukturen und individuellem Dasein befasst; dann aber

> »kam es wie bei allen meiner Generation [...] bei mir zu einer Art Bekehrung, die anfangs unbedeutend erschien [...]: Die kleine Entdeckung oder, wenn Sie so wollen, die kleine Beunruhigung, die den Ausgangspunkt bildete, war die Besorgnis hinsichtlich der formalen Bedingungen, die bewirken, dass es überhaupt Sinn und Bedeutung gibt. Anders gesagt, wir haben den Husserl'schen Gedanken überprüft, wonach es überall Sinn gibt und wir allenthalben von Sinn umgeben sind, noch bevor wir die Augen öffnen und unser erstes Wort sagen. Für meine Generation erscheint der Sinn nicht von selbst; er ist nicht ›immer schon da‹ oder vielmehr, er ist ›schon da‹, aber nur unter bestimmten Bedingungen, die formale Bedingungen sind. Und seit 1955 [– es war das Jahr, in dem Foucault bei einem Paris-Aufenthalt den strukturalistischen Literaturtheoretiker Roland Barthes kennen lernte –] befassten wir uns hauptsächlich mit der Analyse der formalen Bedingungen des Erscheinens des Sinns.« (Sch I, 771[11])

Formale, strukturelle Bedingungen von Sinn und damit von erkennbaren Dingen in der Welt bzw. von wissenschaftlichen Objekten: das war die epistemologische Losung, welche die Nachkriegsgeneration der *normaliens*, der Zöglinge der École normale, von der Phänomenologie, vom Existenzialismus und damit auch von Sartre wegführte. Aber Foucault, und das zeichnet ihn aus, verstand unter diesen »Bedingungen« nicht allein formale Strukturen ohne zeitliche Dimension, sondern primär die historische Genese dieser Strukturen, das heißt eine genuine Historizität, ja die »Unerbittlichkeit« (U. Brieler[12]) der historischen Bedingungen allen Seins und allen Sinns. Auch wenn das Verhältnis von struktureller und historischer Analyse in *Wahnsinn und Gesellschaft* in einer eher diffusen Weise erscheint und Foucault dieses erst später mit den Konzepten der »Archäologie« und der »Genealogie« fassen wird (Kap. 4), so ist doch dieser doppelte Impuls hier schon deutlich präsent: Phänomene ihrer scheinbaren Natürlichkeit und Gegebenheit entkleiden, indem sie zugleich auf die strukturellen wie auf die historischen Bedingungen ihres Erscheinens zurückgeführt werden – das hieß für ihn, »die Bedingungen untersuch[en], unter denen ein wissenschaftliches Objekt entstehen konnte« (Sch I, 771). Im einzigen Interview nach der Publikation der *Histoire de la folie* erklärte er, dass er durch die Literatur des Surrealismus mit ihrer »gewisse[n] Form der Gegenwart des Wahnsinns« sowie durch die Psychoanalyse Lacans angeregt worden sei, dass ihn aber vor allem Dumézils Struktur-Begriff inspiriert habe: »Wie Dumézil dies für die Mythen tat, habe ich versucht, strukturierte Formen der Erfahrung zu entdecken, deren Schema sich, mit Modifikationen, auf verschiedenen Ebenen wiederfinden lässt.« Und diese Struktur ist, wie er in einem Wort ergänzte, »die Struktur der sozialen Trennung, die Struktur der Ausschließung« (Sch I, 235).

Die Bezugnahme auf Lacan war komplexer. Foucault kannte Lacans Position zweifellos sehr gut, die dieser in seiner berühmten programmatischen Rede auf dem Internationalen Psychoanalytiker-Kongress von 1953 in Rom – also noch vor Foucaults Abreise nach Schweden – umrissen hat. Lacan bezeichnet hier den Wahnsinn als eine Form des Sprechens, »das darauf verzichtet hat, sich erkennen zu lassen«, das heißt in die Intersubjektivität der verständlichen Sprache einzutreten. Das bedeutet, dass das Subjekt sich dem Durchgang durch jenen Nullpunkt verweigert, den Lacan *nom-du-père* genannt hat, den »Namen des Vaters«[13] und zugleich das »Nein« des Vaters, das *non-du-père* (das ›Nein‹ zum Begehren des Kindes der Mutter gegenüber), das heißt jenem »ersten Signifikanten«, dem das Subjekt sich unterwerfen muss, um in die Sprache und in die Gesellschaft bzw. eben die Vernunft eintreten zu können (vgl. Kap. 2). Das aber ist eine »Wahl«, die ein Subjekt treffen kann, und sie ist gemäß Lacan im Grunde immer und überall möglich, weil es immer und überall in menschlichen Gemeinschaften Sprache gibt. Diese an sich ungeschichtliche Struktur des Wahnsinns bedeute, so Lacan, »beiläufig gesagt« nicht, dass es nicht »lohnend wäre, im sozialen Raum die Orte zu ermitteln, die die Kultur diesen [wahnsinnigen] Subjekten speziell im Hinblick auf ihre Verwendung bei der Erfüllung sozialer Leistungen zugewiesen hat, die mit der Sprache zusammenhängen«[14]. Man könnte, so Lacan, zwar durchaus eine historische Analyse der Art und Weise unternehmen, mit der die Kultur bzw. die Gesellschaft jene behandelt, die mit den »komplexen Strukturen der Zivilisation« nicht zurande kommen. Doch Lacan interessierte sich nicht für diese Geschichte, sondern für das Verhältnis des Subjekts zur Wahrheit: Wie kann das Subjekt »seine« Wahrheit, die Wahrheit seines Begehrens und seines Unbewussten erkennen?[15] Foucault hingegen fragte, wie *über* Subjekte ein »wahrer« Diskurs gehalten wird, und er fragte nach den historischen Formen jener Zwangsverhältnisse, die das Subjekt dazu bringen, die »Wahrheit« über sich selbst auszusprechen. Erst rund dreißig Jahre später, in der Vorlesung zur *Hermeneutik des Subjekts* von 1982, wird er auf Lacans Frage nach dem Verhältnis von Subjekt und Wahrheit zurückkommen – doch dann wiederum, wie wir sehen werden, in anderer Form als dieser (vgl. Kap. 7).

Der Wahnsinn unterscheidet sich von der Vernunft dadurch, dass er nicht deren Sprache spricht, sich ihrer Syntax verweigert und mit der Intersubjektivität der vernünftigen Rede bricht. Ebenso wie Lacan glaubte auch Foucault, dass der Wahnsinn »nur in dem Maße möglich ist, wie es um ihn herum diesen Freiraum, diesen Spielraum gab, der es dem Subjekt erlaubte, die Sprache seines eigenen Wahnsinns zu sprechen und sich als Wahnsinniger zu konstituieren« (AZ, 8[16]). In den Asylen der Psychiater des 19. Jahrhunderts wird er diese Freiheit wiederentdecken – die Freiheit der Irren, nicht einfach von ihrem Wahnsinn determiniert zu sein, sondern sich »Leidenschaften, Ausschweifung, Müßiggang« hingeben zu können, »gefährliche[n] Spiele[n] der Freiheit« – einer Freiheit, die »stets am Horizont des Wahnsinns bleibt«, die aber unter den Bedingungen der modernen Psychiatrie »nur in Form unmittelbar bevorstehender Abschaffung vorhanden und möglich ist«. Sie ist die Möglichkeit einer »Wahl«, die bloß noch in einem »virtuellen Punkt« vorhanden ist und zunehmend verschwindet. (AZ, 9) Foucaults Argument ist deutlich: Die freie »Wahl« des wahnsinnigen Subjekts, von der er in Übereinstimmung mit Lacan spricht, hat eine *Geschichte*, zumindest die Geschichte der Spielräume, die man dem Wahnsinn gewährt. Ist das nun eine Geschichte des Wahnsinns selbst, eben *une histoire de la folie* ... – oder bloß eine Geschichte seiner Spielräume, eine Geschichte allerdings, die dann untergründig umso gewisser mit dem Wahnsinn als einer (mit Nietzsche gesprochen) »Struktur des Tragischen«, d.h. des Nicht-Geschichtlichen (WG, 10), rechnet und von dort aus ihre Tiefe gewänne? Wir werden sehen, dass diese Frage als dauernde Unschärfe Foucaults gesamtes Buch durchzieht.

Foucault will zeigen, dass der Wahnsinn eine Grenzlinie der abendländischen Kultur darstellt, die er in den Kontext ähnlicher Grenzziehungen einordnet, um damit nichts weniger als die Entstehung dieser Kultur und »Geburt ihrer Geschichte« (WG, 9) verstehen zu können. Im Vorwort, geschrieben mitten im »Fieber« (ME, 55) des Algerienkriegs, konstatiert er bestimmte »Erfahrung[en] an der Grenze unserer Kultur [...], die zugleich eine ursprüngliche Abgrenzung bedeute[n]« (WG, 8), mithin konstitutive Trennungen, »die ihr den Ausdruck ihrer Positivität verleih[en]« (WG, 9): Zuallererst nennt er jenen »Trennungsstrich, den der Orient darstellt: der Orient, den man sich als Ursprung denkt, als schwindeligen Punkt, an dem das Heimweh und die Versprechen der Rückkehr entstehen, der Orient, der der kolonialisatorischen Vernunft des Abendlandes angeboten wird, der jedoch unendlich unzugänglich bleibt, denn er bleibt stets die Grenze« (WG, 10). Zweitens: der Traum, den der Mensch im Grunde nicht ernst nimmt und »in die Lächerlichkeit der Traumdeutung zurückdrängt«: ein deutliches Signal der Absage an Freud, der den Traum den »Königsweg« zum Unbewussten genannt hat. Dann drittens die »Geschichte der sexuellen Verbote«, die »in unserer Kultur [...] ständig sich bewegenden und obstinaten Formen der Repression«, deren Geschichte man schreiben müsse, um »als Grenze der abendländischen Welt und als Ursprung ihrer Moral die tragische Abtrennung der glücklichen Welt der Lust an den Tag zu bringen«. Und viertens: »Man muss schließlich und endlich von der Erfahrung mit dem Wahnsinn sprechen« – dies sei »nur die erste und wahrscheinlich die einfachste der langen Forschungen [...] im Lichte der großen nietzscheanischen Forschungen«, die Foucault zu unternehmen ankündete, später in dieser Form allerdings nicht weiterverfolgt hat. (WG, 10f.; AZ, 28)

Die Geschichte des Wahnsinns ...

Die Trennung ist das zentrale Thema der *Histoire de la folie*: Für Foucault gibt es eine Art Gründungsakt, eine ursprüngliche und »konstitutiv[e ...] Geste, die den Wahnsinn abtrennt«, eine Geste, die gleichzeitig den Wahnsinn und die Vernunft hervorbringt und zwischen ihnen ein Schweigen etabliert, indem sie »die Vernunft und den Wahnsinn als künftig äußerliche, für jeden Austausch taube und beide gewissermaßen als tote Dinge herunterfallen lässt«. (WG, 7) Es gibt »einen Punkt Null der Geschichte des Wahnsinns«, den man »wiederzufinden versuchen muss«, einen von Foucault angenommenen *degré zéro* (DE I, 159; WG, 7) der abendländischen Geschichte – die Reverenz an Roland Barthes Erstlingsarbeit *Le degré zéro de la littérature* von 1953, die die formale *écriture* eines Textes von seinem bewussten Stil oder seiner Sprache unterschied, ist unüberhörbar. An diesem Nullpunkt ist »der Wahnsinn noch undifferenzierte Erfahrung, noch nicht durch eine Trennung gespaltene Erfahrung« (WG, 7); »[v]on unterhalb der Geschichte«, wie Foucault diese Zone einer ursprünglichen Erfahrung nennt, tönt »das obstinate Gemurmel einer Sprache, die *von allein* spricht, ohne sprechendes Subjekt und ohne Gesprächspartner« (WG, 12). Hier sind Sinn und Unsinn noch ungetrennt – »es ist die verkalkte Wurzel des Sinns« (WG, 12).

Foucault wird sein ganzes Werk hindurch, von diesem emphatischen Anfang an bis zu seinem Tod, den Begriff der Erfahrung ins Zentrum seiner Arbeit stellen, indem er die Bedingungen rekonstruiert, unter denen eine Erfahrung möglich ist, und es wird im Vorwort der *Histoire de la folie* deutlich, wie sehr er hier, zu Beginn seines Denkweges, vom Nullpunkt einer ewig verlorenen ursprünglichen Erfahrung träumt, die noch nicht durch eine »Trennung« konstituiert wurde, das heißt durch eine

»Geste«, die zugleich das Einsetzen einer Sprache und ein sozialer Ausschluss ist. Bevor wir uns Foucaults Darstellung der Geschichte des Wahnsinns vergegenwärtigen, ist es daher notwendig, kurz bei diesem Punkt zu bleiben. Jacques Derrida, Foucaults Schüler an der ENS, wird 1963 in einem Vortrag gegen diesen Traum einer ursprünglichen Erfahrung und einer »Archäologie des Schweigens« einwenden, dass jede nichtwahnsinnige Sprache notwendigerweise eine Sprache der Vernunft ist, die auch Foucault nicht umhin kommt zu sprechen. Zudem riskiere derjenige, der »die Geschichte der Entscheidung, der Trennung, des Unterschieds [zwischen Vernunft und Wahnsinn] schreiben will [...], die Teilung als Ereignis oder als Struktur, die der Einheit einer ursprünglichen Präsenz begegnet, zu konstituieren und so die Metaphysik in ihrem fundamentalen Tun zu bekräftigen«[17]. Mit anderen Worten: Die Rede von einer »Trennung« jener ursprünglichen, ungeteilten Erfahrung des Wahnsinns behaupte eine verlorene Präsenz oder Realität; damit huldige sie der Metaphysik, die immer schon die Präsenz ursprünglicher Ganzheiten unterstellt hatte. Weil sich Foucault dieser Schwierigkeit bewusst gewesen sei, werde im Grunde »das Schweigen des Wahnsinns im Logos dieses Buches nicht *ausgesprochen* [und] kann nicht ausgesprochen werden, sondern wird indirekt, metaphorisch, wenn ich so sagen darf, im *Pathos* – dieses Wort hier im besten Sinne verstanden – dieses Buches gegenwärtig gemacht«[18].

Foucault war vor allem durch Derridas Kritik an seiner Interpretation der *Meditationen* von Descartes (siehe unten) sehr verletzt und antwortete 1972 in einem neuen Nachwort zur *Histoire de la folie*.[19] Doch abgesehen davon schien er später Derridas Rede vom »Pathos« in gewisser Weise zu bestätigen, indem er sagte, das Buch habe dazu gedient, ein neues Verhältnis »zum Wahnsinn, zu den Irren, zur psychiatrischen Institution und sogar zur Wahrheit des psychiatrischen Diskurses« zu ermöglichen, und zwar indem es »als eine Erfahrung dient, viel eher denn als Feststellung einer historischen Wahrheit«. (ME, 30) Tatsächlich gibt es in *Wahnsinn und Gesellschaft* eine kaum fassbare Ebene, auf der der Wahnsinn – ein Begriff, den Foucault nirgends expliziert – als etwas erscheint, was jenseits der Sprache der Vernunft weiterhin existiert und für die »Erfahrung«, von der Foucault in der eben zitierten Passage sprach, so etwas wie eine heimliche Referenz darstellt. Nicht zufällig heißt es im letzten Satz vor dem epilogartigen Schlusskapitel, dass der Wahnsinn bzw. allgemeiner noch die Unvernunft »nur noch im Aufblitzen von Werken wie Hölderlins, Nervals, Nietzsches oder Artauds«, also in Werken ›wahnsinniger‹ Dichter und Philosophen, weiterlebt (WG, 536) – Autoren, auf die sich Foucault auch später immer wieder beziehen wird.

Wie auch immer man sich also den »Punkt Null« einer ursprünglichen Erfahrung und die Idee einer ersten Geste der »Trennung« vorstellen mag und wie skeptisch auch immer man die Möglichkeit der historischen Rekonstruktion jener Geste beurteilt – sie erschienen Foucault jedenfalls als die notwendige Voraussetzung, um die reziproken Gestalten der Vernunft und des Wahnsinns als *ausschließlich* geschichtlich gewordene Formen der Erfahrung zu beschreiben. Nur so konnte er die kühne Behauptung wagen, dass es den Wahnsinn, das heißt jenen, den die Psychologie und die Psychiatrie beschreiben, nicht immer schon gab, sondern dass dieser als das verstoßene und bald einmal eingesperrte Andere der Vernunft historisch entstanden ist. Umgekehrt aber kann auf diese Weise – und darin liegen das aufklärungskritische Pathos und zugleich die Bedeutung von *Wahnsinn und Gesellschaft* – auch die Vernunft als das Produkt derselben »Struktur der Ablehnung« (WG, 12), ja sogar einer »blitzartigen Entscheidung« (WG, 13) erscheinen (einer »Entscheidung« nicht des wahnsinnigen Subjekts, sondern der abendländischen Kultur). Es ist dies eine Vernunft, die aus dem Sieg über den Wahnsinn hervorgegangen ist, eine kalt beobachtende, überwältigende und einsperrende Vernunft. Und diese Vernunft ist im Kern bürgerlich, weil sie sich von ihrer Nützlichkeit her definiert: Nicht zufällig bestimmt Foucault den Wahnsinn zuallererst als *absence d'œuvre* (DE I, 162), als »Fehlen einer Arbeit« (WG, 11) oder richtiger als »Abwesenheit eines Werks« (Sch I, 227): Er ist all das, was die bürgerliche Ratio nicht ist; er bringt kein einem Individuum zurechenbares Werk hervor, er ist weder produktiv noch bewusst und verweigert sich, wie Derrida ergänzt, *per se* der Syntax eines vernünftigen, »normalen« Sprechens.[20]

Weil, wie gesagt, die ursprünglichen Erfahrungen der Nicht-Getrenntheit von Vernunft und Wahnsinn, vielleicht in Formen der »Prophetie« (WG, 405), versunken sind, konzentrierte sich Foucault darauf, die vergessenen Gesten der Trennung zu rekonstruieren und sie wieder ans Licht zu bringen. Das ist eine philosophische Konzeption im Gewand einer historischen Analyse: Ziel ist »eine Strukturuntersuchung der historischen Gesamtheit – Vorstellungen, Institutionen, juristische und polizeiliche Maßnahmen, wissenschaftliche Begriffe – [...], die einen Wahnsinn gefangen hält, dessen ungebändigter Zustand in sich selbst nie wiederhergestellt werden wird« (WG, 13). Foucaults historische Darstellung beginnt mit dem Ende des Mittelalters (ohne dass er dabei, wie Derrida zu Recht kritisch anmerkt, die Frage stellt, ob nicht auch die Antike schon eine Trennung von Vernunft und Wahnsinn kannte[21]), als das Verhältnis zum Wahnsinn zumindest noch voller Ambivalenzen war. Man sperrte die Irren in Narrentürme ein oder sandte sie – angeblich – auf Schiffen auf eine Reise ohne Wiederkehr, zuweilen aber nahm man sie auch in Hospitäler auf oder ließ sie inmitten der Gesellschaft leben.

Die Grenzziehungen waren alles andere als klar. Im Epochenumbruch seit der Mitte des 15. Jahrhunderts erscheint der Wahnsinn zunehmend als die beunruhigende andere Seite der eigenen Kultur, als eine bedrohliche Nachtseite, wie sie in den Bildern von Bosch und Brueghel oder in Sebastian Brants *Narrenschiff* von 1492 Ausdruck gefunden hat. Der Wahnsinnige wird zur doppeldeutigen Gestalt, der die »große Unruhe« gegen Ende des Mittelalters symbolisiert: »Drohung und Verlachen, schwindelerregende Unvernunft der Welt und unbedeutende Lächerlichkeit der Menschen« (WG, 31); in der Kultur der Renaissance, etwa in *King Lear* und vor allem in *Don Quichotte*, ist diese Stimme des Wahnsinns noch vernehmbar. Doch mit den *Meditationen* von Descartes (1641) setzt sich die abendländische Vernunft endgültig vom Wahnsinn und den Wahnsinnigen ab. Die absolute Sicherheit und Selbstgewissheit des Vernünftigen, der über Wahnsinnige sagen kann, so Descartes, »die sind eben von Sinnen, und ich würde selbst als nicht weniger verrückt erscheinen, wenn ich deren Beispiel auf mich übertragen würde« (zitiert nach WG, 69), deutet Foucault als »eigenartigen Gewaltakt«, durch den das nun beginnende »Zeitalter der Klassik den Wahnsinn [...] zum Schweigen« bringt (WG, 68 – während Derrida einwendet, Descartes habe sich, ganz im Gegenteil, in seinem radikalen Erkenntniszweifel der Möglichkeit des Wahnsinns geradezu ausgesetzt). Gemäß Foucault ist mit Descartes »eine Trennungslinie gezogen worden« (WG, 70), und es ist für ihn kein Zufall, dass im selben historischen Moment, 1656, das Hôpital général in Paris eröffnet wird, jene erste große Anstalt, die dazu bestimmt ist, als Internierungsort für Bettler, Kranke und Kriminelle, Libertins und Wahnsinnige zu dienen: »Seit der Mitte des siebzehnten Jahrhunderts ist der Wahnsinn an dieses Gebiet der Internierung und an die Geste, die ihm dieses Gefängnis als seine natürliche Bleibe zuwies, gebunden.« (WG, 71) Aber eben nicht nur der Wahnsinn: Ein Prozent der Bevölkerung von Paris soll zeitweilig im Hôpital général eingesperrt gewesen sein; es sei dies, so Foucaults zentrale These, eine »große Gefangenschaft« (WG, 68) gewesen, die den Wahnsinn zusammen mit Arbeitsscheuen, Gesetzlosen und Libertins wie den unglücklichen Marquis de Sade unter dem neuen Zeichen der »Unvernunft« trifft – mit jener neuartigen Moral der Vernunft, die zum Zweck der sozialen Kontrolle all jene, die ihr fremd sind, in die königlichen Verliese wirft. Mit der Einsperrung des Wahnsinns und angesichts der Ketten, in denen dieser sich im Spektakel seines blindwütigen Tobens offenbart und im Delirium die Wahrheit über sich selbst, reine »Nicht-Vernunft« zu sein, ausspricht (WG, 246), gewinnt die Vernunft der Aufklärung erst ihr Profil: Sie erweist sich als leidenschaftslos vernünftig.

Es ist erkennbar, dass Foucaults Pointe in dieser Geschichte der Vernunft nicht die eines traditionellen Historikers ist, sondern jene eines genealogisch arbeitenden Philosophen, der, historisches Material zur Hand, den gleichsam idealtypischen Punkt (vgl. dazu Kap. 4) zu bestimmen sucht, an dem die aufklärerische Vernunft sich endgültig vom Wahnsinn als ihrem manifesten Gegenteil losgesagt hat. Die historische Forschung hat denn auch die von Foucault postulierte »große Einsperrung« in der zweiten Hälfte des 17. Jahrhunderts mehrheitlich als Mythos zurückgewiesen.[22] Gleichzeitig aber zeigt die Psychiatriegeschichtsschreibung seit etwa den 1980er Jahren, dass Foucaults Konzeptionen der Trennung von Vernunft und Wahnsinn und der Verbindung von Wissen und psychiatrischer Macht als neue Perspektiven für die Forschung wahrgenommen und genutzt werden. Foucaults untergründig mythologische Konzeption des eingesperrten Wahnsinns ermöglichte und provozierte eine neue Art von historischer Forschung, die die Arbeit der Psychiater und ihrer Kliniken nicht mehr grundsätzlich als

»human« und »fortschrittlich« qualifizierte, sondern nun sehr viel differenzierter nach den Machteffekten des psychiatrischen Wissens in der Moderne fragt.[23]

... als Genealogie der Psychoanalyse

Diese moderne Geschichte des Wahnsinns beginnt in der foucaultschen – und das heißt zugespitzten – Darstellung mit der so genannten »Befreiung« der in den Pariser Hospitälern Bicêtre und Salpêtrière eingesperrten Wahnsinnigen aus ihren Verliesen durch den Arzt Philippe Pinel 1793. Dieser Akt gehört nicht nur zum eisernen Bestand der Gründungsmythen der Psychiatrie, sondern des modernen ärztlichen Humanismus überhaupt. Foucault scheut keine Mühe, diesen Mythos zu zerstören; er liest die Befreiung des Wahnsinns als dessen Einsperrung in das noch einschränkendere Raster der psychiatrischen Klassifikation, überdies in eine Logik der Schuld und des Geständnisses und schließlich der bürgerlichen Familiennormen, wie gleich zu zeigen sein wird. Auch wenn man Foucaults zweifellos etwas clichéhafte Darstellung Pinels kritisieren mag, so darf man diesen Punkt dennoch nicht übersehen: Was Foucault an Pinel interessiert, ist die grundsätzliche Frage, wie ärztliches Wissen, sogar ›humanes‹, ›gut gemeintes‹ Wissen, in unmittelbare Macht umschlagen kann, die in ihren Auswirkungen den Effekten der Einsperrung kaum nachsteht.

Am Anfang dieser modernen Geschichte des Wahnsinns stand eine Unruhe, die vor Pinel einsetzte und die nichts mit einem humanen ärztlichen Willen zur Heilung des Wahnsinns zu tun hatte. Es ist eine Angst vor der Ansteckung mit »Fiebern« und »Fäulnis« – diffuse Bilder für den Wahnsinn, der pestilenzartig von den Internierungshäusern ausgehe, wie die Zeitgenossen seit der Mitte des 18. Jahrhunderts fürchteten. (WG, 360 f.) Foucault sieht in ihnen den wahren Ausgangspunkt der vielen Reformanstrengungen der Revolutionszeit, die nicht die Irren befreien, sondern die normalen Kriminellen und die Libertins von ihrer schmachvollen gemeinsamen Haft mit den tobenden Wahnsinnigen erlösen wollten. Dass zunehmend spezielle Spitäler für den Wahnsinn errichtet wurden, welcher jetzt wieder überall, in der Gesellschaft und in den alten Internierungshäusern, entdeckt wurde, ermöglichte erst das Auftreten der modernen Figur des Geisteskranken. Dieser konnte in den neuen, spezialisierten Anstalten, in diesem »zweiten Schweigen [...] schließlich reden« (WG, 407). Er konnte »eine Stimme hören [lassen], die zum ersten Mal in der Geschichte des christlichen Abendlandes nicht die der Prophetie, die der Angst oder der Besessenheit, noch die Bouffonerien sind; es sind Stimmen, mit denen der Wahnsinn [...] für sich selbst spricht« (WG, 405) – ein »entfremdeter« Wahnsinn natürlich, aber ein Wahnsinn, der im Rahmen einer psychiatrischen Klassifikation zur Sprache gebracht wird. Es ist dies die Geburtsstunde des Irrenasyls, der spezialisierten Einrichtungen für Geisteskranke. Foucault unterstreicht mehrmals, dass diesem Übergang keine theoretische medizinische Anstrengung zugrunde lag, keine besondere philanthropische Neigung (WG, 413) und auch keine »fortschreitende Einführung der Medizin« (WG, 454) in den dunklen Raum der Asyle, sondern dass umgekehrt die Psychiatrie nur auf dem Hintergrund der zweiten Einsperrung entstehen konnte: »[D]ie Art, *wie man den Irren entfremdet*, wird vergessen, um als *Natur der Alienation* wiederzuerscheinen. Die Internierung ist im Begriff, sich nach den Formen zu ordnen, die sie hat entstehen lassen.« (WG, 455)

Foucault wird sich später gegenüber der heftigen Ablehnung, die sein Buch von Seiten der Psychiatrie und der Psychoanalytiker erfahren hat[24], ziemlich begriffsstutzig zeigen und betonen, er habe doch nur die Geschichte des Wahnsinns bis ins frühe 19. Jahrhundert hinein geschrieben. (ME, 30) Das war diesen Kritikern gegenüber nicht ganz fair, denn tatsächlich hat Foucault die genealogische Dekonstruktion der nur scheinbar zeitlosen Wahrheiten der Psychiatrie in seiner Genealogie der Psychoanalyse und der modernen Seele, auf die die *Histoire de la folie* hinausläuft, noch zugespitzt. Er zeigt die beiden Gründerväter der Psychiatrie, Philippe Pinel in Frankreich und William Tuke im Milieu der englischen Quäker, als Begründer einer klinischen Praxis der Irrenbehandlung, die den physischen Zwang (mehrheitlich) durch moralische Zwänge ersetzte: durch die Unterordnung unter eng gefasste soziale Normen in der »Freiheit« (WG, 509) der Klinikgemeinschaft, durch das Verantwortlichmachen für die soziale Abweichung, die der Wahnsinn darstellt, und damit durch das Erzeugen der »Schuldhaftigkeit des Irren« als Erzeugung eines »Bewusstsein[s] seiner selbst«, was als Bedingung für seine Rückkehr zur Vernunft galt. (WG, 506 f.) Hinzu kam das Spiel sozialer Rollen nach dem Muster der bürgerlichen, »heiligtumartige[n] Familie, die eine institutionelle Parodie darstellt, aber eine wirkliche psychologische Situation ist« (WG, 513). In dieser künstlichen Familie des Asyls wurde der Wahnsinn »in das eingehüllt, was man antizipativ einen ›elterlichen Komplex‹ nennen könnte. Die Geltung des Patriarchats«, repräsentiert durch den allmächtigen Arzt im Asyl, »belebt alles um ihn herum in der bürgerlichen Familie. Diese historische Sedimentierung wird« – und das ist Foucaults bissigster genealogischer Angriff auf Freud – »die Psychoanalyse später an den Tag bringen und ihr in einem neuen Mythos die Bedeutung des Schicksals geben, das die abendländische Kultur und vielleicht jede Zivilisation durchfurchen soll« (WG, 512). Die von Freud nach dem Sophokles-

Drama *König Ödipus* »Ödipus-Komplex« genannte psychische Grundstruktur des (männlichen) Kindes, das die Mutter begehrt und deshalb den Vater töten will, diesen Wunsch um seiner künftigen psychischen Gesundheit willen aber verdrängen, sich mit dem Vater identifizieren und eine andere Frau begehren muss, wurde von Lévi-Strauss zu dem jede Kultur begründenden ersten Tauschakt, zur Nahtstelle von Natur und Kultur und damit zum Nullpunkt von Kultur überhaupt erhoben. Bei Foucault hingegen erscheint sie als individualisierte und in die »Tiefe« der Psyche versenkte Kopie jener »vergessenen Praxis« (WG, 533) eines ganz anderen, keineswegs mythischen, sondern vollständig modernen Dramas. Es erzählt davon, dass Pinel und Tuke die Irren an einen Vater-Arzt gebunden und Heilung durch Identifikation mit diesem Vater versprochen haben. Diese Identifikation sei von Freud nochmals radikalisiert worden, indem dieser »alle Strukturen, die Pinel und Tuke in der Internierung angebracht hatten, in die Hände des Arztes übergehen« (WG, 535) ließ. Insofern beginnt für Foucault das moderne Zeitalter des Wahnsinns mit der »Befreiung« der Irren von ihren Ketten und endet nicht mit Freud: »Künftig und für einen Zeitraum, dessen Ende wir noch nicht fixieren können, werden die Diskurse der Unvernunft unlösbar mit der halb realen, halb imaginären Dialektik der Familie verbunden sein. [...] So wird in der modernen Welt das, was einst die unaufhebbare Konfrontation der Vernunft mit der Unvernunft war, zum stummen Schlagen der Instinkte gegen die Festigkeit der Institution Familie und gegen ihre archaischen Symptome werden.« (WG, 513)

Foucault hat in *Wahnsinn und Gesellschaft* nicht nur ein düsteres Bild der Vernunft entworfen. Er hat vor allem die Psychoanalyse, die den Strukturalisten und Poststrukturalisten von Lévi-Strauss über Louis Althusser und Jacques Derrida bis Judith Butler als aufklärerische Gegenwissenschaft erschien und erscheint, in die Ahnenreihe der einsperrenden und Geständnisse erzwingenden Vernunft gestellt, die »der souveränen Arbeit der Unvernunft fremd« bleibt und »weder befreien noch transkribieren, geschweige denn erklären« kann. Wir werden später sehen, dass er dieses Urteil trotz einer spürbaren Ambivalenz Freud gegenüber – »man wird Freud eines Tages Gerechtigkeit widerfahren lassen müssen« (Sch I, 547) – und einer zeitweiligen Nähe zu Lacan in den 1960er Jahren nicht mehr revidieren wird. Für Foucault »manifestiert sich das Leben der Unvernunft«, deren Spuren er verfolgte und deren Ort er in seinem Schreiben suchte, nur noch in den Werken jener wahnsinnigen Dichter und Philosophen, die »durch ihre eigene Kraft jenem gigantischen moralischen Gefangenendasein widerstehen, das man gewöhnlich [...] die Befreiung der Irren durch Pinel und Tuke nennt«. (WG, 536)

Der Mensch, der Wahnsinn und das Werk

Die *Histoire de la folie* – deren ironischen Echoeffekt auf die in den französischen Schulen kanonische »Histoire de la philo« man nicht unterschätzen sollte – wird im Vorwort und im Schlusskapitel klammerartig von zwei großen Themen zusammengehalten, die weit über den Wahnsinn hinausweisen und fortan Foucaults Werk begleiten werden: einleitend, wie wir gesehen haben, das Thema der Grenzziehungen einer Kultur als deren wahre Geschichte, und abschließend, als leitmotivischer Auftakt für die nächsten Bücher, die Frage, was der Mensch sei bzw. wie in der abendländischen Kultur der Mensch als Subjekt und Objekt der Erkenntnis erscheint. Das Resultat jener historischen Bewegung, die die Spielräume des

Wahnsinns definiert, sieht Foucault im Übergang vom stummen Wahnsinn des klassischen Zeitalters zu dem seine eigene Wahrheit aussprechenden des modernen Asyls: Jetzt sagt der Wahnsinn über das ihn betrachtende Subjekt etwas Entscheidendes *mehr* aus als nur die Bestätigung von dessen Vernunft durch die Manifestation des Nicht-vernünftig-Seins des Wahnsinns im Delirium: »Nun betrachtet man [den Wahnsinn] neutraler und leidenschaftlicher zugleich. Neutraler, weil man in ihm die tiefen Wahrheiten des Menschen entdecken wird« – alle abgründigen Möglichkeiten des Menschen, die eben nicht das ›ganz Andere‹, sondern vielmehr das heimlich Eigene der menschlichen Natur sind, das heißt also »jene tief schlummernden Formen, aus denen entsteht, was [der Mensch] ist«. Zugleich wird der Blick auf den Wahnsinnigen leidenschaftlicher, »weil man ihn nicht erkennen wird, ohne sich selbst zu erkennen, ohne zu vernehmen, wie in einem selbst dieselben Stimmen und Kräfte, dieselben seltsamen Lichter aufsteigen«. (AZ, 20) Das Bild des Wahnsinnigen nimmt »nunmehr die Eigenschaften eines Spiegels an«, in dem der moderne Mensch seine »primitiven Wünsche, seine einfachen Mechanismen, die dringlichsten Bestimmungen seines Körpers« (AZ, 21) erkennt. Ausgehend von den und am Modell der verschiedenen Formen des Wahnsinns entfaltet sich, so Foucault, das anthropologische Wissen des 19. Jahrhunderts, die Psychologie der Persönlichkeit, der Erinnerung, der Sprache, der Intelligenz etc.: »Der Weg vom Menschen zum wahren [erkannten, wissenschaftlich erforschten] Menschen verläuft über den wahnsinnigen Menschen.« (AZ, 36)

Man könnte diese These hier stehen lassen als die Aussage, dass die Psychologie ihr Wissen über den Menschen im 19. Jahrhundert *de facto* aus der Psychopathologie gewann, und sie mit der zwei Jahre später in der *Geburt der Klinik* vertretenen

These verbinden, dass das Wissen des Menschen von sich als körperliches Wesen den Weg über den Tod, über die geöffnete Leiche nimmt (vgl. Kap. 2). Doch hier zumindest ist Foucaults Idee von der heuristischen Funktion des Wahnsinns weit abgründiger und philosophischer, als es den Anschein macht: Denn wenn es in der Sprache des Wahnsinns tatsächlich, wie festgestellt, »um die Frage der Wahrheit des Menschen geht, eine Wahrheit, die dem Wahnsinn vorausgeht, die ihn begründet, aber auch unterdrücken kann« – als die ursprüngliche Freiheit des Subjekts, seine Möglichkeit zum Wahnsinn –, dann, so folgert Foucault mit schlauer Dialektik, »erschließt sich diese Wahrheit dem Menschen nur im Desaster des Wahnsinns«, und sie »entzieht sich ihm beim ersten Aufschein der Versöhnung«. (AZ, 43) Der Wahnsinn, ein unlebbares »Desaster« (vgl. Sch I, 280), wird zum Ort der »Wahrheit« des Menschen, zum Ort, wo der Mensch sich in seinen tiefsten Möglichkeiten, in seiner reinsten Subjektivität und radikalsten Freiheit zeigt. Foucaults große Wahnsinnige, die er zum Schluss Revue passieren lässt, Goya, Nerval, Artaud, de Sade und vor allem Nietzsche, haben dafür, dass sie den Wahnsinn »anzunehmen vermögen« (AZ, 55), einen hohen Preis bezahlt, indem genau dort ihr »Werk« abbricht, wo sie wahnsinnig wurden. Doch gleichzeitig hat in diesem Zusammenbruch eines kohärenten, klassischen »Werks« ihr wahnsinniges Werk sich geöffnet und sich »uns gegenwärtig gemacht«: Es »provoziert eine Zerrissenheit ohne Versöhnung, durch die die Welt gezwungen ist, sich in Frage zu stellen« (AZ, 66). Diese dunklen Sätze Foucaults bezeichnen vielleicht am besten die Herausforderung, der er sich stellen wollte: Wenn der Wahnsinn der radikalste Ausdruck der Freiheit des Subjekts ist, sich den Zwängen der Vernunft, dem Gesetz der Sprache und dem Gefängnis der Moral zu entziehen, dann gilt es dieser Freiheit ins Auge zu blicken und von diesem ebenso fernen wie nahen »Nicht-Lebbaren« (ME, 26) her die eigenen Arrangements mit der Vernunft in Frage stellen zu lassen. Das ist die Aufgabe, die Foucault sich mit *Wahnsinn und Gesellschaft* aufgeladen hat, oder zumindest will er von ihr künden: »Der Wahnsinn, in dem das Werk versinkt, das ist der Raum unserer Arbeit, das ist der endlose Weg, mit ihm fertig zu werden, das ist unsere doppelte Berufung zum Apostel und zum Exegeten.« (AZ, 67)

2. Die Literatur, die Klinik und die Geburt der Diskursanalyse

1963 veröffentlichte Michel Foucault am gleichen Tag im April[25] zwei ganz unterschiedliche Bücher: *La Naissance de la clinique: une archéologie du regard médical* und die literaturkritische Studie *Raymond Roussel.* Er hatte im Oktober 1960 seine Lehrtätigkeit als Psychologieprofessor in Clermont-Ferrand aufgenommen, im Mai 1961 seine *thèse principale* an der Sorbonne glanzvoll verteidigt, und schon Ende November das Manuskript zur *Geburt der Klinik* beendet, um am 25. Dezember mit der Niederschrift von *Raymond Roussel* zu beginnen. Die *Geburt der Klinik* bezeichnete er etwas wegwerfend als »Abfallprodukt« (Sch I, 35) der *Histoire de la folie*, dabei hatte er für die tiefschürfende medizinhistorische Analyse beträchtlichen Aufwand betrieben. In einem Interview im März 1966 wird er sagen, die Art seiner Forschung mache es notwendig, »alles [zu] lesen, alle Institutionen und Praktiken [zu] kennen«; daher habe er »für die *Naissance de la clinique* alle medizinischen Arbeiten der Zeit von 1780 bis 1820 gelesen, die in methodischer Hinsicht Bedeutung hatten«. (Sch I, 646) Das waren rund 240 Titel: nicht bloß die Arbeit eines Sommers, auch wenn gewisse Überschneidungen mit Themen aus *Folie et déraison* nicht zu übersehen sind.

Ebenso wenig aus einer Laune heraus entstand das Buch über den avantgardistischen, von den Surrealisten und insbesondere vom Ethnologen und Literaten Michel Leiris als Vorläufer verehrten exzentrischen Schriftsteller Raymond Roussel (1877-1933). Foucault hatte dessen Bücher im Sommer 1957 zufällig entdeckt und 1961 gesagt, dieser habe ihn – neben Jacques Lacan, Georges Dumézil und Maurice Blanchot – stark beeinflusst. (Sch I, 235) Noch 1983 wird Foucault sich erinnern: »Ich war von dieser Prosa verhext, in der ich eine ganz eigentümliche Schönheit fand, bevor ich noch wusste, was eigentlich dahinter steckte. Und als ich die Verfahrensweisen und Schreibtechniken von Raymond Roussel für mich entdeckte, ist eine bestimmte zwanghafte Seite von mir ein zweites Mal verführt worden.«[26] Das Buch über Roussel gehört in den Kontext von Foucaults literaturkritischen Arbeiten; doch während die Texte über Bataille, Blanchot, de Sade und viele andere Essays blieben, hat er zu Roussel eine abgeschlossene Studie eines poetischen Sprechens bzw. eines literarischen Werkes vorgelegt. Sie blieb weitgehend ungelesen: »Niemand hat dieses Buch je beachtet«, sagte Foucault wenige Monate vor seinem Tod, »und ich bin sehr froh darüber. Das ist mein Schlupfwinkel (maison secrète), eine Liebesgeschichte, die einige Sommer dauerte. Niemand hat es gewusst.« (Sch IV, 745)

Was also hat es mit diesem eigentümlichen Doppel auf sich, mit dieser verwirrenden Geste, die diejenige vom April 1954 wiederholte, als er seine beiden ersten selbständigen, dabei sehr gegensätzlichen Publikationen über Fragen der Psychologie vorlegte? Wie damals wieder zwei Bücher, von denen ihr Autor jetzt sogar will, dass sie am selben Tag in zwei verschiedenen Verlagen erscheinen, entstanden inmitten einer Unzahl anderer, unverwirklichter Projekte, beide signifikanter Ausdruck jener zwei Seiten von Foucaults damaligem Denken in der weiten Spanne zwischen Literaturkritik und – konventionell formuliert – Medizingeschichte: Welches ist das Band, das diese beiden überaus dichten, anspruchsvollen Untersuchungen eint?

Welche Frage war es, die Foucault in dieser doppelten Form während Jahren bearbeitete, welches Thema...? Der »Wahnsinn« und die Drogensucht Roussels, die ihn zum Patienten des berühmten Psychiaters Pierre Janet gemacht hatten, erklären zwar sein primäres Interesse an Roussels Schriften, aber nicht die strenge Parallelität dieser literaturkritischen Arbeit mit der nüchternen Analyse der Geschichte der anatomisch-pathologischen Methode. Und doch ist auffallend, wie sehr sich die beiden Bücher spiegeln und gegenseitig das Echo ihrer Motive hören lassen. Aber nicht nur das: Man wird sehen, dass an der präzise bestimmbaren Bruchstelle zwischen den unterschiedlichen methodisch-theoretischen Konzeptionen der beiden Bücher das entstand, was Foucault im Vorwort zur *Geburt der Klinik* noch eine »analyse structurale du signifié«[27] – eine »strukturale Analyse des Signifikats« – nennt. Diese zielt, wie ich zeigen werde, der Sache nach schon auf das, was Foucault dann im 1972 revidierten Vorwort zu *Naissance de la clinique* als »Diskursanalyse« bezeichnen wird. Wenn Philippe Sollers in der Literaturzeitschrift *Tel quel* das Erscheinen von *Raymond Roussel* als »Geburt der Kritik« feierte, so muss die *Naissance* – dieser »Versuch, in dem so verworrenen, so wenig und so schlecht strukturierten Bereich der Ideengeschichte zu einer Methode zu gelangen« (GK, 206) – mit noch größerer Berechtigung als die Geburtsstunde der foucaultschen Diskursanalyse gelten. Dabei sind ein wenig Raymond Roussel, vor allem aber der Anatom Xavier Bichat Pate gestanden.

Der Raum, die Sprache und der Tod

»In diesem Buch ist die Rede vom Raum, von der Sprache und vom Tod. Es ist die Rede vom Blick.« Mit diesem Satz eröffnet

Foucault die *Geburt der Klinik* (GK, 7), um damit gleich zu Beginn jene Themen aufzunehmen, die er im *Raymond Roussel* untersucht und die auch in seinen anderen – früheren und späteren – Essays zur Literatur im Zentrum stehen. Foucault beginnt in *Raymond Roussel* mit dem Tod. Roussel hat bei seinem Freitod in Palermo einen für die posthume Veröffentlichung vorgesehenen Text hinterlassen: *Comment j'ai écrit certains de mes livres* (1935, dt. *Wie ich einige meiner Bücher geschrieben habe*). Auf eine vorerst ganz vordergründige Weise soll sich das Werk Roussels vom Tod her erhellen, birgt der Tod das Geheimnis des Werks, das er zu enthüllen verspricht: Die dunklen, ›esoterischen‹, bis ins Feinste ziselierten poetischen Schriften Roussels sollen hier nach dem Willen des Autors dechiffriert, ihres Geheimnisses beraubt werden – allerdings »in jener seltsamen Gestalt des Geheimnisses, das der Tod wahrt und offenbart« (RR, 8). Klar ist für Foucault, dass Roussel seine Texte so ineinander fügte, dass jeder Text die Verschachtelung und zugleich den Schlüssel für einen anderen darstellt und dass er seinem Schreiben ein »Verfahren« zugrunde legte, das auf der analytischen Zerlegung von je zwei entgegengesetzten Sätzen in ihre einzelnen Wörter und deren assoziative Anschlüsse und Gegenworte beruht. Diese Sprachmaschinerie öffnet einen Raum der Imagination, der aber nicht die zufälligen Produkte einer individuellen Phantasie entspringen – »barock[e] Schnörkel einer esoterischen Sprache, die etwas ›anderes‹ sagen möchte« (RR, 191) –, sondern durchkomponierte Visionen und Geschichten, zu denen »nur das Sprachspiel den Schlüssel bilde[t]« (RR, 14).

Foucault betreibt einen beträchtlichen analytischen Aufwand, um dem Funktionieren dieser Sprachspiele auf die Spur zu kommen – Spiele allerdings, die er mit Roussel meist »Maschinen« (RR, 68) nennt, weil ihnen nicht die Leichtigkeit und

Zufälligkeit des Spiels, sondern die Präzision und Determiniertheit komplexer Apparate eigen ist. Das vielleicht beste Beispiel dafür ist Roussels doppelter Satz aus *Parmi les noirs*, mit dem Foucault seine Untersuchung beginnt: »les lettres du blanc sur les bandes du vieux pillard« bzw. »les lettres du blanc sur les bandes du vieux billard«. (RR, 19) Die kleinste denkbare Differenz der Schreibweise, jene zwischen *p*illard und *b*illard – p/b –, stürzt den Sinn des Satzes vollständig und zwingend um: Aus den Briefen des Weißen über die Banden des alten Plünderers, irgendwo im dunklen Afrika, werden die Buchstaben aus Weiß auf den Banden des alten Billardtisches, in einer Kneipe an einem verregneten Nachmittag ... Aus der zugleich »minimalen und immensen Abweichung« (RR, 19) zwischen diesen beiden Sätzen entwickelt Roussel Gestalten und Geschichten im weißen Raum seiner Imagination, Geschichten voller Verdoppelungen und Abgründe. Foucault erkennt hier beispielhaft Roussels Kunst, eine konstitutive Eigenart der Sprache zum Motor und alleinigen Prinzip seiner Dichtung zu machen: nämlich den »schlichte[n], für die Sprache grundlegende[n] Sachverhalt, dass es weniger bezeichnende Vokabeln als zu bezeichnende Dinge gibt« (RR, 20), was die Sprache zu endlosen metaphorischen Verschiebungen, Kreisbewegungen und zur Hervorbringung immer neuer Gestalten zwingt. Das ist die »Leere« der Sprache, ihre »Sonne«, wie Roussel sagt – die »Sonnenhöhle« (RR, 189), aus der heraus die Sprache ihr kaltes Licht aussendet, um die Dinge ins Leben treten zu lassen. Foucault präzisiert: »[D]iese Leere verstehe ich keineswegs als metaphorisch: Es handelt sich um den Mangel an Worten, die weniger zahlreich sind als die Dinge«; die Sprache spreche daher »aus einem ihr wesentlichen Mangel heraus« und ermögliche so erst den Reichtum möglicher Bezeichnungen: »Elend und Fest des SIGNIFIKANTEN, Angst vor zu vielen und zu wenigen Zeichen. Die Sonne Roussels, die stets präsent ist und an der es stets ›mangelt‹ [...], ist der konstitutive Mangel der Sprache, ist die Armut, die irreduzible Distanz, aus der das Licht unendlich hervorbricht [...].« (RR, 189 f.)

Bis hin zur emphatischen Großschreibung vernimmt man hier das Echo von Jacques Lacans Theorie des Signifikanten, der »sein Licht in die Finsternis der unvollendeten Bedeutungen wirft«[28]: Den akustischen oder graphischen »Bezeichner« verstand Lacan mit dem Begründer der strukturalen Linguistik, Ferdinand de Saussure, als Teil eines Netzes oder, wie Saussure sagte, »Systems«, der seinen »Wert« bzw. seine Bedeutung nur aus der Differenz zu allen anderen Signifikanten im Netz erhält. Dadurch vermögen die Signifikanten Unterschiede von Dingen zu bezeichnen und in ihren unendlich vielen möglichen Verkettungen Bedeutung zu generieren. Jenseits des Signifikanten aber, in einer außersprachlichen Wirklichkeit, kann es für Lacan keine Bedeutung und keinen Sinn geben. Das gilt im *Raymond Roussel* auch für Foucault. Auch bei Roussel sind die Sprachspiele jene elementare Bewegung, die uns buchstäblich gefangen hält: »In ihrer reichen Armut führen die Worte immer weiter weg und führen zu sich selbst zurück; sie verlieren sich und finden sich wieder; sie verschwinden in wiederholten Aufspaltungen am Horizont, kehren dann aber in einer vollendeten Kurve zum Ausgangspunkt zurück: genau das mussten die hinters Licht geführten Gäste anerkennen, als sie den Billardtisch umrundeten und entdeckten, dass die Linearität der Worte genau der Kreisbewegung entspricht.« (RR, 21)

Foucault hatte den Gedanken, dass das Subjekt in der Sprache gefangen ist, das heißt, »dass man niemals absolut über die Sprache verfügt« (RR, 41), auch in seinen Essays über Blanchot und Bataille betont. Deren Literatur hatte für ihn Vorbildcharakter, weil sie als experimentelles Schreiben in eine liminale

Zone führt, die er dem Wahnsinn, dem Tod und der Sexualität als verwandt erachtete. Die Sprache selbst erschien dabei als das Medium oder besser noch als jener »Raum«, in welchem das Subjekt in Grenzbereiche der Erfahrung gelangt, »so wie die Philosophie sie jetzt unbedingt wird denken können müssen«, wie es in der Bataille gewidmeten »Vorrede zur Überschreitung« von 1963 heißt. (Sch I, 341) Das Schreiben von Blanchot und Bataille, aber auch von de Sade, Mallarmé oder Artaud offenbare, dass es für solche Erfahrungen der Überschreitung eine Sprache gibt, die das Diskursive und Stabile der philosophischen Sprache sprengt, die »seit Menschengedenken – oder fast seit Menschengedenken – an die Dialektik gebunden« ist. (Sch I, 330, vgl. 675 f.) Der Surrealismus, insbesondere jener durch Nietzsche angeregte von Bataille, sollte endlich das Denken von Hegel erlösen: In dieser Literatur erscheint die Sprache in ihrer »Nacktheit« als eine, die nichts mehr vermittelt, sondern sich nur noch auf sich selbst bezieht, die sich unendlich in sich spiegelt und so den Zusammenbruch des philosophischen Subjekts des Bewusstseins zur Darstellung bringt. Von dieser Sprache sagt Foucault auch im *Raymond Roussel* in einer dem Dichter fast kongenial poetischen Weise: »Sie ist keine vom Licht durchzuckte Nacht, kein erleuchteter Schlaf und kein schlummernder Wachzustand. Sie ist die irreduzible Grenze zum Erwachen; sie zeigt an, dass im Augenblick des Sprechens die Worte bereits da sind, es vor dem Sprechen aber nichts gibt. Diesseits des Erwachens gibt es kein Wachsein. Aber sobald der Tag anbricht, liegt die Nacht vor uns, bereits in eigensinnige Kieselsteine zerborsten, aus denen wir uns dann unseren Tag einrichten müssen.« (RR, 49) Angesichts der »Nacht« der Sprache also, die kein »Licht« eines vorgängigen, schon gegebenen Sinns durchzuckt, sondern die vielmehr das Subjekt zwingt, seinen Tag in ihrem kalten Geröll, im »Geriesel der Sprache«

(Sch I, 694) einzurichten, ist dieses nicht mehr wie in der Phänomenologie von Husserl bis Sartre in der selbstverständlichen Gegebenheit seines Bewusstseins zu denken. Doch genau diese zeitgenössische, Foucaults eigenen Horizont bestimmende Philosophie habe sich gescheut, Sprache so radikal zu fassen – »als hätte sie die Gefahr geahnt, die der Evidenz des ›Ich bin‹ in der nackten Erfahrung der Sprache droht« (Sch I, 673). Als Foucault daher im letzten Abschnitt des *Raymond Roussel* seine Überlegungen in die Form eines Gesprächs mit einem fiktiven Widerpart kleidet (ein Verfahren, das er in der *Archäologie des Wissens* nochmals aufgreifen wird), sagt er ohne Umschweife, dass die menschliche Existenz sich auf nichts anderes als Sprache stützen könne: »Es gibt kein der Existenz und der Sprache gemeinsames System; aus einem ganz einfachen Grund, weil nämlich die Sprache und nur sie allein das System der Existenz bildet.« (RR, 185)

Die Anklänge an Lacan – dessen erstes Seminar Foucault wie erwähnt vor seiner Abreise nach Schweden besucht hatte und dessen Schriften er sehr gut kannte – sind nicht nur im *Raymond Roussel*, sondern auch etwa in dem 1966 publizierten Text über Blanchot »Das Denken des Außen« unüberhörbar: Das eben zitierte »Ich bin« ist das cartesianische *cogito ergo sum*, das Lacan zur Ikone jener Philosophie gemacht hat, von der sich seine Dezentrierung des Subjekts abhebt, indem er das Subjekt als radikal von der Sprache her konstituiert denkt: als ein »Subjekt des Unbewussten«, das von der Sprache, die es immer schon überragt, in unbewusste und bewusste Anteile gespalten wird. Während Lacan zeigen wollte, wie die Tatsache, dass wir uns der Sprache bedienen müssen, unser Bewusstsein mit einem Unbewussten durchkreuzt, ging es Foucault nicht um die unbewussten Effekte der Sprache – wir werden später sehen, dass ihm das psychoanalytische Konzept des Unbewussten immer fremd geblieben ist. Er versuchte vielmehr, die Illusion des Vorrangs, der Einheitlichkeit und der ›Zentriertheit‹ des Bewusstseins durch die »Aufmerksamkeit für das sprachlich bereits Existierende, schon Gesagte, Gedruckte, zum Ausdruck Gebrachte« zu zerstören. Hier, in diesem schon Gesagten, entdeckt Foucault nun nicht einen vorgängigen Sinn, sondern die Bewegungen der Sprache selbst und die Architektur ihres Raumes: »ein Lauschen nicht so sehr auf das darin Ausgesprochene als auf die Leere in den Worten, auf das Gemurmel, das die Sprache [– des Sinns, so wäre zu ergänzen] zersetzt, Diskurs über den Nichtdiskurs jeglicher Sprache, Fiktion des unsichtbaren Raums, in dem sie erscheint« (Sch I, 679) und in welchem »das Subjekt, das sprechende ›Ich‹, sich teilt, sich auflöst, sich zerstreut und in diesem leeren Raum vollends verschwindet« (Sch I, 672). Foucault wird immer betonen, dass es Lacans entscheidender Beitrag gewesen sei, die Philosophie des *cogito* in Frage zu stellen und Sartres Ablehnung des freudschen Unbewussten deutlich kritisiert zu haben. Dasselbe hätten auf ihre Weise auch die Surrealisten getan, und Foucault warf sich vor, »dass ich selbst und andere vielleicht nicht hinreichend gezeigt haben, was wir ihnen schulden« (Sch III, 741).

Im *Raymond Roussel*, zwei Jahre nach der *Histoire de la folie* mit ihrer gefährlichen Suche nach einem direkten Bezug zum Wahnsinn, erschien diese Denkfigur der Nicht-Identität konkret als Unterwanderung des Bewusstseins durch die Äußerlichkeit und Vorgängigkeit der Sprache. Das war es, was Foucault in Anlehnung an Lacans Theorie des Signifikanten als transgredierende, alle Grenzen überschreitende Erfahrung gleichermaßen des Wahnsinns und der Literatur beschrieb; die Sprache Roussels und des Surrealismus war für ihn gleichsam das Modell für das im Wahnsinn grell beleuchtete Verhältnis von Vernunft und Unvernunft, ebenso übrigens, und dies nicht zufällig, wie der Surrealismus auch schon für Lacans Theorie des Unbewussten eine wichtige Quelle der Inspiration gewesen war.[29] Aber wohlverstanden, in diesem vom Surrealismus gefeierten Außerhalb erscheint weder eine angebliche Ursprünglichkeit des Menschseins ›vor jeder Sprache‹ oder gar ein ›natürlicher‹ Boden des Humanismus (vgl. Kap. 3) noch wirklich ein glücklicher Wahnsinn (vgl. OD, 402). Und auch für Foucault scheint klar zu sein, dass die Überschreitung und das »Denken des Außen« niemals etwas anderes zu sein vermögen als das Denken des »Nicht-Lebbaren« (ME, 26), dort, wo in lockender und furchterregender Weise zugleich »das Gesetz« erscheint: das unerbittliche, kalte, Sinn-lose Außen, die reine Form der Sprache selbst, wie auch die andere absolute Grenze – der Tod. Die Sprache als solche, das Gesetz der Existenz – das »Gesetz des Menschen«, wie Lacan 1953 sagte (und dabei nebenbei auch mit der pawlowschen Reflextheorie abrechnete; vgl. Kap. 1)[30] –, bleibt unhörbar und unfassbar, weil wir ihr unser Sein verdanken. (Sch I, 684, 687)

Damit aber verfliegt nicht nur die Illusion eines sich selbst transparenten und das Subjekt begründenden Bewusstseins, sondern hört zugleich die Sprache auf, »das Moment der Enthüllung des Unendlichen zu sein«[31]. Denn »in ihrer Dichte machen wir von nun an« – Foucault bezieht sich hier auf de Sade und den Tod Gottes – »die Erfahrung der Endlichkeit und des Seins« (Sch I, 341). In der Sprache macht der Mensch die Erfahrung seiner Beschränktheit, seiner zeitlichen Existenz und seiner »Äußerlichkeit«, kurz: seiner metaphysischen Unbehaustheit – die untergründige Präsenz der Philosophie Heideggers in Foucaults Denken ist hier gut spürbar. Doch wie auch immer man den Einfluss Heideggers auf Foucault einschätzen will (er sagte erst kurz vor seinem Tod, Heidegger sei »für mich der wesentliche Philosoph« gewesen; Sch IV, 867), so ist jedenfalls klar, dass das ein Heidegger war, den er damals vor dem neuartigen Hintergrund des Strukturalismus von Lévi-Strauss und der lacanschen Dezentrierung des Subjekts gelesen hat. Hier, in der Sprachphilosophie, hatte der Apologet und Exeget des Wahnsinns zumindest zeitweise und vorübergehend eine Form gefunden, um mit dem Wahnsinn »fertig zu werden« (AZ, 67).

Obwohl Foucault später die Tendenz hatte, *Raymond Roussel* als ganz nebensächliches Buch zu behandeln und zu behaupten, hier habe ihn nur »die Funktionsweise der Diskurse innerhalb einer gegebenen Kultur« interessiert, nämlich »wie es möglich ist, dass ein Diskurs in einer Zeit als pathologischer fungiert und in einer anderen als literarischer Diskurs funktioniert« (Sch I, 775), so zielte seine umfangreiche literaturkritische Analyse doch erkennbar darauf, am Beispiel eines wahnsinnigen/literarischen Textes grundsätzliche Fragen zum Funktionieren von Sprache überhaupt zu untersuchen. Was bedeutet es, dass Subjekte der Sprache unterworfen sind, wie Lévi-Strauss, Lacan, die Surrealisten behaupten? Das war die Frage, die Foucault an Roussel richtete, und er sprach deutlich aus, dass dies auch seine eigene Frage war: »Die Furcht vor dem Signifikanten« – man könnte auch sagen: das Gewahrwerden der Macht des Signifikanten – »macht aus dem Leiden Roussels gerade die einsame Zurschaustellung dessen, was unserer eigenen Sprache am nächsten ist.« Oder genauer noch: »Sie macht aus der Krankheit dieses Mannes *unser eigenes Problem.*« (RR, 191[32])

Gibt es Gründe, sich vor dem Signifikanten zu fürchten? Man könnte sagen, dass der Signifikant bei Lévi-Strauss und bei Lacan eine ›typisch strukturalistische‹ Kälte ausstrahlt in seiner Sinnlosigkeit und Unabhängigkeit vom Bewusstsein des Subjekts, das er beherrscht. Foucault jedenfalls sagt mit Roussel, dass jenseits der Grenze der Sprache, ›hinter‹ dem System der Signifikanten, in jenem kalten Außen und in der »Nacht« des

Gesetzes nichts anderes als der Tod liegt, der von dort aus ins Leben eindringt. Der Tod ist daher kein absolutes Ende ohne Wiederkehr, sondern gehört in die »Sonnenhöhle« der Sprache selbst, in jenes strahlende Zentrum, von dem aus die Dinge und der Mensch ihre Existenz erhalten. Die Sprache, der Tod und die Existenz sind in Roussels Texten unauflösbar verflochten und erhellen sich wechselseitig. Er erfindet zum Beispiel Geschichten von Gehirnoperationen und geheimen Wirkstoffen, die die Toten in einem »künstlichen Leben« (RR, 65) weiterleben lassen, so dass sich das Leben im Tod wiederholt und, dazu symmetrisch, »der Tod seinen Einzug ins Leben hält« (RR, 100). Was für jede Alltagssprache die Grenze des Lebbaren darstellt, vermag Roussels Dichtung zu evozieren: »In diesem Jenseits des Todes, das [sie] inszeniert, ist alles wie das Leben, wie sein exaktes Ebenbild [...]. Das Leben wiederholt sich im Tod, kommuniziert mit sich selbst durch das absolute Ereignis, kommt aber nie wieder zu sich zurück. Es handelt sich um das selbe Leben, nicht aber um das Leben selbst.« (RR, 99) Wir werden sehen, dass exakt diese Denkfigur auch Foucaults Untersuchung zur »Geburt« der Klinik krönt.

Dass die Sprache und das Leben vom Tod her erhellt werden, zeigte sich für Foucault schließlich anhand jenes Mythos des reisenden Odysseus, der den lockenden Klängen der Sirenen zu entkommen versucht und den bekanntlich auch die beiden Begründer der Kritischen Theorie, Max Horkheimer und Theodor W. Adorno, in ihrer *Dialektik der Aufklärung* (1949) analysierten. Für sie stellten die Gesänge der Sirenen jenes Ursprüngliche und längst verlorene »mimetische« Naturverhältnis dar, welches dem an den Mast gefesselten Odysseus nur noch als ein von jeder Realität enthobener, »entfremdeter« und damit »bürgerlicher« Kunstgenuss zugänglich ist, während seine Gefährten mit ihren mit Wachs verstopften Ohren rudern müssen und so schon zu Homers Zeiten das künftige Proletariat abgeben. Foucault aber begreift den Gesang der Sirenen, die nichts anderes zu tun versprechen, als die Taten des Odysseus zu besingen, mit Blanchot als lockendes Trugbild, als gefährliche Verdoppelung jenes Abgrundes des Außen der Sprache, in welchem die Schiffe, die sich ihm nähern, verschwinden. Diesem Wahnsinn zu widerstehen, nur zu lauschen, ohne sich von den Sirenen anziehen zu lassen, eröffnet erst die Möglichkeit, dass man »sich schließlich jenseits des Gesangs [der Sirenen] befindet, als wäre man lebend durch den Tod gegangen, um ihn dann in einer zweiten Sprache wiederherzustellen« (Sch I, 688). Der Blick auf den »Abgrund« der nackten Sprache wird so zum Ausgangspunkt von Kunst, zur Ermöglichung eines »zweiten«, menschlichen Gesangs.

Die Klinik, der Blick und der Tod

Auch Foucaults *Naissance de la clinique* handelt vom Blick, der im Abgrund des Todes und durch den Tod hindurch zum Leben findet: es ist der empirische Blick des Arztes, der, ergänzt um den Tast- und den Gehörsinn, den Körper des Kranken beobachtend und auskultierend, zuerst den Sitz und den Verlauf der Krankheit in der »Nacht des Leibes« (GK, 144) feststellt und nach dem Tod ihre Gestalt und ihre Verheerungen durch die Obduktion der Leiche ans Licht der Wahrheit bringt. Dass das nicht schon immer so war, sondern eine ganz spezifische historische Verschiebung darstellt, einen Einschnitt in der Geschichte des Wissens und der Medizin – und auch einen Einschnitt im Verhältnis des Menschen zu sich selbst –, ist Foucaults Thema in dieser Untersuchung, deren Horizont sich auf die fünfzig Jahre von etwa 1770 bis 1820 und die damals führende französische Medizin beschränkt. Was waren die historischen Bedingungen dafür, dass der Arzt den Kranken – und dann den Toten – seit Beginn des 19. Jahrhunderts erstmals mit einem klinisch-forschenden Blick anschaute, seine Krankheit im Körper »verräumlicht[e]« (GK, 19) und rational erfasste, so dass unter diesem Blick erst das Individuum und seine spezielle Krankheit erscheinen konnten? Foucault bietet die ganze Eleganz seiner polemischen Kunst auf, um die Illusion zu bekämpfen, der Arzt habe den Kranken immer schon in dieser Weise betrachtet und ihn im innigen Verhältnis betreut, er habe Krankheit schon seit Hippokrates als individuelle Erscheinung verstanden und dem Kranken sein Mitgefühl entgegengebracht. (GK, 12) Vielmehr gelte es, das Ereignis und die Bedingungen des Erscheinens des Neuen zu denken, das die Klinik darstellt. In der Zeit der Französischen Revolution und unmittelbar danach sei »die Medizin als klinische Wissenschaft unter Bedingungen entstanden, die mit ihrer historischen Möglichkeit den Umfang ihrer Erfahrung und die Struktur ihrer Rationalität definieren. Diese Bedingungen«, so Foucaults zugleich an Kant erinnernde und sich von jeder Transzendentalphilosophie absetzende Formulierung, »bilden ihr konkretes *Apriori*, das man jetzt an den Tag bringen muss«. (GK, 13) Er wird dies in der *Ordnung der Dinge* dann treffender noch das »historische Apriori« nennen. (OD, 27)

Foucaults historische Rekonstruktion der Entstehung dieser neuen Bedingungen, welche den klinischen Blick ermöglichten, setzt mit dem ein, was er die »Medizin der Arten« nennt, wie sie die medizinische Theorie und auch die Praxis des späten 18. Jahrhunderts beherrschte. Aufgabe des Arztes war es demnach, die Symptome der Krankheit so zu lesen, dass sie als Exemplar einer biologischen Art klassifiziert und damit ihr wesenhafter Verlauf vorausgesagt werden konnte. Die als Arten gefassten

Krankheiten haben keinen festen Sitz an einer bestimmten Stelle des Körpers, sondern sind gleichsam fremde Entitäten, die sich in ihm entfalten und »die fast pflanzenartige Ordnung ihres Wesens« (GK, 33) ausprägen. Die Frage der Lokalisierung ist dabei zumindest zweitrangig. Das bedeutet auch, so Foucaults These – die mit Blick auf die Medizingeschichte in Deutschland allerdings bestreitbar ist[33] –, dass die Kenntnis des individuellen Körpers des Kranken und seiner individuellen Geschichte nichts zum Verständnis der Krankheit beiträgt. Es ist vielmehr »ein tiefer Raum« nosologischer Wesenheiten, der »allen Wahrnehmungen vorausgeht und sie aus der Ferne befehligt«. (GK, 21) Diese Krankheitsauffassung geht unter anderem davon aus, dass die Arten zugleich »natürlich« sind, weil sie in ihrer Erscheinung ihr »Wesen« ausdrücken, wie auch »ideal« (GK, 24), weil sie in der Realität der einzelnen Erkrankung nie in ihrer Reinform vorkommen, sondern von den Eigenheiten des Patienten wie Alter, Temperament, Geschlecht, Gewohnheiten etc. verzerrt werden: Der Patient »ist im Verhältnis zu seinem Leiden nur ein äußerliches Faktum« (GK, 24), das den Krankheitsprozess ebenso stört wie der eingreifende Arzt. Ähnlich kritisch sieht die Medizin des 18. Jahrhunderts das Spital: Dieses ist mit seiner Vermischung der Kranken und ihren Ausdünstungen ein Ort, an dem die Krankheit sich nicht auf natürliche Weise ausprägen kann; es ist ein Ort für die Armen, um dort zu sterben, und zugleich, wie wir schon im Zusammenhang mit dem Wahnsinn gesehen haben, ein gefährlicher Infektionsherd, der die Gesellschaft bedroht. Dagegen sei »der natürliche Ort der Krankheit der natürliche Ort des Lebens – die Familie«: Hier können die Angehörigen den Patienten pflegen und die »Natur unterstützen«, wie Moscati 1799 schrieb. Der Arzt ist bloßer Begleiter, wenn es darum geht, dass die Krankheit »ihr Wesen entwickelt und vollendet und zu ihrem natürliche Ende gelangt: zum Tod, wenn er ihr unausweichliches Gesetz ist – oder zur Heilung, die oft möglich ist, wenn die Natur der Krankheit durch nichts gestört wird« (GK, 35).

Foucaults genuin historische Frage lautet nun: Wie entsteht nach der Revolution die moderne Klinik und eine klinische Medizin, in dieser Situation einer maximalen Abwertung des Hospitals, das die Ärzte verabscheuen und die bürgerlichen Ökonomen und Sozialreformer am liebsten abschaffen möchten, und angesichts einer etablierten medizinischen Theorie, die den individuellen Körper des Kranken weder genau zu kennen noch zu heilen braucht, um »wahr« zu sein? Wie entsteht jene Klinik, die den Blick des Arztes privilegiert und die schließlich in der pathologisch-anatomischen Methode der Obduktion gipfelt? Wie lässt sich die Logik dieses historischen Wandels erfassen? Seine Antwort umfasst mehrere Schritte und Elemente, die er unter dem Titel einer »analyse structurale du signifié«[34] zusammenfügt: Prozesse institutionellen Wandels, Veränderungen in der Stellung der Medizin und der Ärzte in der Gesellschaft, ein neues Verhältnis zu den Armen und Kranken, neue theoretische Konzepte und Techniken. Das Ungewöhnliche und quer zur traditionellen Medizin- oder Wissenschaftsgeschichtsschreibung Liegende an Foucaults Analyse ist, dass der Wandel, den er beschreibt, weder linear noch auf ein von Anfang an angelegtes Ziel hin verläuft, sondern von Sprüngen, Rückwärtsbewegungen und Zufällen geprägt ist. Auffallend ist auch, dass keines der in diese Geschichte involvierten historischen Subjekte ein Bewusstsein dessen hat, welche neue Konfiguration des Wissens die interagierenden Elemente hervorbringen werden. Dennoch sucht Foucault nach einer Art Logik, einer »Struktur« (GK, 67), die dem Bewusstsein der Handelnden ebenso entgeht, wie sie zugleich ihr Wissen und

Handeln erst ermöglicht und formt. Alles in allem ist diese Geschichte weit davon entfernt, eine »Geburt« zu schildern. Foucaults Analyse der diskursiven – und damit verbunden der institutionellen – Verschiebungen hin zur modernen Klinik ist nicht immer leicht nachzuvollziehen, weil sie kleinste Unterschiede ins Spiel bringen muss, um die scheinbare »Rückkehr zur Klinik des 18. Jahrhunderts« (GK, 83) und sogar das vorläufige Fortbestehen der Medizin der Arten als Indikator des Neuen auszuweisen. Es sind jedenfalls »minimale« Differenzen (wie bei den doppelten Sätzen Raymond Roussels), die in ihrer Kombination den vollständigen Umschwung ausmachen. Die entscheidende Differenz wird schließlich darin bestehen, dass der beobachtende Blick des Arztes nun nicht mehr bloß passiv bleibt, sondern sich mit dem Skalpell bewaffnet und damit aktiv analysierend wird.

Dieser Prozess vollzog sich laut Foucault im Wesentlichen in zwei Etappen. Am Ende der Französischen Revolution wird die Rolle des Armen im Spital wieder positiv gesehen: Nun sollen die vielen Kranken, die das Spital bevölkern, gleichsam zur Serie angeordnet werden, um so dem Arzt das Bild der Krankheit in ihrer statistischen Reinform darzubieten – das ist der Preis, den der mittellose Kranke für seine Betreuung im Spital bezahlt. Damit aber beginnt auch die Medizin mit dem Anfang des 19. Jahrhunderts, in den Kategorien der Serie, der Häufigkeit und der Wahrscheinlichkeit der Fälle und des Auftretens bestimmter Symptome zu denken. Für Foucault ist dies ein erster, wichtiger Schritt zur neuen, modernen Klinik: »Die Medizin stellt sich nicht mehr die Aufgabe, das wesenhafte Wahre [der Krankheit] unter der sinnlich wahrnehmbaren Individualität [des Kranken] zu erblicken, sondern die Ereignisse eines offenen Bereichs [von möglichen Krankheitsverläufen] endlos zu verfolgen: das ist die Klinik.« (GK, 112) Foucault erweist sich hier als Schüler des Wissenschaftshistorikers Georges Canguilhem, der schon 1943 postulierte, dass das Normale und das Pathologische von der modernen Medizin als in einem gemeinsamen Feld angesiedelt behandelt würden, das heißt als graduell abgestufte Zustände des Lebendigen.[35]

Die Reorganisation des Spitalbereichs in eine nach Krankheiten und Spezialitäten gegliederte Klinik korrespondiert zwar eng mit der Veränderung des medizinischen Denkens, das die Wahrscheinlichkeit und die Serie zu entdecken beginnt. Aber paradoxerweise habe, so Foucault, auch das Wahrscheinlichkeitskalkül die Medizin der Arten keineswegs überwunden, weil es den Blick des Arztes nicht veränderte – dieser »hütet sich« immer noch »vor dem Eingreifen: er ist stumm und ohne Geste« (GK, 121). Er ist noch nicht experimentell, sondern vernimmt bloß die »Sprache« der Natur und vertraut darauf, dass »der Blick der Beobachtung und die wahrgenommenen Dinge in einem und demselben Logos kommunizieren« (GK, 123). In dieser ersten Form der modernen Klinik, deren Differenzen zur Klinik des 18. Jahrhunderts und zur Medizin der Arten kaum zu fassen sind, »schwebt erhaben der große Mythos eines reinen Blicks, der reine Sprache ist: der Mythos des sprechenden Auges« (GK, 128). Foucault nennt dies eine »medizinisch[e] Esoterik«, nach der man »das Sichtbare nur sieht, sofern man die Sprache kennt; die Dinge bieten sich dem dar, der in die geschlossene Welt der Wörter eingedrungen ist; diese Wörter kommunizieren mit den Dingen, weil sie der Regel ihrer Grammatik gehorchen«. (GK, 129) Die Logik dieses Blicks, der nur sieht, was die Sprache ihm zu sehen ermöglicht, bringt Foucault mit der Erkenntnistheorie Condillacs (1714-1780) in Verbindung, die mit ihrer Orientierung am Modell der Sprache und der Zeichen solchen logizistischen und nominalistischen Mythen Vorschub geleistet habe (vgl. Kap. 3). Daher hat das, was Foucault jene anatomisch-pathologische »Klinik« nennt, die den Erfahrungsraum der Medizin der Moderne bestimmt, keine Chance hervorzutreten, bevor nicht der Anatom Xavier Bichat (1771-1802) beginnt, Leichen zu öffnen, weil er den von der Sprache präfigurierten Analogien von Wörtern und Dingen misstraute. Es war der zweite, entscheidende Schritt – für Foucault war es dieses Ereignis, das den medizinischen Diskurs neu konfigurierte und eine funktionierende Verbindung, eine »Struktur« zwischen der Klinik, der Theorie und der Praxis herstellte.

Doch wie kann man die Bedeutung Bichats herausstellen, ohne dabei den traditionellen Erklärungsmustern der (französischen) Medizingeschichtsschreibung zu folgen, die nichts anderes getan hat, als die moderne Medizin mit Bichats Anatomie der Gewebe beginnen zu lassen? Foucault verweist auf den in einer solchen Modernisierungsgeschichte verdrängten Morgagni, der schon im 18. Jahrhundert Leichen öffnete. Damit argumentiert er, die Klinik sei erst mit Bichats Wiederentdeckung von Morgagni möglich geworden und gerade diese Rückkehr ins 18. Jahrhundert stelle den entscheidenden Bruch dar. Dies ist der Gipfel der paradoxen, nicht-linearen Geschichte der »Geburt« der Klinik, wie Foucault sie am französischen Beispiel rekonstruiert (und wie sie für Deutschland oder Österreich bestritten werden könnte): Es war just die Ausbildung des nicht-eingreifenden, still beobachtenden klinischen Blicks in der zweiten Hälfte des 18. Jahrhunderts, die *verhinderte*, dass die Bedeutung von Morgagnis pathologischer Anatomie von 1761 in ihrer Zeit erkannt werden konnte: »[D]em klinischen Blick, einem neutralen, auf die Erscheinungen, ihre Häufigkeit und Chronologien gerichteten Blick, der die Symptome klassifiziert und ihre Sprache erfassen wollte, war diese Durchsuchung der stummen und zeitlosen Körper völlig fremd; die Ursachen oder der Sitz der Krankheiten waren ihm gleichgültig: die Klinik war Geschichte, nicht Geographie. Anatomie und Klinik sind nicht eines Geistes.« (GK, 139)

Foucault begründet Bichats herausragende, die verschiedenen Elemente der medizinischen Tradition und Theorie gewissermaßen synthetisierende Stellung mit einem eher nebensächlichen Detail, einer zufälligen Analogie: dass dieser einen »Flächenblick« gehabt habe – das »Auge eines Klinikers«, der Serien und Flächen analysiere. (GK, 142) Der Blick, den Bichat auf die Flächen der Gewebe richtete, sei jenem des Klinikers analog, der die Serie der Symptome entdeckt. Tatsächlich hat Bichat die Anatomie erneuert, indem er von der jahrhundertealten anatomischen Kontemplation der Ordnung der Organe zur Analyse ihres Aufbaus durch insgesamt einundzwanzig identifizierte Gewebearten überging. Für Foucault ist genau das der entscheidende Wandel: Obwohl auch dieser Blick zuerst die alte Nosologie, die Klassifikation der Krankheiten, zu erneuern suchte – man entkommt den alten Diskursmustern nicht so schnell –, war die Sektion bei Bichat eine »unbarmherzige« und nicht bloß eine betrachtende Analyse des Organismus. Sie ist »das weiße, souveräne Licht, dessen Drang in die Tiefe das Sein der Dinge bloßlegt« (RR, 127). Sie ist wirkliche Analyse der Krankheit, weil sie in ihrer Zerlegung der Organe in die einzelnen Gewebeschichten »nur die Zersetzung wiederholt, die im Körper des Kranken wütet« (GK, 143): Das Skalpell folgt gewissermaßen in analytischer Weise jener Dekompositionsbewegung, die die Krankheit bei ihrem Fortschreiten durch die Gewebe des Körpers schon vollzogen hat. Für diese Arbeit aber existiert keine schon vorhandene Sprache, die die Ordnung der Sichtbarkeit garantieren würde. Vielmehr sei die Methode der neuen Anatomie wie auch jene der Chemie die Analyse – »aber es ist eine Analyse, die sich von ihrem linguistischen Fundament gelöst hat und eher die räumliche Teilbarkeit der Dinge als die sprachliche Syntax der Ereignisse und Phänomene definiert« (GK, 145). Wir werden noch sehen, dass genau dieser Satz nicht nur Bichats Methode, sondern im gleichen Atemzug auch den Grundgedanken und das Programm der Diskursanalyse Foucaults ausspricht. Klar ist jedenfalls, dass Foucault das Verhältnis von Sichtbarkeit und Sprache unter diesen modernen Bedingungen der Visualisierung des Körperinneren durch die anatomische Methode ganz eindeutig festlegt: Es ist das Auge, das bei Bichat »die Sprache in jenes Halbdunkel lockt, wo der Blick keine Worte mehr hat« (GK, 183). Die Worte werden vom Auge gleichsam angeleitet; die Sprache ist dabei ein bloßes Hilfsmittel des Blicks, sie folgt seiner Spur und versucht so differenziert und idiosynkratisch wie möglich in Worte zu fassen, was der Blick sieht.

Die Voraussetzung für die Sichtbarkeit des Individuellen aber ist der Tod. Foucault legt das allergrößte Gewicht auf die Tatsache, dass mit der anatomischen Pathologie Bichats »nunmehr Leben, Krankheit und Tod eine technische und begriffliche Dreifaltigkeit« (GK, 158) bilden. Erst von dem in der geöffneten Leiche analysierten Krankheitsprozess kann erkannt werden, wie die Prozesse des Lebens überhaupt und damit auch der Krankheit abgelaufen sind: »[D]er Tod war die einzige Möglichkeit, dem Leben eine positive Wahrheit zu verleihen.« (GK, 159) Oder in Worten, die an den Surrealismus erinnern: »Die Nacht des Lebendigen weicht vor der Helligkeit des Todes« (GK, 161) – das ist »der Augenblick, in dem der Tod seinen Einzug ins Leben hält« (RR, 100). Es ist der Tod in der »Sonnenhöhle«, von dem hier die Rede ist. So wie im *Raymond Roussel* die Sprache als das Gesetz der Existenz erscheint, ist der Tod hier das Gesetz des Lebens: »Jahrhundertelang hatte die Medizin nach den genauen Beziehungen zwischen der Krankheit und dem Leben gesucht. Nur die Intervention eines Dritten konnte ihre Begegnung, ihre Koexistenz, ihren Interferenzen eine Form verleihen, die sowohl der begrifflichen Möglichkeit wie der Fülle des Wahrgenommenen entsprach; *dieses Dritte ist der Tod.*« (GK, 172[36]) Der Tod als Schiedsrichter, gewissermaßen? In einem kurzen Text über Hölderlin von 1962 hatte Foucault den Vater mit Lacan als »dritte Person« bezeichnet, das heißt als »derjenige, der trennt, [...] der schützt, wenn er, das Gesetz verkündend, den Raum, die Regel und die Sprache in einer höheren Erfahrung verknüpft« (Sch I, 276). Der Vater in der doppelsinnigen und auf Französisch homophonen Gestalt des *non/nom-du-père* ist als »erster Signifikant« der Repräsentant des Gesetzes der Sprache, jener Dritte, der in die ursprüngliche imaginäre Spiegelbeziehung und potentielle Verschmelzung von Mutter und Kind interveniert und die individuelle Existenz des Subjekts als soziales, sprachliches Wesen ermöglicht[37] – oder aber umgekehrt, wenn das »Nein« des Vaters, wie Foucault in Bezug auf Hölderlin sagt, eine Abwesenheit des »ersten Signifikanten« anzeigt und das Subjekt in die Psychose, in den Wahnsinn stürzt (vgl. Sch I, 277-279). Ebenso wie das kalte Außen der Sprache, wie das »Nein« des Vaters, wie die »helle Nacht« des Gesetzes ist es bei Bichat der Tod als Drittes, der »die Einzigartigkeit konstituiert; in ihm kommt das Individuum zu sich selbst«. Im Tod, in der geöffneten Leiche, kann es erkannt werden, »weil der auf das Individuum gerichtete Blick und die Sprache der Beschreibung auf dem festen, sichtbaren und lesbaren Grund des Todes aufruhen«. (GK, 207) Das heißt nicht, dass dieser Tod bei Bichat und der Tod bei Roussel ein und dasselbe wären – aber es bedeutet, dass Foucault diese Figuren des Todes in seinen beiden am selben Tag erschienenen Büchern verdoppelt und analog setzt. Der Tod, das ist bei Roussel und bei Bichat »der einzige Schlüssel« (RR, 77).

Im Nachwort zu *Naissance de la clinique* erst fällt der berühmte Satz: »Es ist von entscheidender und bleibender Bedeutung für unsere Kultur, dass ihr erster wissenschaftlicher Diskurs über das Individuum seinen Weg über den Tod nehmen musste.« (GK, 207) In seinem nächsten Buch, *Les mots et les choses*, wird Foucault diesen Gedanken, der in anderer Form schon in der *Histoire de la folie* auftauchte, aufnehmen und ausführlich analysieren: Was bedeutet es, dass der Mensch des 19. Jahrhunderts sich als Objekt und als Subjekt der Erkenntnis setzt und dabei seine Endlichkeit denkt? Darauf werden wir zurückkommen (Kap. 3); hier aber illustrierte Foucault die Bedeutung des Todes für das moderne Subjekt nicht zufällig mit der literarisch/wahnsinnigen Grenzerfahrung in Hölderlins *Empedokles*: »Empedokles, der aus freien Stücken an den Abgrund des Ätna tritt – das ist der Tod des letzten Mittlers zwischen den Sterblichen und dem Olymp; [...] nach Empedokles ist die Welt unter das Zeichen der Endlichkeit gestellt, in jenes Zwischen ohne Versöhnung, in dem das Gesetz regiert, das harte Gesetz der Grenze« (GK, 209). Im Tod, wie Bichat ihn für das moderne Individuum leuchten lässt, und im Tod, den die Sprache für das ehemals zur Transzendenz hin offene Individuum bedeutet, in jenem doppelten Gesetz der Grenze, sind sich die Lyrik und die Medizin des 19. Jahrhunderts gleich, »gehorchen [sie] ein und demselben Grundgesetz«: »Ist es verwunderlich«, fragt Foucault am Schluss der *Naissance*, dass der Tod »hier einen wissenschaftlichen und rationalen Diskurs ermöglicht und dort die Quelle einer Sprache aufschließt, die sich in der von den abwesenden Göttern hinterlassenen Leere endlos verströmt?« (GK, 209) Nein, es ist nicht verwunderlich, weil »die Dinge, die Worte, der Blick und der Tod, die Sonne und die Sprache eine einzigartige, gedrängte, kohärente Figur bilden« – »genau dieselbe, die wir sind«. (RR, 191)

Die Geburt der Diskursanalyse aus dem Geist der Anatomie

Die Sprache Raymond Roussels scheint zu wuchern. Im »autonomen Spiel des Wortes« (RR, 40) erscheint alles möglich: »Jedes Wort ist zugleich belebt und gefährdet, erfüllt und entleert durch die Möglichkeit, dass es da noch ein zweites Wort gäbe – dieses oder jenes oder weder das eine noch das andere, sondern ein drittes, oder nichts.« (RR, 18) Ist dieses metonymische und metaphorische Verschieben und Ersetzen von Wörtern, jene »wunderbaren Verdrehungen der Sprache« in »nicht enden wollenden Serien« nicht das Wesen der Poesie, die dort »ihren Äther findet« (RR, 176)? Und ist dieses »Gleiten des Sinns« (RR, 63) nicht das, was Lacan »das Gleiten des Signifikats unter dem Signifikanten«[38] genannt und was Derrida schon 1963 in seiner Kritik an Foucault mit dem Neologismus *différance* bezeichnet hat[39], jene Bewegung der Bedeutungsstiftung, die in der Differenz der Signifikanten sich ereignet und in ihren metaphorischen und metonymischen Verweisen nie an ein Ende kommt, nie zu einer endgültigen Bedeutung findet: ein endloses »SPIEL DER ZEICHEN« (RR, 191)?

Zweifellos, und dennoch entdeckt Foucault zu seiner offenkundigen Überraschung bei Roussel etwas ganz anderes: »[U]nter dem Anschein einer Sprache, die sich im Freien entwickelt, gemäß dem phantastischen Umfang, der durch eine ruhelose, unbeschäftigte und verschlungene Einbildungskraft bestimmt wird, spricht faktisch eine Sklavensprache, bis auf den Millimeter genau bemessen, die mit ihrer Wegstrecke ökonomisch umgeht und dennoch gezwungen ist, eine große Distanz zu überwinden, weil sie von innen her mit dem simplen und stillen Satz verbunden ist, der auf ihrem Grunde schweigt.« (RR, 44) Man erinnert sich: Roussel hat die meisten seiner Texte auf der Analyse von zwei entgegengesetzten Sätzen aufgebaut, wovon der eine unausgesprochen bleibt und dennoch die Logik der Geschichte bestimmt. Das sind die »Maschinen« Roussels, die seine Bilder produzieren, und Foucault beobachtet, dass sie nach einer Ökonomie der Knappheit und zugleich nach einer präzisen, blitzenden Mechanik funktionieren: kein Wort ist zu viel, kein Satz bleibt vage. Eine Frage zumindest liegt daher auf der Hand – es ist die zentrale Frage, die zu beantworten ist: »Warum diese Ordnung und keine andere?« (RR, 70) Von dieser Frage her hat Foucault seine Diskursanalyse entwickelt: Warum wird das gesagt und nicht jenes? Warum gibt es diese Ordnung der Aussagen und nicht eine andere? Warum wurde nur das gesagt und nicht noch so viel anderes, was das endlose Spiel der Zeichen zu sagen ermöglichte? Er wird diese Fragen und ihre systematischen Antworten erst Jahre später, in der *Archäologie des Wissens*, entfalten. Hier, im *Raymond Roussel*, macht er aber noch eine zweite und ebenso wichtige Entdeckung, die natürlich nur bestätigt, was er zur Entstehung des Wahnsinns schon gesagt hatte: Dass Roussel »in ein und derselben Bewegung sprechen und zugleich sichtbar machen« konnte, weil »die Sprache von der gleichen Geburt ist wie das, worüber sie spricht«. (RR, 134) Roussels poetische Sprache sei eine »Wundermaschin[e] zur Herstellung von Wesen«, eine Maschine mit »ontologische[r] Macht«. (RR, 35) Dasselbe wird Foucault später von den Diskursen sagen – hier aber bleibt er dabei, dass der Mechanismus dieser Sprache die Bewegung der Signifikanten ist: »Im konfusen Spiel von Existenz und Geschichte« – das ist, mit einem Wort, Sartre – »entdecken wir ganz einfach das allgemeine Gesetz des SPIELS DER ZEICHEN, in dem sich unsere vernünftige Geschichte abspielt.« (RR, 191) Besser konnte man 1963 nicht Strukturalist sein ...

Aber man darf sich nicht täuschen. Foucault, der gewitzte »Dandy der Theorie«[40], hat von Raymond Roussel das Spiel der

Verdoppelungen gelernt, ja er hat in seiner literaturkritischen Studie vor allem die Figur der Doublette herausgearbeitet, deren Modell schon Hegel im Verhältnis von Wort und Ding erkannte: Im selben Moment, wie das Wort das Ding bezeichnet und repräsentiert, setzt es sich an seine Stelle und negiert es in seiner Positivität. Man soll daher nicht meinen, es sei ein Zufall, dass Foucault am selben Tag zwei entgegengesetzte Bücher erscheinen lässt, um die »Geburt der Kritik«, wie Philippe Sollers sagte, und die Geburt der Diskursanalyse in der Wirrnis eines doppelten Ursprungs verschwinden zu lassen (vgl. RR, 106-107). Während *Raymond Roussel* das »Elend und das Fest des Signifikanten« feiert, beginnt die *Geburt der Klinik* mit einer radikalen Entscheidung. Foucault fragt in der Einleitung von 1963 rhetorisch: »Wäre nicht eine strukturale Analyse des Signifikats möglich, die dem Schicksal des Kommentars entgeht, indem sie den Signifikanten und das Signifikat in ihrer ursprünglichen Entsprechung belässt?«[41] Ein Satz wie ein Schnitt ins strukturalistische Selbstverständnis: Er zielt darauf, Signifikant und Signifikat wieder als eine unauflösliche »ursprüngliche« Einheit zu verstehen, als ein festes, positives Zeichen, als Aussage, an der es nichts zu rütteln gibt, die nicht über Assoziationen an andere Signifikanten Metaphern und Metonymien erzeugt. Wie kommt Foucault mitten in der Hochblüte des Strukturalismus zu einer solchen Idee, die auch quer steht zu allem, was ihn an Raymond Roussel fasziniert? Er weiß sehr wohl, dass »die Möglichkeit von Kritik« nicht mehr, wie noch bei Kant, ein Problem der Erkenntnistheorie ist, sondern – »Nietzsche, der Philologe, ist unser Zeuge – an das Faktum gebunden [ist], dass es Sprache gibt«. In dem Maße, wie »unser geschichtliches Schicksal die Historie ist«, sei daher auch der einzig mögliche Zugang zur Geschichte »die geduldige Konstruktion von Diskursen über Diskurse, ein Vernehmen dessen, was schon gesagt worden ist« (GK, 14f.). Der Mensch ist ein historisches Wesen und kann nicht anders, als kritisch die Schichten der Vergangenheit zu befragen, aus denen seine Welt besteht – Foucault wird den Gedanken später noch vertiefen. Diese Konstruktion von Diskursen über vergangene Diskurse ist das endlose Spiel der Interpretation und des Kommentars, das Befragen der Tradition, das Neuformulieren von schon Gesagtem – es ist, mit einem Wort, Hermeneutik, jene Suche nach einem verborgenen »Rest des Denkens, den die Sprache im Dunkeln gelassen hat, einen Rückstand, der dessen Wesen ausmacht und der aus seinem Geheimnis hervorzuholen ist« (GK, 14). Hermeneutik als Kommentar und »Interpretation der Sprache« bedeute letztlich, in ihrem historischen Ursprung, die Exegese des ewig verborgenen Wortes Gottes. (GK, 15) Für Foucault hat auch der linguistische Strukturalismus in diesem Punkt die Hermeneutik nicht verlassen: Auch der Strukturalismus analysiert das Verhältnis von Signifikant und Signifikat auf Überschüsse und Reste von Sinn, die in ihren unendlichen, unabschließbaren Bewegungen auftauchen und wieder verschwinden.

Hier setzt Foucaults Intervention an, sein Sprung in ein »Jenseits von Strukturalismus und Hermeneutik«[42]: Ist es denn, fragt er überraschend, »ein unwiderrufliches Verhängnis, dass wir keinen anderen Umgang mit dem Wort kennen als den kommentierenden?« (GK, 14) Diese Herausforderung der avanciertesten Kulturtheorie seiner Zeit, zu deren Heroen er gehörte, war nichts weniger als ein intellektueller Husarenstreich: Während Lacan und die strukturalistische Literaturtheorie inklusive Foucault selbst das Netz der Signifikanten mit Saussure als »System«, das heißt im Wesentlichen als Fläche ohne zeitliche Dimension behandelten, erkennt Foucault jetzt in der Beziehung der Signifikanten untereinander vor allem einen zeitlichen Abstand, so dass die Signifikanten nicht im polysemischen Verhältnis von Metonymie und Metapher zueinander stehen, sondern vor allem im kommentierenden Verhältnis eines jüngeren zu einem älteren Text. Damit aber enthüllen der Strukturalismus – und die Dekonstruktion Derridas – ihre Verwandtschaft mit der Hermeneutik.

Doch genau von diesem kommentierenden, den zeitlichen Abstand befragenden Gestus der Analyse wollte Foucault wegkommen. Auch ihm geht es um eine Untersuchung dessen, was »da« ist, was dem Analytiker als Struktur vor Augen liegt – allerdings in einer Analyse ohne Rest und ohne Überschuss des Signifikanten, ohne aufklärbare Tiefe und ohne Vieldeutigkeiten. An Stelle des strukturalistischen Sprachverständnisses soll eine Diskursanalyse treten, in der der Sinn der Aussage einzig durch die Differenz zu anderen *Signifikaten* – i.e. das »Gemeinte« – entsteht: Es ist kein Zufall, dass Foucault im oben zitierten Satz aus dem Vorwort von 1963, wo er von einer möglichen »strukturalen Analyse des Signifikats« spricht, in der Neuausgabe von 1972 für genau diesen Ausdruck den Begriff »Diskursanalyse« (GK 15) einsetzt. Denn es sind für ihn nicht die Signifikanten, die ein Netz von Differenzen bilden, sondern – auf einer nicht mehr linguistisch beschreibbaren Ebene – die Aussagen selbst in ihren inhaltlichen Differenzen. Die Aussagen aber wären dann als diskursive Entitäten zu behandeln, »als Ereignisse und funktionelle Abschnitte, die ein sich allmählich aufbauendes System bilden« (GK, 15). Auf diese Weise »käme die systematische Gestalt des *Signifikats* zum Vorschein«[43] – und eben nicht die linguistisch beschreibbaren Strukturen des Signifikanten.

Wiederum: Wie kommt Foucault auf diese Idee, die gemessen am strukturalistischen Paradigma gelinde gesagt abwegig ist und sich auf keine andere Referenz zu stützen scheint denn auf einen vagen Hinweis zu Nietzsche? Foucault selbst hat sich in diesem Punkt nie erklärt, und seine auch später wiederholten Dankesworte an den Surrealismus vermögen diesen für sein Werk absolut zentralen Punkt nur beschränkt zu erhellen. Tatsächlich lässt sich bei der Geburt der Diskursanalyse zwar eine gewisse Patenschaft Raymond Roussels nachweisen, der wirkliche Pate aber – um nicht zu sagen der Vater – von Foucaults Diskursanalyse ist der Anatom Xavier Bichat.[44] Foucault beschreibt ausführlich die Schwächen und Grenzen einer klinischen Methode, die dem linguistischen Paradigma Condillacs folgt und die sich daher, »wenn schon nicht auf bloße Worte, so doch auf jederzeit in Sprache übersetzbare Wahrnehmungsschichten bezog«. Davon entfernt sich Bichats Methode entscheidend: »[D]ie Analyse zerlegt nun mitten unter den wirklichen Erscheinungen die funktionellen Komplexe in einfache anatomische Elemente; diese Elemente werden zwar in einer *Abstraktion* isoliert, sind aber nichtsdestoweniger real und konkret.« (GK, 144) Bichat und seine Schüler haben so »in der Tiefe der Dinge die Ordnung der Schichten an den Tag gebracht«, weil sie – wir haben den Satz schon einmal zitiert – eine Analyseform entwickelten, »die sich von ihrem linguistischen Fundament gelöst hat und eher die räumliche Teilbarkeit der Dinge als die sprachliche Syntax der Ereignisse und Phänomene definiert«. (GK, 145) Um nichts anderes geht es in Foucaults Diskursanalyse: Er wird sie 1969 in der *Archäologie des Wissens* ausführlich als eine Analyseform darstellen, die die Schichten der Aussageformationen wie die Gewebe nach funktionalen Ähnlichkeiten isoliert und ihre Ordnung untersucht. Das sind zwar Abstraktionen, genauso wie die Isolierung von einzelnen Geweben aus dem ehemals lebendigen Körper eine Abstraktion darstellte, aber es ist die abstrahierende Isolation von jenen Elementen, die das reale Funktionieren eines Zusammenhangs – eines Organs wie eines Textes – erklären. Die

Gewebe und Strukturen lassen sich nicht in einer linguistischen Analyse erschließen, sondern in einer allein topologischen, räumlichen Untersuchung ihrer Verteilungen, Grenzen und Übergänge. Die Diskursanalyse verlangt wie auch die anatomisch-pathologische Methode für die Analyse dieser Ordnung nicht nur die Serie und den Vergleich, das heißt die Auflösung des Individuellen in der Auslegung eines Phänomens in der Fläche, sondern zuallererst noch, dass das Objekt der Analyse tot sei: Dass die Texte, die der Diskursanalytiker vor sich hat, nicht mehr vom Sinn der Tradition beseelt werden, sondern als kalte Formen vor ihm liegen und geöffnet werden können. Dann erst – in der anatomischen Klinik wie in der Diskursanalyse – offenbaren sich die Bedingungen des Ereignisses der Krankheit bzw. der Aussage, zeigt sich das Individuelle, das, was medizinisch und historisch einzigartig ist. Beide Analysen erfordern den kalten Blick, jenes Auge, das nicht nur über den Phänomenen schwebt, sondern den/das Korpus »unbarmherzig« zerlegt.

Wir werden sehen: Diskursanalyse nach Foucault hat kaum etwas mit dem *linguistic turn* zu tun, sondern verlässt das »Fundament« der Linguistik, um sich der Analyse von Räumen und Ordnungen zuzuwenden (Kap. 4). Sie verfolgt die Bewegungen des Sinns an den Kopplungen und Übergängen jener funktionellen Schichten, die im Körper die Organe bilden und im Text die Aussagen. Im dunklen Kern der foucaultschen Diskursanalyse erkennen wir daher nicht Saussure, sondern Bichat.[45] Daher sagte Foucault im Juni 1968 auch über sein eigenes diskurs- und machtanalytisches Schreiben, er »durchlaufe« damit »den Körper der anderen«. Genauer: »[I]ch schneide ihn auf, ich hebe die Häute und Schichten ab, ich versuche die Organe bloßzulegen und indem ich die Organe freilege, versuche ich schließlich, den Herd der Verletzung, den Herd des Übels, dieses Etwas, das ihr Leben und ihr Denken ausgezeichnet hat und das in seiner Negativität letztlich alles organisiert hat, was sie gewesen sind, zum Vorschein zu bringen. Dieses giftige Herz der Dinge und der Menschen – im Grunde war es genau das, was ich immer offenzulegen versucht habe.« (GHD, 41)

3. Die Geschichte der Zeichen und der Tod des Menschen

Foucaults Denken befand sich in den 1960er Jahren in jener eigenartigen Schwebe, die sich in der doppelten Publikation von *Raymond Roussel* und der *Geburt der Klinik* gezeigt hatte. Einer Signifikanten-theoretischen Analyse von Literatur stand eine Art von Untersuchung gegenüber, die er später »Diskursanalyse« nennen sollte, ohne dass er diesen Begriff damals schon verwendet hätte. Selbst in seiner vielleicht berühmtesten Analyse von Denksystemen, der 1966 erschienenen monumentalen Studie *Les mots et les choses*[46], kommt der Begriff des Diskurses nur als historischer vor. Und während das Klinik-Buch kaum Beachtung gefunden hatte – nur Jacques Lacan sprach darüber in einem seiner Seminare –, publizierte Foucault weiterhin als Redaktionsmitglied der von Georges Bataille gegründeten Zeitschrift *Critique* literaturkritische Arbeiten, die ihn als einen der führenden Vertreter eines neuen Denkens bekannt machten. War Foucault nicht der neue Meisterdenker des Strukturalismus, und war *Les mots et les choses* nicht dessen krönende Bestätigung? Behauptet das Buch nicht, dass der Strukturalismus »das erwachte und unruhige Bewusstsein des modernen Wissens« sei (OD, 260), und verkündet es nicht als *dernier cri* Pariser Modetorheiten, dass der Mensch verschwinden werde »wie am Meeresufer ein Gesicht im Sand« (OD, 461)? Im gewichtigen »Vorwort zur deutschen Ausgabe« von 1971 wehrte sich

Foucault allerdings nicht zum letzten Mal dagegen, dass ihn »gewisse halbgewitzte ›Kommentatoren‹ [...] als einen ›Strukturalisten‹ etikettieren«: »Ich habe es nicht in ihre winzigen Köpfe bringen können, dass ich keine der Methoden, Begriffe oder Schlüsselwörter benutzt habe, die die strukturale Analyse charakterisieren.« (OD, 15) Dabei hat die Frage, ob Foucault ein Strukturalist war oder nicht, einiges Gewicht – oder genauer noch: an ihr hängt alles, wie wir sehen werden. Nur zeigen Foucaults atemberaubend weit ausgreifenden und zugleich tiefgründigen historischen und philosophischen Analysen »der europäischen *Ratio* seit der Renaissance bis in unsere Tage« (OD, 25), wie schwer er sich tat, kein Strukturalist zu sein. Später räumte er freimütig ein, »dass es durchaus Gründe für dieses Missverständnis gab, denn vieles, was ich getan habe, war mir lange Zeit selbst nicht ganz klar« (Sch III, 516). Und in der *Archäologie des Wissens* von 1969 schrieb er dann, dass man seine Analyse in gewisser Hinsicht sehr wohl strukturalistisch nennen könne, wenn man das wolle. (AW, 21) Foucault hatte in der Mitte der 1960er Jahre tatsächlich an einer Untersuchung gearbeitet, die, allgemein gesprochen, Strukturen des Denkens einer bestimmten Epoche feststellt, um sie den entsprechenden Konfigurationen einer anderen Epoche gegenüberzustellen. Er nennt diese Art der Untersuchung »archäologisch« – das Buch trägt den Untertitel *Eine Archäologie der Humanwissenschaften* – und erklärt, es gehe ihm um die »stumm[e] Ordnung« (OD, 23) des Denkens in einer bestimmten Epoche, eine Ordnung, die die Formen des positiven Wissens in einzelnen Feldern wie der Biologie, der Ökonomie oder der Sprachwissenschaft regelt und die Foucault mit dem griechischen Terminus *episteme* bezeichnet: die historisch je spezifische Erkenntnislogik oder allgemeine Wissensordnung einer Epoche.

Foucault sprach ab 1963 davon, er arbeite an einem »Buch über die Zeichen« (Sch I, 38). Das ist erhellend: *Les mots et les choses* ist tatsächlich in weiten Teilen nichts anderes als ein Buch über die Geschichte der Zeichen vom 16. bis zum 20. Jahrhundert. Man kann argumentieren – und wir werden im Text dafür die Bestätigung finden –, dass er sich bis zur *Archäologie des Wissens* noch nicht wirklich entschieden hat, wie er die theoretische Spannung auflösen wollte, die zwischen den beiden Umgangsweisen mit dem Problem der Sprache in den beiden Büchern von 1963 besteht. Im Februar 1965, zwei Monate vor Fertigstellung des Manuskripts, schrieb er seinem Lebenspartner Daniel Defert in einem Brief in ebenso bezeichnender wie verwirrender Weise: »Ich habe nicht über Zeichen gesprochen, sondern über Ordnung.« (Sch I, 38) Das ist wahr und falsch zugleich. Das Buch sucht nach Ordnungsstrukturen und basiert methodisch auf der Analyse von Ordnungsmustern – auf die wichtigen, damit verbundenen Fragen werden wir im 4. Kapitel zurückkommen –, ist inhaltlich aber selbstverständlich ein Buch über die Geschichte der Zeichen im Abendland von der Renaissance bis zur Gegenwart. Es war für Foucault ebenso typisch wie prägend, dass er das Problem des Zeichens nicht theoretisch oder »philosophisch« anging, sondern es vielmehr historisierte. In einer Zeit, als die strukturalistisch-linguistische Zeichenlogik von Lévi-Strauss und Lacan, von Roland Barthes und von dem einflussreichen Semiotiker Algirdas Greimas als ein rein formales, für alle Zeiten und Kulturen gültiges Werkzeug der Analyse gefeiert wurde, weil, so die Prämisse, jede Kultur mit Notwendigkeit dieser Logik gehorcht, nahm Foucault eine Position ein, die sich dazu gewissermaßen tangential verhielt – nicht ablehnend, aber auch nicht vorbehaltlos zustimmend. Vielmehr stellte er dieses neue Paradigma einigermaßen kühl in den Rahmen einer historischen Entwicklung und gestand durchaus glaubhaft, er wisse nicht, in welche Richtung sich das Denken in Zukunft entwickeln werde. (OD, 371 und 462) Mit anderen Worten, Foucault bekannte sich nicht zum Strukturalismus, sondern lieferte, wenn schon, mit dieser *Archäologie der Humanwissenschaften* eine Art Genealogie des Strukturalismus. Dieser sei wohl das »Bewusstsein des modernen Wissens«, dabei aber, wie Foucault im selben Atemzug sagte, »keine neue Methode« ... (OD, 260) Sein verehrter Lehrer für Philosophie an der ENS, der Hegel-Spezialist Jean Hyppolite, sagte ihm zum Erscheinen von *Les mots et les choses*, dies sei ein »tragisches Buch«. Foucault gab ihm Recht: »Er ist der einzige, der es gemerkt hat.« (Sch I, 42)

Tatsächlich: Foucault legte hier auch sein eigenes Denken, seine eigenen theoretischen Möglichkeiten, wie der Strukturalismus sie ihm mit der Kritik an der Phänomenologie und am Marxismus eröffnet hatte, ins Säurebad der historischen Analyse. Es gab für ihn keinen Rückzug auf gesicherte Grundannahmen und keine Basis-Theorien mehr, mit denen die Gesellschaftsanalyse bzw. die Wissenschaftsgeschichte operieren könnte, keine Theorie der Sprache oder gar »des« Menschen, die sich nicht einrücken ließe in die bodenlose Historizität aller Formen des Wissens. Man darf es durchaus mit einem gewissen Pathos ausdrücken: Dieser – an sich klassisch philosophische – Selbstanwendungstest ist die Herausforderung, der sich Foucault wirklich stellte, die die Radikalität seines Denkens ausmacht – und vielleicht auch seine »Tragik«, weil sie wenig übrig lässt. Der einzige Punkt jedoch, den Foucault für gewiss hielt und an dem er inhaltlich auch vollständige Übereinstimmung mit den Strukturalisten signalisierte (vgl. Sch III, 742), war das Theorem vom »Tod des Menschen«. In unzähligen Interviews bekräftigte er, was schon im *Raymond Roussel* und den anderen Literaturstudien deutlich wurde und wofür *Les mots et les choses* mehr Belege lieferte, als die Strukturalisten in ihrem ungeschichtlichen Denken je erträumt hätten: »Man braucht sich nicht sonderlich über das Ende des Menschen aufzuregen; das ist nur ein Sonderfall oder, wenn Sie so wollen, eine der sichtbaren Formen eines weitaus allgemeineren Sterbens. Damit meine ich nicht den Tod Gottes, sondern den Tod des Subjekts, des Subjekts als Ursprung und Grundlage des Wissens, der Freiheit, der Sprache und der Geschichte.« (Sch I, 1002) Was das heißt, werden wir sehen.

Das Zeitalter der Repräsentation

Foucault war, wie man weiß, kein Kunsthistoriker, aber er hat nicht nur immer betont, wie wichtig für ihn die Beschäftigung mit Kunst war, sondern auch immer wieder über Kunst und Künstler geforscht, Vorträge gehalten und publiziert: über Klee und Kandinsky, Magritte, Manet oder Warhol. Und vor allem eröffnet er seine *Ordnung der Dinge* mit der wohl berühmtesten Bildbeschreibung der letzten Jahrzehnte – einer umfänglichen und sorgfältigen Analyse von Velázquez' *Las Meninas* (»Die Hoffräulein«) von 1656.[47] Es geht hier nicht darum, diesen klassischen Gegenstand kunsthistorischer Bildinterpretation schlechthin zu diskutieren; für Foucault jedenfalls ist das Gemälde, auf dem man nicht nur Velázquez selbst malend vor einer Leinwand sieht, sondern vor allem die Infantin Margarete, umgeben von ihrem Hofstaat in einem Saal des Escorial, ein herausragendes Beispiel für das, was er die »Repräsentation« (OD, 40) nennt. Das Bild enthüllt unter seiner Betrachtung ein komplexes Spiel von Blickachsen und Spiegelungen, in deren Fluchtpunkt das Königspaar, Philipp IV. und seine Frau Marianna, erkennbar werden; allerdings nur als schemenhaftes Spiegelbild auf der Rückwand des dargestellten Raumes, dafür genau in der Mitte und auf Augenhöhe des Betrachters. *Las Meninas* zeigt damit zweierlei: Zum einen, im bloß undeutlichen Spiegelbild, verweist es auf das für den Betrachter verborgene Königspaar als *Abwesendes* – Velázquez als der dargestellte Maler im Bild malt es auf jene Leinwand, die der Betrachter von *Las Meninas* nur von ihrer Rückseite her sieht. Das Paar ist daher, so Foucault, das bezeichnenderweise außerhalb der Ordnung der Repräsentation stehende oder bestenfalls an ihrem Rand noch vage wahrnehmbare Repräsentierte. Hingegen und vor allem aber zeigt *Las Meninas*, zweitens, den Vorgang der Repräsentation selbst, angefangen bei der Materialität des Bildträgers – die sichtbare Leinwand – über den Pinsel und den Blick des Malers bis hin zu den Figuren, die die Repräsentation begleiten. Für Foucault ist *Las Meninas* damit das gemalte Programm der *episteme* des klassischen Zeitalters: Ohne das Repräsentierte im Bild selbst, und damit »endlich befreit von dieser [Abbild-]Beziehung, die sie ankettete«, kann »die Repräsentation sich als reine Repräsentation geben« (OD, 45) – als Raum autonomer Zeichenbeziehungen, die nichts ›außerhalb‹ mehr abbilden, als ›reiner Text‹, wie man heute sagen würde.

Im 16. Jahrhundert war das Wissen noch nach der Logik der Ähnlichkeit organisiert, in der die Wörter und die Zeichen als analoges Abbild der Dinge galten. Die Welt war eine Welt lesbarer Zeichen und voller Entsprechungen zwischen der Sprache bzw. genauer noch der Schrift und den Dingen sowie zwischen Mikrokosmos und Makrokosmos: »Den Sinn zu suchen, heißt an den Tag zu bringen, was sich ähnelt. Das Gesetz der Zeichen zu suchen, heißt die Dinge zu entdecken, die ähnlich sind.« (OD, 60) Mit dem Übergang zum klassischen Zeitalter – das, folgt man Foucaults schon in *Wahnsinn und Gesellschaft* entwickelter Chronologie, in der Mitte des 17. Jahrhunderts mit Descartes' *Meditationen* (1641), mit Velázquez' *Las Meninas* und mit der genau zeitgleichen Eröffnung des Hôtel Général zur »großen Einsperrung« der Wahnsinnigen (1656) begann – hat sich das Denken der Ähnlichkeiten aufgelöst. Die Zeichen verlieren ihre Spiegelbildlichkeit gegenüber der bezeichneten Sache, werden zu autonomen Repräsentanten der Dinge und gehorchen ihrer eigenen, taxonomischen, formalisierbaren Logik: »Die Sprache zerbricht ihre alte Verwandtschaft mit den Dingen« (an der nur der »Irre« noch festhalten wird; OD, 81), und es entsteht eine Kultur der Ordnung, der Mathematisierung des Wissens und des »Tableau«, der vernünftig gegliederten Ordnung der Zeichen – aber auch eine Kultur der Täuschungen, der Ungewissheit der Beziehung des Zeichens zum Ding, ja des *trompe-l'œil.* Es war im 18. Jahrhundert nicht mehr die Abbildfunktion, die dem Zeichen seine Wahrheit sicherte, sondern umgekehrt die rationale Ordnung der Zeichen, welche die Erkennbarkeit der Welt garantiert: »Von nun an begann das Zeichen, seine Bedeutung im Innern der Erkenntnis zu haben: Dieser Erkenntnis entnahm es seine Gewissheit oder seine Wahrscheinlichkeit.« (OD, 93) Die Philosophie des 18. Jahrhunderts war daher eine Philosophie des Zeichens. Wie wenn er über den *linguistic turn* des 20. Jahrhunderts schreiben würde – der 1967 von Richard Rorty auf den Begriff gebracht wurde –, charakterisiert Foucault diese versunkene Epistemologie, die Saussure »von neuem entdeckte« (OD, 102, vgl. 358), mit den Worten: »Es gibt keinen den Zeichen äußerlichen oder vorlaufenden Sinn, keine implizite Präsenz eines vorher existierenden Diskurses, den man wiederherstellen müsste, um die autochthone Bedeutung der Dinge an den Tag zu bringen. Aber es gibt ebensowenig einen konstituierenden Akt der Bedeutung oder der Genese innerhalb des Bewusstseins« – was gesagt werden kann, kann nur im Rahmen der Zeichenordnung erscheinen, die dem Bewusstsein vorgängig ist. (OD, 101)

Das war genau jene Struktur des Denkens, die Foucault schon in der Klassifikation des Wahnsinns und in den gelehrten Taxonomien der Krankheiten des 18. Jahrhunderts beobachtet hat. Hier nun stellt er das Funktionieren der *episteme* der Repräsentation sehr ausführlich an den drei parallelen Beispielen der Naturgeschichte, der merkantilistischen und physiokratischen Analyse der Reichtümer und der allgemeinen Grammatik vor. Wörter, Pflanzen und Tiere sowie Werte erscheinen im Tableau der Taxonomien, die die Welt bruchlos und vollständig erschließen und insgesamt derselben Logik der Repräsentation gehorchen. Das müssen wir im Einzelnen nicht nachvollziehen; wichtig ist aber die Feststellung, dass *Les mots et les choses* auch ein wissenschaftshistorisches bzw. -theoretisches Manifest ist. Foucault argumentiert, wie wir wissen, die Geschichte des Wissens und von Wissenschaften im engeren Sinn basiere auf epochenspezifischen gemeinsamen Ordnungsstrukturen oder Logiken und folge einem »in der Zeit gebildeten Apriori« (OD, 261). Das bedeutet, dass auf ihrem Hintergrund die Geschichte der Wissenschaften, wie man sie traditionellerweise »dem Faden der Kenntnisse«, d.h. der sukzessiven Entdeckungen und der Traditionslinien entlang beschreibt, bloß noch »als eine Oberflächenwirkung« gelten kann. (OD, 260) Eine solche Topologie von Oberfläche und »zugrunde liegender« *episteme* erinnert zwar noch an metaphysische Tiefenstruktur-Semantiken (was mit ein Grund gewesen sein mag, wieso Foucault später weitgehend auf den *episteme*-Begriff verzichtet; vgl. Kap. 4); entscheidend ist aber das damit veränderte Bild von Geschichte: Wandel in der Wissenschaft entsteht laut Foucault nicht durch einen als kontinuierlich verstandenen Prozess der Entdeckung von Neuem, sondern durch bruchartige Verschiebungen, durch eine »Diskontinuität«, die bewirkt, »dass die Dinge plötzlich nicht mehr auf die gleiche Weise perzipiert, beschrieben, genannt, charakterisiert, klassifiziert und gelernt werden« – kurz, durch ein »radikales Ereignis« (OD, 269). Foucault wird erst später angeben können, was oder wer als Ursache oder gar als Demiurg ›hinter‹ diesem Ereignis stände (vgl. Kap. 5). Den Grund für jene bruchartige Verschiebung, die Thomas S. Kuhn 1962 in *The Structure of Scientific Revolutions* in allerdings sehr soziologischer Weise »Paradigmenwechsel« nannte, erkennt Foucault in *Les mots et les choses* in der letztlich kontingenten, durch eine Kombination von inneren Schwierigkeiten und äußeren Umständen ausgelösten Rekonfiguration eines Ordnungsmusters. Solche Muster ergeben weder in ihrer historischen Reihenfolge einen Sinn oder gehorchen einer irgendwie gedachten höheren geschichtlichen Logik, noch sind sie ursächlich auf das Bewusstsein, gar die Intention von Subjekten zurückzuführen. Foucault argumentiert weder hegelianisch, bewusstseinsphilosophisch noch soziologisch, sondern unternimmt eine Strukturanalyse von Denksystemen, die er als diskontinuierliche voneinander absetzt, um das Ereignis des Bruchs und die historische Spezifik der jeweiligen Wissensordnung hervorzuheben.

Leben, Arbeit, Sprache

Ein solcher Bruch findet am Ende des 18. Jahrhunderts statt, als neue Kräfte und Gestalten im Raum des Wissens erscheinen, die nicht mehr in der üblichen Weise repräsentiert werden können, sondern gleichsam als ein Reales den Zeichenraum sprengen. Neue, unverstehbare Kräfte erweisen sich als tiefste Ursachen für alles Repräsentierbare: »Der dunkle, aber hartnäckige Geist eines sprechenden Volkes, die Gewalt und die unaufhörliche Anstrengung des Lebens [und] die stumme Kraft der Bedürfnisse« (OD, 261) erscheinen nun gegenüber den repräsentierbaren Dingen als jene tiefen, unfassbaren Wurzeln, an denen alles Repräsentierbare hängt, das, soweit es den Menschen betrifft, neu unter den Titeln »Sprache«, »Leben« und »Arbeit« rubriziert wird. Das Wissen fragt nicht mehr länger nach den in einem flachen Tableau einordenbaren Identitäten und Differenzen von Dingen, sondern erforscht seit dem frühen 19. Jahrhundert durchgängig die »Organisation« und die »Funktion« von Elementen. Vor allem aber erforscht es deren *Geschichte*, die seither als die Wurzel schlechthin »zum Unumgänglichen unseres Denkens geworden ist« (OD, 271).

Was ist passiert? Foucault kann nur feststellen, dass sich mit Kant oder zumindest »seit Kant« (OD, 305) die Probleme des Wissens auf eine neuartige Weise stellen. Kants Kritik ist auch für ihn die »Schwelle unserer Modernität« (OD, 299), jener für das abendländische Denken unüberwindliche »Bruch«, seit dem »wir alle Neukantianer sind«. (Sch I, 705) Denn Kant zeigt von allen Denkern der »Sattelzeit« (R. Koselleck) am eindringlichsten den Umstand an, dass das mathematische Denken und das formale Tableau der Repräsentation die Kraft verloren haben, die Synthesen, das heißt die Einheit der Dinge, denkbar zu machen und die Wahrheit der Erkenntnis zu begründen. An ihre Stelle treten nun zwei Tendenzen: Zum einen eben Kants »transzendentale Apperzeption«, die den Fixpunkt von Gewissheit der Erkenntnis in einem vor jeder Erfahrung und mit Notwendigkeit gegebenen transzendentalen »Ich« bzw. in den apriorischen Strukturen der reinen Vernunft erblickt – »transzendental« heißt bei Kant nichts anderes als jeder Erkenntnis »apriorisch« vorausgesetzt und Bedingung ihrer Möglichkeit. Zum andern erscheinen nun – und hier verlässt Foucault die bekannten Pfade der Philosophiegeschichte – genau zeitgenössisch dazu das Leben, die Arbeit und die Sprache »jeweils als ›Transzendentalien‹, die die objektive Erfahrung der Lebewesen, der Produktionsgesetze und der Formen der Sprache ermöglichen« (OD, 301). Foucault nimmt Kants Terminologie ironisch auf: Leben, Arbeit und Sprache liegen als »Quasi-Transzendentalien« (OD, 307) auf der den kantschen Transzendentalien genau entgegengesetzten, empirischen, »aposteriorischen« Seite, das heißt auf der Seite der Objekte; sie ermöglichen die Objekte »in einem Sein, dessen rätselhafte Realität vor jeder Erkenntnis die Ordnung und die Verbindungen dessen ausmacht, was sie zu erkennen hat« (OD, 301). Hier entstehen, so Foucault, die Metaphysiken der »›Tiefen‹ oder der objektiven ›Transzendentalien‹«, d.h. der Unausschöpflichkeit des Lebens oder der Sprachgeschichte, »Metaphysiken jenes nie objektivierbaren Grundes, von dem die Gegenstände zu unserer oberflächlichen Erkenntnis kommen« (OD, 302). Gleichzeitig ist dies auch die Geburtsstunde des Positivismus, der die erkennbare Schicht der Phänomene in den neuen Wissenschaften der Biologie, der Ökonomie und der Sprachwissenschaft beschreibt und klassifiziert. Der Positivismus vertraut auf die objektive, gegebene Ordnung der Phänomene, ohne sie *als solche* erkennen oder begründen zu können; dafür bleiben weiterhin die nachkantischen Metaphysiken von Hegel »bis zu Bergson« (OD, 302) zuständig. Fundamental als Wurzel überhaupt aber wird im Denken des 19. Jahrhunderts die Geschichtlichkeit der Dinge, d.h. ihre metaphysisch verstandene Herkunft aus einem Ursprung, der dem Positivismus unfassbar bleibt, der gleichzeitig aber die Eigenart der Empirizitäten ausmacht, die dieser ausbreitet. Die »sichtbaren Gestalten« bieten sich dann »unserem Blick nur noch völlig zusammengesetzt« an, sie sind eben »bereits in jener Nacht von unten gegliedert«, dort, in den Tiefen der Geschichte, wo sich die Herkunft der Dinge mit ihren transzendentalen und metaphysischen Notwendigkeiten kreuzt. (OD, 309)

Die Geschichtlichkeit der Dinge, der Glaube zudem, dass diese Dinge positiv und in ihrer gegebenen, realen Ordnung beschreibbar sind, und schließlich deren epistemologische Absicherung in Metaphysik oder Transzendentalphilosophie sind die Grundmuster eines Denkens, das »noch bis zu uns reicht, uns einhüllt und als kontinuierliches Fundament für unseren Diskurs dient« (– was es auch schwierig macht, seine Entstehung vollständig zu verstehen; OD, 307). Im Falle der Biologie, wie Foucault sie mit Georges Cuvier (1769-1832) beginnen lässt, ist dies ein Denken, das die Möglichkeit der Klassifikation paradoxerweise aus der Tatsache der letztlich unfassbaren Lebendigkeit ableitet. Das bedeutet, dass Cuvier die Lebewesen nicht nach dem Muster einer »linguistischen Zerlegung«, sondern auf der Basis einer »anatomischen Zergliederung« der Organe und damit nach Lebensfunktionen (Atmung, Kreislauf, Bewegung etc.) klassifizierte (OD, 330); dasselbe kennen wir schon von Bichat, der ein Zeitgenosse von Cuvier war. Nur so, über die Anatomie, ließ sich ein wirkliches Verständnis von der *Geschichte* der Lebewesen gewinnen – und dieses Argument Cuviers reichte natürlich über Bichat hinaus, der einzig nach der Krankheit fragte –, weil die Biologie auf solche Weise erst als eine Geschichte der Entwicklung organischer Funktionen verstanden werden kann. Die Sprachwissenschaft mit Grimm und Bopp hat in sehr ähnlicher Weise die Logik der Repräsentation aufgegeben, um Sprachgeschichte zu werden. Foucault zitiert Friedrich Schlegel, der diesen Vergleich 1808 selbst anstellte: »[D]ie vergleichende Grammatik [vermittelt] ganz neue Aufschlüsse über die Genealogie der Sprachen [...], wie die vergleichende Anatomie über die höhere Naturgeschichte Licht verbreitet hat«. (Zit. OD, 342) Konsequenterweise sprach Grimm von der »Anatomie« der Sprache als einer »Anatomie [ihrer] möglichen Veränderungen« (OD, 358). Vor allem aber wurde nun die Sprache nicht mehr allein in ihrer Funktion gesehen, die Welt zu repräsentieren. Vielmehr erschien sie als »eine grammatikalische Totalität« mit einer ihr »eigene[n] Kohärenz«, als etwas, das »sich zu verdicken beginnt und seine eigene Schwere erhält« (OD, 344), deren Sanskrit-Wurzel man entdeckt, deren Geschichte unumgänglich für das Verständnis ihrer Worte wird; es entwickelt sich gar eine Mystik des Lauts und der Volkssprache (OD, 349). Mit andern Worten: »Die Sprache erhält plötzlich ein eigenes Sein.« (OD, 360) Die Philologie entdeckte dabei – lange vor dem Strukturalismus – »die Tatsache, dass wir vor dem geringsten gesprochenen Wort bereits durch die Sprache beherrscht und von ihr durchdrungen sind« (OD, 364).

Die Ökonomen David Ricardo und Karl Marx haben auf sehr ähnliche Weise einen dunklen, nicht repräsentierbaren, dabei aber sehr ›realen‹ Ursprung in die Ökonomie als eine moderne Wissenschaft eingeführt. Sie haben nicht nur, wie schon Adam Smith, den Wert eines Produkts in der darin enthaltenen Arbeit erkannt – eine Abstraktion, die sich in der Logik der Repräsentationen abbilden lässt –, sondern vielmehr diese Arbeit primär in ihrer genuinen Produktivität verstanden und sie vor allem auf das »Bedürfnis« bezogen, jene »ursprüngliche Entbehrung«, jenen unstillbaren Mangel, der jede Arbeit erst motiviert, der selbst aber im Tableau des ökonomischen Kreislaufes, wie es schon die Physiokraten im 18. Jahrhundert aufstellen konnten, nicht repräsentierbar war. (OD, 314 f.) Während Ricardo glaubte, Bedürfnis und Produktion würden sich langfristig stabilisieren und das System zum Stillstand bringen, hegte Marx die revolutionäre Hoffnung, dass sich aus dem unbefriedigten Bedürfnis – als dem eigentlichen, in der Tiefe der individuellen Leben verborgenen Motor der Geschichte – heraus die gesellschaftlichen Grenzen der Produktivität sprengen ließen.

Doch solche Unterschiede zwischen Ricardo und Marx erachtet Foucault als nebensächlich und gering, als eine Frage von Wertungen innerhalb desselben Denksystems: »In der Tiefe des abendländischen Wissens hat der Marxismus keinen wirklichen Einschnitt erbracht«; er hatte »weder das Ziel«, die erkenntnistheoretische Disposition seiner Zeit »zu verwirren, noch vor allem die Kraft, sie zu verändern, sei es auch nur«, spottet Foucault, »um eine Daumenbreite, weil er völlig auf ihr beruhte. Der Marxismus ruht im Denken des neunzehnten Jahrhunderts wie ein Fisch im Wasser.« Die Auseinandersetzungen zwischen ihm und der bürgerlichen Ökonomie seien daher »lediglich Stürme im Wasserglas« (OD, 321 f.). Sätze wie Hiebe in die Weichteile der Linken. Das war, zusammen mit Foucaults Angriffen auf den Humanismus und seiner Rede vom Tod des Menschen eindeutig *de trop*, das war zu viel. Jean-Paul Sartre persönlich donnerte in der Zeitschrift *L'Arc* nach dem Erscheinen von *Les mots et les choses*: »[D]iese neue Ideologie ist das letzte Bollwerk, das die Bourgeoisie noch gegen Marx zu errichten vermag.«[48]

Der Tod des Menschen und die *Archäologie der Humanwissenschaften*

Foucaults Polemik gegen den Marxismus, den er als Anti-Hegelianer nicht anders als ablehnen konnte und dem er den Strukturalismus als eine »linke, nicht marxistische Kultur« (ME, 64) und als eine schon in den 1920er Jahren von Stalin bekämpfte Alternative zum Marxismus entgegenstellte, war jedoch ein Nebenkriegsschauplatz. Die wirkliche Schlacht wurde auf dem Territorium des »Menschen« geschlagen.

Wenn Foucault sich nochmals die klassische *episteme* der Repräsentation vergegenwärtigte, so war für ihn klar, dass »vor dem Ende des 18. Jahrhunderts der *Mensch* nicht existierte. Er existierte ebensowenig wie die Kraft des Lebens, die Fruchtbarkeit der Arbeit oder die historische Mächtigkeit der Sprache.« Der Mensch existierte nicht?! Man darf Foucault in diesem Punkt nicht missverstehen: »Zweifellos haben die Naturwissenschaften vom Menschen als einer Art oder Gattung gehandelt: die Diskussionen über das Rassenproblem im achtzehnten Jahrhundert bezeugen das. [...] Aber es gab kein erkenntnistheoretisches Bewusstsein vom Menschen als solchem. Die klassische *episteme* gliedert sich nach Linien, die in keiner Weise ein spezifisches und eigenes Gebiet des Menschen isolieren.« (OD, 373) Das entscheidende Stichwort hier ist »erkenntnistheoretisch«: Dass der Mensch »nicht existiert« oder eben dass er »existiert«, ist eine Funktion der jeweiligen Ordnungen des Wissens. Es gibt Kulturen, die nicht darauf ausgerichtet sind, den »Menschen« in seiner Endlichkeit zu denken, das heißt, ihn zur Grundlage, zum Maßstab und zum Zielpunkt ihres Denkens und ihres Wissens zu machen. Wie zum Beispiel das christliche Zeitalter bis ins 17. Jahrhundert können sie zwar vom Individuum und seiner Beziehung zu Gott sprechen, dabei aber so sehr auf die Herrlichkeit Gottes und die Idee der Ewigkeit ausgerichtet sein, dass die Vorstellung des »Menschen«, etwa im Hinblick auf seine Rechte oder sein Erkenntnisvermögen, keine für das Wissen konstitutive und wegleitende Rolle spielt. Vielmehr kann hier der Mensch als vergängliche Hülle der unsterblichen Seele im Angesicht des Allmächtigen immer nur seinen unendlichen Mangel, seine angeborene Sündhaftigkeit und seine vollständige Abhängigkeit von der Gnade Gottes anerkennen. Doch auch das klassische Zeitalter, die Epoche der Repräsentation, der Zeichen und Spiegel, kannte den Menschen in seiner Endlichkeit ebenso wenig, wie es die Vernunft transzendentalphilosophisch zu begründen brauchte. »[A]n jener

Stelle, an der wir heute die ursprüngliche, unabweisbare und rätselhafte Existenz des Menschen zu erkennen glauben«, lässt, so Foucault, »das klassische Denken die Macht des Diskurses auftauchen. Das heißt: der Sprache, insofern sie repräsentiert – die Sprache, die die Dinge benennt, zerschneidet, kombiniert, verknüpft und entknüpft [...].« (OD, 375) Unter der Herrschaft des Diskurses, angesichts der »Souveränität der Wörter«, ist die dunkle Realität der menschlichen Existenz nicht fassbar und nicht denknotwendig. Erst mit dem Zusammenbruch des klassischen Zeichenraums unter dem Druck des Realen der Sprache, der Arbeit und des Lebens sowie angesichts der Notwendigkeit, die Wahrheit der reinen Vernunft zu denken, tauchte gemäß Foucault der Mensch als Objekt und zugleich fundierendes Subjekt jeder Erkenntnis auf. Er tauchte auf – so Foucaults berühmte Formulierung, die uns ein klein wenig an *Raymond Roussel* erinnert – als »empirisch-transzendentale Doublette« (OD, 384): als empirisches Objekt vieler neuer Wissenschaften von der klinischen Medizin bis zu den Humanwissenschaften und als transzendentales Subjekt der Wahrheit jeder Erkenntnis überhaupt.

Foucault hat diesen Gedanken nicht erst in der *Ordnung der Dinge* entwickelt, sondern schon in seiner *Thèse secondaire*, die er 1961 zusammen mit dem Manuskript von *Folie et déraison* einzureichen hatte (und die erst 2008 publiziert wurde): seine überaus gelehrte *Einführung in Kants ›Anthropologie‹*. Er untersucht hier, wie die – scheinbar empirische – Frage nach dem Wesen des Menschen sich in die systematische Ordnung von Kants *Kritiken* einfügt, und er kam zum Schluss, dass die Anthropologie bei und seit Kant paradoxerweise zugleich Voraussetzung wie Gegenstand der *»Menschenkenntniss«* (dt. im Original) sei. (EKA 111) Daher werde sie fortan »die Analyse der [transzendentalen] Bedingungen und die Befragung der [empirischen] Endlichkeit vermischen«, und Foucault knüpfte daran die Skizze seines künftigen philosophischen Programms: »Man wir eines Tages wohl der ganzen Geschichte der postkantischen und zeitgenössischen Philosophie vom Gesichtspunkt dieser fortdauernden Vermengung aus ins Gesicht sehen müssen, das heißt auf der Basis einer Aufkündigung dieser Vermengung.« (EKA, 100) *Die Ordnung der Dinge* sollte fünf Jahre später nichts weniger als genau dies leisten, und Foucault bezog sich schon in der *Einführung* auf Nietzsche, um die geplante »*Kritik* an der anthropologischen Illusion« zu fundieren, denn erst »im Tod des Menschen erfüllt sich der [von Nietzsche verkündete] Tod Gottes« (EKA, 117).

In *Les mots et les choses* zeigt Foucault nun in aller Breite, wie das Transzendentale in der Moderne, d.h. in der Zeit nach Kant, allerdings nicht länger allein in der Figur einer »reinen Vernunft« gesehen wird, sondern in den »Quasi-Transzendentalien« Arbeit, Leben und Sprache. Damit aber verliert, so Foucault, die empirisch-transzendentale Doublette »Mensch« mit ihrem Auftauchen auch sofort ihre Idealität und Stabilität. Denn nun untergraben die das Subjekt fundierenden Quasi-Transzendentalien »in der Form einer hartnäckigen Exteriorität« die ideale Einheit dieses sich selbst transparenten Bewusstseins, wie sie das klassische, das cartesianische Cogito noch ausgedrückt hatte. Jetzt tauchen, in Foucaults Formulierung, ganz neue Fragen auf: »Wie kann der Mensch dieses Leben sein, dessen Netz, dessen Pulsieren, dessen verborgene Kraft unendlich die Erfahrung überschreiten, die ihm davon unmittelbar gegeben ist? Wie kann er jene Arbeit sein, deren Erfordernisse und Gesetze sich ihm als ein fremder Zwang auferlegen? Wie kann er das Subjekt einer Sprache sein, die seit Jahrtausenden ohne ihn gebildet worden ist [...] und innerhalb deren er von Anfang an sein Sprechen und sein Denken plazieren muss [...]?« (OD, 390) Wir erinnern uns, dass der Strukturalismus von Lévi-Strauss und insbesondere von Lacan die Dezentrierung des Subjekts als ein durch die Exteriorität der Sprache strukturiertes Subjekt des Unbewussten konzipierte. Lacan dreht in einem 1958 publizierten, berühmten Vortragstext, den Foucault wohl kannte, das cartesianische Cogito daher zur Formel um: »Ich denke, wo ich nicht bin, also bin ich, wo ich nicht denke«, um damit das Subjekt des Unbewussten anzuzeigen.[49] Foucault radikalisiert diese strukturalistisch-psychoanalytische Diagnose vom Ende des cartesianischen Subjekts, indem er sie nicht nur archäologisch weit hinter den Strukturalismus in die Fundamente des modernen Denkens selbst zurückführte, sondern auch, indem er sie ausweitete und die Dezentrierung des Subjekts durch die Sprache um die Dezentrierung durch die Arbeit und die Lebendigkeit des Körpers ergänzte. Wohl existiert also in der Moderne der »Mensch«, aber nur als bestenfalls scheinbare Gewissheit, die ständig von ihren »Rändern« (OD, 393) her in Zweifel gezogen wird. In der Moderne, wie Foucault sie liest, verschiebt sich die Gewissheit des cartesianischen Cogito und des kantischen Ich der transzendentalen Apperzeption in gleich dreifacher ›quasi-transzendentaler‹ Weise um die Dimension eines Ungedachten, was zur foucaultschen Variante der cartesianischen Formel führt: »Was muss ich sein, der ich denke und der ich mein Denken bin, damit ich das bin, was ich nicht denke, damit mein Denken das ist, was ich nicht bin?« (OD, 392) Das heißt, wie wir jetzt wissen: Wie kann ich meiner selbst gewiss werden, wenn mein Bewusstsein vom System und der Geschichte der Sprache, von der Entfremdung der Arbeit und vom Unfassbaren meines Körpers durchkreuzt wird? Wie kann ich »Mensch« sein, wenn es wahr ist, dass wir – in Anlehnung an Nietzsche – »auf dem Rücken eines Tigers sitzen« (OD, 389[50]), an unsere raubtierhafte Natur gebunden sind, wenn ich unvermeidlich in »ein Stück Nacht« getaucht, kurz, wenn ich in »ein Ungedachtes verwickelt« bin? (OD, 393)

Die alles entscheidende Pointe von *Les mots et les choses* liegt nun allerdings darin, dass sich die Humanwissenschaften bis in die Gegenwart, so Foucault, den Konsequenzen verweigern, die diese Erkenntnis für das Bild des Menschen haben muss. Die Humanwissenschaften (Anthropologie, Geschichte, Literatur- und Kunstwissenschaft, Soziologie, Psychologie etc.) hätten an den für das ganze moderne Denken konstitutiven Versuch, »das Ungedachte zu denken« (OD, 394), um nicht nur die Endlichkeit des Menschen ausmessen, sondern ihn überhaupt von den modernen Quasi-Transzendentalien her in Frage stellen zu können, keinen Anschluss gefunden. Sie siedelten sich zwar »in der Nachbarschaft« jener Wissenschaften an, »denen es um die Frage des Lebens, der Arbeit und der Sprache geht« (OD, 421), aber sie nahmen die wirklichen Folgen der positiven Einsichten der Ökonomie, der Sprachwissenschaften und der Biologie nicht zur Kenntnis, sondern verfielen in den »anthropologischen Schlaf« (OD, 410), träumten von der Autonomie und Gegebenheit, ja Ursprünglichkeit des »Menschen«. Zuerst und vor allen andern hat Nietzsche »durch eine philologische Kritik, durch eine bestimmte Form des Biologismus den Punkt *wieder*gefunden«, an dem der Tod Gottes zugleich den »To[d] des Menschen bedeutet« (OD, 412[51]): Diese Formulierung erscheint schon in der *Einführung in Kants ›Anthropologie‹*. (EKA, 117) Doch von welcher »Form des Biologismus« ist hier die Rede? Die Antwort lässt sich von Foucaults erster Vorlesung her geben, die er als junger Repetitor in der École Normale Supérieur 1954-55 unter dem Titel »Problèmes de l'Anthropologie« gehalten hat (und die von Jacques Lagrange mitgeschrieben wurde). Es war die Zeit, in der Foucault Nietzsche zu lesen begann; in dieser Vorlesung führt er ihn als Begründer einer neuen

Anthropologie ein. Foucault bemerkt, Kant hätte seine Frage nach den »ersten und ursprünglichen Formen des Wesens des Menschen« als Frage der »Existenz des Menschen in der Natur« stellen müssen, was aber erst Nietzsche in Anlehnung an Darwin getan habe. Lagrange notiert hier: »□c'est l'evolutionisme qui en reprenant et en explicitant l'existence de l'homme va arracher l'homme à l'Anthropologie« (PA, 47) – d.h., indem die Evolutionstheorie die Frage nach der Existenz des Menschen aufgreift und erklärt, entreißt sie den Menschen der (philosophischen) Anthropologie und verbaut fortan jede Möglichkeit, weiterhin von einem irgendwie im »Geist« begründeten, immer gleichen und »wahren« Wesen des Menschen zu sprechen. Das hätten Nietzsche und Freud klar gesehen – »par rapport à Darwin« (PA, 47): indem sie auf Darwin zurückgegangen seien. Von diesem Punkt aus – von Darwin aus – sei es seither unmöglich, im Menschen das Fundament der Wahrheit zu suchen. Fragen der Philosophie würden so, genealogisch gewendet, zur »problématique de l'évolution«; dann aber bleibe nichts anderes, als die Parole Nietzsches ernstzunehmen: »L'homme est un animal« (PA, 50).

Das ist jener »gewisse Biologismus«, den Foucault an Nietzsche festmachte. Zusammen mit der Einsicht des Sprachphilosophen Nietzsche, »dass dort, wo Zeichen sind, nicht der Mensch sein kann und dass dort, wo man Zeichen zum Sprechen bringt, der Mensch schweigen muss« (Sch I, 651), und schließlich auch auf dem Hintergrund seiner allerdings kaum referenzierten Heidegger-Lektüre Mitte der 1950er Jahre[52] gewinnt Foucault daraus sein berühmtes ›anti-humanistisches‹ Argument, dass der Mensch eine »junge Erfindung« sei und wieder verschwinden werde »wie am Meeresufer ein Gesicht im Sand« (OD, 462). Wenn Foucault also vom »Tod des Menschen« spricht, dann ist dies nicht nur jener »Mensch«, von dem die Humanwissenschaften sprechen, sondern auch der handelnde und leidende Mensch, der von Ludwig Feuerbach und im Anschluss an diesen von Karl Marx in seiner Leiblichkeit und Konkretheit gleichermaßen gegen die idealistische Vorstellung des autonomen Subjekts und die dazu parallele Illusion Gottes ins Spiel gebracht wurde. Indem Foucault auch diesen »Menschen« »tötet«, geht er mit Nietzsche entscheidend über Feuerbachs und Marxens Anthropologie des empfindenden und gestaltenden Menschen hinaus, der das Zentrum einer sinnvollen Welt sei.

Diese Einsicht sah Foucault aber nicht nur bei Nietzsche bestätigt, sondern auch in den verschiedenen Spielarten des Strukturalismus oder, allgemeiner noch, des Formalismus und des Systemdenkens. In einem Interview im Mai 1966 sagte er, Lévi-Strauss, Lacan und Dumézil – an anderer Stelle nannte er auch Russell und Wittgenstein (vgl. Sch I, 665-667, 700) – hätten gezeigt, dass der Sinn »nur eine Oberflächenerscheinung, eine Spiegelung, eine Schaumkrone darstellt, während das eigentliche Tiefenphänomen, von dem wir geprägt sind, das vor uns da ist und uns in Zeit und Raum trägt, das *System* ist.« Daher folgten auch die »Mythen der Römer, Skandinavier und Kelten [...] ein und demselben System«, und daher trügen auch »in der Biologie die Chromosomen bekanntlich in Form eines Codes, einer verschlüsselten Nachricht, sämtliche Informationen, die für die Entwicklung des jeweiligen Lebewesens erforderlich sind ...« (Sch I, 665). Es gibt verschiedene Hinweise dieser Art, die darauf hindeuten, dass Foucault für den kommenden »Tod des Menschen« keineswegs vorrangig den Strukturalismus verantwortlich machte, sondern zumindest ebenso sehr die Molekulargenetik, die in seiner Wahrnehmung jede Vorstellung eines menschlichen »Wesens« radikal aufzulösen im Begriffe war.[53] In diesem Sinne gehe es »uns ›kalten Systematikern‹« (Sch I, 670) darum, »uns endgültig vom Humanismus zu befreien«; das sei auch eine politische Arbeit, »zumal alle Regime im Osten wie im Westen ihre verdorbene Ware unter dem schützenden Dach des Humanismus feilbieten« (Sch I, 668).

Nietzsche oder Mallarmé?

Für Foucault war die »Wahl« zwischen dem Denken des »Sein[s] der Sprache und des Sein[s] des Menschen« entschieden (sofern man »Mensch«, wie gesagt, im Sinne des »anthropologischen Schlafs« versteht); »ihre Inkompatibilität ist einer der fundamentalen Züge unseres Denkens gewesen«. (OD, 408) Diese Erkenntnis legt nicht nur die genealogische Wurzel des Strukturalismus frei, wie Foucault sie zu Nietzsche und ins Zeitalter der Repräsentation zurückführt; sie ist zugleich auch, wie wir gesehen haben, der einzig systematische, ja »philosophische«, jeder historischen Relativierung ein Stück weit enthobene Punkt in seiner Argumentation. Zu sehr ist er in dieser Beziehung ein Moderner, der die Lektionen der Biologie, der Sprachwissenschaft und der Ökonomie gelernt hat, als dass für ihn daran noch Zweifel bestehen könnten. Und dennoch – wenn man das Problem der »Wahl« auf die Sprache zuspitzt, verrät Foucault ein Schwanken, das wir schon angetroffen haben und das für die künftige Entwicklung seines Werkes fundamental sein wird. Was heißt denn eigentlich »Sprache«? Was bewirkt »Sprache«? Wie dezentriert sie den Menschen, wie macht sie diesen »kaputt«, wie Foucault es von der Psychoanalyse und Ethnologie als den beiden strukturalistischen »Gegenwissenschaften« (OD, 454) im Raum der Humanwissenschaften sagt? Am Schluss der *Ordnung der Dinge*, nach all dem Lob für den Strukturalismus und insbesondere die Linguistik, macht Foucault die interessante, leicht ikonoklastische Feststellung, dass die Frage nach dem »Sein der Sprache [...], wie sie mit den fundamentalen Problemen unserer Kultur verbunden war«, durch das »stets erweiterte Benutzen linguistischer Kategorien noch *erschwert* wird, weil man sich künftig wird fragen müssen, was die Sprache sein muss, um das zu strukturieren, was doch nicht von sich aus Sprechen oder Diskurs ist«.[54] Damit aber sei man zu jenem Punkt zurückgekehrt, »den Nietzsche und Mallarmé schon angezeigt hatten« (OD, 457). Was heißt das? Foucault schreibt, Nietzsche hätte die Frage nach dem Wesen der Sprache als Frage danach aufgefasst, wer »den Diskurs *hält* und – noch tiefer – das Sprechen *besitzt*«. Und auf die Frage Nietzsches »Wer spricht?« habe nun Mallarmé geantwortet: »[D]as, was spricht, in seiner Einsamkeit, seiner zerbrechlichen Vibration, in seinem Nichts, ist das Wort selbst – nicht die Bedeutung des Wortes, sondern sein rätselhaftes und prekäres Sein.« (OD, 370) Mallarmé hat auf Nietzsches Frage »die Antwort im *Wort* selbst aufleuchten sehen« (OD, 457). Foucault, und das ist wichtig, wusste bis zur Publikation von *Les mots et les choses* im April 1966 nicht, wie er sich zwischen Nietzsches Frage nach der Macht über den Diskurs und Mallarmés Antwort, die Macht liege bei den unendlichen Möglichkeiten des Wortes selbst, entscheiden würde. »Es ist durchaus möglich«, schreibt er, »dass alle die Fragen, die gegenwärtig unsere Neugier beschäftigen (Was ist die Sprache? Was ist ein Zeichen? [...]) [...] sich heute in dem nie ausgefüllten Zwischenraum zwischen der Frage Nietzsches und der Antwort stellen, die ihm Mallarmé gegeben hat.« (OD, 370) Hier, in dieser Lücke zwischen zwei entgegengesetzten Möglichkeiten der Analyse, sei »die zeitgenössische Kultur in einem bedeutenden Teil ihrer Gegenwart und vielleicht ihrer Zukunft am Werke« (OD, 457). Foucault spricht dann von der Literatur und vom Surrealismus, und es ist deutlich, dass er sich eine Antwort auf das Rätsel, das Nietzsche und Mallarmé aufgeworfen haben, von dorther denken kann. Aber es ist ebenso klar, dass die Frage, ob man die Sprache im Hinblick darauf, wer sie »besitzt«, befragen müsse, oder in die Richtung der unendlichen, unkontrollierbaren Möglichkeiten des Signifikanten (vgl. Kap. 2), Foucaults eigene drängende Frage nach dem Status des Diskurses war.

Erstaunt über den merkwürdig großen Erfolg von *Les mots et les choses* und verärgert über die lauten Polemiken um seine These vom »Tod des Menschen«, wollte Foucault sich diesem Problem nun in einem spröden Methodenbuch widmen, das er zum größten Teil in Tunis schrieb, dort, wo er zum ersten Mal in seinem Leben eine Professur für Philosophie übernehmen konnte.

4. Von der Ordnung der Diskurse zur Analytik der Macht

Mit dem Umzug nach Tunis im September 1966 konnte sich Michel Foucault für zwei Jahre aus dem französischen Universitätsbetrieb und den publizistischen Schlachten um den »Tod des Menschen« zurückziehen. Seit der Fertigstellung von *Les mots et les choses* hatte er unermüdlich an seinem neuen Projekt gearbeitet, das eine methodisch-theoretische Klärung seiner bisherigen Arbeit bringen sollte. Am 16. November 1966 schrieb er in einem Brief an Daniel Defert: »Ich habe gestern, heute morgen, in diesem Augenblick die Definition des Diskurses gefunden, die ich seit Jahren brauche.« (Sch I, 42) Defert seinerseits beobachtete, dass sein Freund »Nietzsche nacheifert und sich vornimmt, jeden Tag etwas griechischer, sportlicher, brauner, asketischer zu werden«; an Weihnachten campierte Foucault gar »mit Eseln und Kamelen auf dem Tassili-Plateau in Südalgerien« (Sch I, 43). Neigte sich die Waage zwischen Mallarmé und Nietzsche nun in Nietzsches Richtung? Doch was heißt das? Und welches war die »Definition des Diskurses«, die Foucault gefunden hatte?

Abschied vom Wahnsinn

In den Jahren nach 1963 hatte sich Foucault langsam, schrittweise vom Traum verabschiedet, den Wahnsinn zur Referenz seines Denkens zu machen, wie er in der Literatur von Hölderlin bis Artaud, in einer poetischen Sprache, die nur ihr eigenes Sein aussagt, vernehmlich auf sich hinzuweisen scheint. (Sch I, 547-549) Auf den letzten Seiten von *Les mots et les choses* evozierte Foucault zwar noch einmal die Referenz des Surrealismus und sprach auch nochmals vom Wahnsinn, aber sein Gewicht erhielt dieses Buch durch seine wissenschaftshistorischen, archäologischen Untersuchungen.

Ein Grund für diese Verschiebung oder eher Präzisierung in Foucaults Denken liegt nicht zuletzt darin, dass er in der Literatur selbst einige interessante Entdeckungen macht. 1964 erscheint von ihm ein Nachwort zur deutschen Ausgabe von Flauberts Novelle *Die Versuchung des heiligen Antonius*, die »gern als das Protokoll eines befreiten Tagtraums gelesen wird« und die daher für die Literatur das wäre, was Brueghel, Bosch oder Goya für die Malerei darstellen. Dem entspräche auch Flauberts Beschreibung seiner Seelenzustände beim Verfassen der Novelle: »›Ich schreie herum! Ich schwitze es aus! Es ist großartig! Es gibt Momente, in denen es mehr als Wahn ist.‹« (Sch I, 399) Doch Foucault hat mittlerweile zu viel gelesen, als dass er der Authentizität dieses Wahnsinns noch Glauben schenken würde, und er kennt die einschlägige Flaubert-Forschung: Die Wahn- und Traumbilder stammen samt und sonders aus alten Büchern, aus den *Mémoires ecclésiastiques*, einer *Histoire du gnosticisme*, von Augustinus bis zu den Stichen in Creuzers *Religionen des Altertums* ... (Sch I, 400[55]) Aus dem Creuzer übernimmt Flaubert ganze Wahnbilder: »Diese ›Phantasie‹ findet sich Wort für Wort, Zeile für Zeile im letzten Band von Creuzer, Tafel 88: Man braucht nur mit dem Finger den Einzelheiten des Stichs zu folgen, und die tatsächlichen Worte Flauberts treten getreu hervor.« (Sch I, 401) Das ist die grimmige Enthüllung des Historikers, zugleich aber auch Foucaults historische Verortung einer neuen Form von Imagination, die mit dem 19. Jahrhundert entstanden sei: »Dieser neue Ort der Phantasie ist nicht mehr die Nacht, der Schlaf der Vernunft, die offene und ungewisse Leere angesichts der Begierde [...]. Das Chimärische entsteht fortan aus der schwarz-weißen Oberfläche gedruckter Zeichen, aus dem geschlossenen und verstaubten Band, aus dem vergessene Wörter aufsteigen, sobald man ihn aufschlägt [...]. Das Imaginäre haust zwischen Buch und Lampe. Man trägt das Phantastische nicht mehr in seinem Herzen und erwartet es ebensowenig von den Ungereimtheiten der Natur, sondern schöpft es aus der Exaktheit des Wissens [...]. Um zu träumen, muss man nicht die Augen schließen; es genügt, dass man liest.« (Sch I, 402)

Mag sein, dass Foucault hier bloß die Veränderung von Goya zu Flaubert skizzieren wollte, um verständlich zu machen, weshalb dessen Traumtext nichts anderes als das *sampling* alter Buchstaben ist, ein bloßer literarischer Schein-Wahnsinn. Dennoch wird deutlich, dass hier nicht das Spiel der Zeichen jene Literatur erzeugt, die wie bei Raymond Roussel zumindest eine dem Wahnsinn kongruente Erfahrung ermöglicht, sondern sich ein *historischer* Raum für die Analyse jeden Sprechens auftut. Es ist dieser Raum der Geschichte, in dem Flauberts »Wahn«-Bilder sich als gelehrte Lektüre alter Texte enthüllen und in dem Foucault seinerseits zuerst die Archäologie als Beschreibungsmethode entfaltet, um diese historische Perspektive später zu einer Genealogie von Machtverhältnissen zu verschieben.

Ein zweites Beispiel aus der Literatur des Phantastischen gehört ebenfalls zu dieser Wende; Foucault leitete damit *Les mots et les choses* ein und sagte, ihm habe »das Buch seine Entstehung [...] zu verdanken« (OD, 17): eine »gewiss[e] chinesische[n] Enzyklopädie«, die fiktiverweise von Jorge Louis Borges zitiert wird. In dieser Enzyklopädie würden sich »die Tiere wie folgt gruppieren: a) Tiere, die dem Kaiser gehören, b) einbalsamierte Tiere, c) gezähmte, d) Milchschweine, [...] h) in diese Gruppierung gehörige, i) die sich wie Tolle gebärden, k) die mit einem ganz feinen Pinsel aus Kamelhaar gezeichnet sind, l) und so weiter, m) die den Wasserkrug zerbrochen haben, n) die von weitem wie Fliegen aussehen« (OD, 17[56]). Das Lachen, das dieser Text unweigerlich hervorruft, ist eines, das »alle Vertrautheiten unseres Denkens aufrüttelt«, weil es uns unmöglich ist, »*das* zu denken«. Foucaults bohrende Frage lautet allerdings: »Um welche Unmöglichkeit handelt es sich?« (OD, 17) Denn die einzelnen Kategorien bezeichnen wirkliche Tiere oder auch vorstellbare Fabelwesen, sind also durchaus keine Denkunmöglichkeiten; auch in utopischen Texten können Tiere und Fabelwesen zusammen auftreten. Diese unmögliche Ordnung hier nennt Foucault hingegen eine »Heterotopie« – die Struktur eines »raumlose[n] Denkens« mit »obdachlosen Wörtern« (OD, 20 f.), eine Ordnungsstruktur voller Leerstellen und Widersprüchen, Ausschlüssen und fehlenden Verknüpfungen. Unmöglich ist *allein*, so Foucaults Argument, die alphabetische Ordnungsstruktur, die hier als heterotopische die verschiedenen Tiere und Kategorien dieser »chinesischen Enzyklopädie« in widersinniger Weise miteinander verknüpft. Dabei ist es allerdings das in *unseren* Augen Zufällige ihrer Zusammenstellung und die Unmöglichkeit ihrer Ordnung, die die radikale Fremdheit dieses Denkens anzeigt – und damit *vice versa* die fundamentale Bedeutung von kulturspezifischen Ordnungsstrukturen für das Denken überhaupt.

Die Ordnung der Diskurse

Den Begriff der Heterotopie hat Foucault auch im März 1967 in einem Vortrag mit dem Titel »Von anderen Räumen« (Sch IV, 931-942) für die Bezeichnung von Räumen verwendet, die zugleich einschließen und ausschließen, die nicht utopisch in einem Jenseits oder Anderswo liegen, sondern »hier« und dennoch »außerhalb« – reale Räume, die gleichsam quer zur gewöhnlichen Ordnung des Raumes etwa einer Stadt liegen, wie Friedhöfe, Schiffe, Bordelle, Wartezonen in Flughäfen – Zonen für dasjenige also, was für das Leben der Bewohner wichtig ist und zugleich verdrängt wird, was als Teil dieses Lebens und zugleich von diesem Ausgeschlossenes fungiert.[57] Doch halten wir vorerst nur fest, dass dieser Begriff ebenso die Ordnung bzw. eben Un-Ordnung eines Wissens bezeichnet wie auch eine räumliche Struktur, eine architektonische, eine topologische Anordnung. In der Einleitung zu *Les mots et les choses*, als Foucault den Begriff der Heterotopie zum ersten Mal verwendete, ist das noch nicht deutlich, aber es wird sich zeigen, dass die Parallelität von Diskursstrukturen und Raumstrukturen für das Denken Foucaults in den nächsten Jahren grundlegend sein wird (vgl. Kap. 5). Sein Argument war schon beim Zitieren von Borges klar: Entscheidend für das Wissen ist die ihm zugrunde liegende Ordnungsstruktur, d.h. die Art und Weise, wie mögliche Elemente von Wissen klassifiziert, gruppiert, aufgereiht und miteinander in Beziehung gesetzt werden.

Foucault unterscheidet hier primär zwei Ebenen von Wissen: auf der einen Seite die »fundamentalen Codes einer Kultur«, die die Sprache, die Wahrnehmungen und die Praktiken »beherrschen«, und auf der anderen Seite, »am entgegengesetzten Ende des Denkens«, die »wissenschaftliche[n] Theorien oder die Erklärungen der Philosophen«, die die Ordnungen des

Denkens deuten. (OD, 22 f.) Zwischen den Basiscodes einerseits und den Theorien andererseits erkennt er nun aber zusätzlich noch »ein Gebiet, das, obwohl es eher eine Zwischenrolle hat, nichtsdestoweniger fundamental ist«. Dort schafft »eine Zivilisation«, wie er damals noch sagte, eine Art zweiter Ordnungsebene, die als ein gleichsam reflektierterer, leistungsfähigerer Code die primären, schon vorhandenen, alltäglichen »Codes der Sprache, der Perzeption und der Anwendung kritisiert und teilweise außer Kraft setzt«. Diese mittlere, intermediäre Ebene wird zu einem »positive[n] Boden« für die wissenschaftlichen Ordnungen der Dinge und der »Interpretationen, die sie zur Folge ha[ben]« (OD, 23). Diese Schicht von grundlegenden Ordnungsstrukturen nennt Foucault in *Les mots et les choses*, wie wir gesehen haben, die *episteme* einer Epoche (vgl. Kap. 3), und seine archäologische Arbeit konzentrierte sich damals darauf, diese das Wissen ermöglichende Struktur zu beschreiben.

Aber Foucault wird den Begriff der *episteme* weitgehend aufgeben und ihn in der *Archéologie du savoir* durch das Konzept des »Diskurses« ersetzen. Wirklich begründet hat er diese Verschiebung nicht; sie bedeutet jedenfalls eine Begrenzung der Flughöhe der Analyse von »abendländischer Zivilisation« bzw., wie er kritisch sagte, »kultureller Totalität« (AW, 29) – oder »Weltanschauung«, wie Raymond Aron in der Diskussion mit Foucault vorschlug (Sch I, 44) – auf den engeren Gesichtskreis eines bestimmten (vorsichtig formuliert) thematischen Feldes und dessen Ordnungsstrukturen. Dem Grundgedanken von Foucaults »Diskursanalyse« sind wir schon in der *Geburt der Klinik* begegnet, und wir können ihn auch hier wieder fassen: die Isolierung einer Ebene oder einer Schicht von Ordnung jenseits eines wie auch immer vorgestellten linguistischen Fundaments. Von dieser Ordnungsstruktur sagte Foucault in *Les mots et les choses*, sie würde sich von ihren »linguistischen [...] Rastern befreien« (OD, 23). Schon im Januar 1966, als er die amerikanischen Linguisten Sapir und Whorf liest und über deren Sprechakt-Theorien nachdenkt, notiert er in einem Brief an Defert: »Nein, das ist es nicht, das Problem liegt nicht in der Sprache, sondern in den Grenzen des Sagbaren.« (Sch I, 40) In der *Archäologie* taucht dann der Gedanke einer intermediären Schicht wieder auf, diesmal zwischen den Wörtern einerseits und den Dingen andererseits: das ist der Diskurs, von dem Foucault zeigen möchte, dass er »keine dünne Kontakt- und Reibefläche einer Wirklichkeit und einer Sprache ist, [sondern] eine Gesamtheit von der diskursiven Praxis eigenen Regeln«. Es geht auch hier nicht um die Sprache – »die *Wörter* sind in einer Analyse wie der, die ich erstelle, ebenso bewusst fern wie die *Dinge* selbst«. (AW, 73) Die Aufgabe des Diskursanalytikers bestehe »nicht – nicht mehr – [darin], die Diskurse als Gesamtheit von Zeichen [...], sondern als Praktiken zu behandeln, die systematisch die Gegenstände bilden, von denen sie sprechen« (AW, 74). Foucaults Punkt, sein zentrales Argument lautet: »Zwar bestehen die Diskurse aus Zeichen; aber sie benutzen diese Zeichen für mehr als nur zur Bezeichnung der Sachen« – die Diskurse benutzen die Zeichen, um Ordnung zu stiften, um Grenzen des Sagbaren zu errichten und um Objekte des Wissens bzw. »epistemische Dinge«[58] hervorzubringen. Das ist es, wonach Foucault sucht: ein Analyseinstrument, das einen größeren Auflösungsgrad hat, eine handlichere, konkretere, analytischere Kategorie als die große, unbewegliche *episteme*, eine Kategorie also, die es erlaubt, *en détail* sichtbar zu machen, wie in einzelnen Wissenschaften und Diskursfeldern Objekte des Wissens erscheinen.

Foucaults ausdrücklich betonte Abgrenzung gegen jede Sprach- und Signifikantenanalyse ist wesentlich: »Dieses *mehr*«, was die

Diskurse über die bloße Bezeichnungsfunktion der in ihnen vorkommenden Signifikanten hinaus bewirken und bedeuten, mache sie »irreduzibel auf das Sprechen und die Sprache« (AW, 74) – »irréducible à la langue et à la parole«, wie es im Original heißt.[59] In jenen Jahren der intellektuellen Dominanz des Strukturalismus war das ein Signal, das jeder verstehen konnte, eine überdeutliche Absage an Saussure und die strukturale Linguistik. Denn es war just die saussuresche Unterscheidung zwischen der Sprache als System (*langue*) und dem Sprechen (*parole*), die den Ausgangspunkt für jede Form von Strukturalismus im 20. Jahrhundert darstellte. Was sich schon in *Naissance de la clinique* ankündigte, macht Foucault hier aktenkundig: Diskurse sind zwar sprachförmige Ordnungsstrukturen, aber ihre Logik gehorcht *nicht* den linguistischen Regeln der Sprache oder den metaphorischen und metonymischen Assoziationslogiken der Signifikanten; ihre »Beschreibung kann man leicht von der Analyse der Sprache unterscheiden« (AW, 41). Diskursanalyse hat mit dem, was Rorty 1967 den *linguistic turn* nannte, nur in sehr vager Weise zu tun. In seiner Antrittsvorlesung *L'Ordre du discours* im Dezember 1970 am Collège de France, wo er – nach Tunis und nach einem kurzen Zwischenspiel an der neugegründeten Reform- und Experimentaluniversität Paris-Vincennes – künftig lehren wird, hat Foucault gar den theoretischen Bezug auf die Theorie des Signifikanten zu jenen Verfahren gezählt, die die Macht und die Wirkungsweise von Diskursen verschleiern: »Der Diskurs verliert [...] seine Realität, indem er sich der Ordnung des Signifikanten unterwirft«; die Analyse müsse »die Souveränität des Signifikanten aufheben« (ODis, 34f.) und die »Monarchie des Signifikanten« genealogisch dekonstruieren. (ODis, 48)

Foucaults Diskursanalyse und die Deutschen (Kant, Husserl, Cassirer)

Foucault hat notorisch seine Spuren und Referenzen verwischt; dennoch lässt sich aus einigen Hinweisen zumindest in Umrissen erkennen, welches die geistigen Väter waren, die ihn neben Nietzsche (auf den wir zurückkommen) bei seiner Suche nach einem diskursanalytischen Instrumentarium inspiriert haben. 1967 liest er Wittgenstein und die »englischen Analytiker«, die ihm »große Freude machen«, denn sie »zeigen, dass es möglich ist, Aussagen nichtlinguistisch zu analysieren. Aussagen in ihrer Funktionsweise zu behandeln« (Sch I, 45). Es ist nicht ohne Ironie, wie sehr Foucault, dessen langsame und zuweilen gehässige Rezeption in Deutschland man beklagt hat und der gewisse deutsche akademische Gemüter bis heute zu provozieren vermag, damals seinerseits darüber klagte, dass die bekannten französischen »Herolde« des Geistes »womöglich nur starrköpfige Wachposten« seien, die Frankreich gegen englische und deutsche Autoren schützten. Der erste in der Reihe dieser Philosophen war ohne Zweifel Kant, über dessen »Anthropologie« Foucault seine *thèse secondaire* verfasst hatte. Den fundamentalen Anknüpfungspunkt an Kant bildete für Foucault der Begriff des Apriori: eine unhintergehbare Voraussetzung des Denkens, ohne die sich diesem kein Zugang zur Welt erschließt. Kant bestimmte diese Voraussetzung bekanntlich als »transzendental«, d.h. als jeder möglichen Erfahrung mit Notwendigkeit und in vollkommen ahistorischer Weise vorausgesetzt, während Foucaults gesamte Überlegungen zum Konzept des Diskurses darum kreisten, wie solche Fundamentalia ihrerseits historisiert werden könnten, so dass die Geschichte selbst zur allerletzten Voraussetzung allen Denkens wird.[60] Ein wichtiger Zwischenschritt auf dem Weg zu einer solchen Konzeption war für Foucault Edmund Husserl. Schon im Sommer 1966, mitten im Schreiben einer ersten Fassung der *Archéologie du savoir*, arbeitet er, wie Defert notierte, »nochmals Husserls *Formale und transzendentale Logik* durch« (Sch I, 41). Foucault hatte sich zwar nie anders als negativ über sein Verhältnis zu Husserl geäußert (vgl. Sch II, 465), jedoch die Begriffe »Archäologie« und »historisches Apriori« wohl von Husserl übernommen.[61] Gleichzeitig aber wandte er sich, wie viele französische Theoretiker in der Nachfolge von Lévi-Strauss, natürlich dezidiert gegen Husserls phänomenologischen Intentionalismus (d.h. die Rückführung aller Formen des Denkens auf subjektive Intentionen, vgl. Sch II, 200-202, 466) und machte daher in seinem Konzept einer *Archäologie des Wissens* just das Ungedachte und »kulturelle Unbewusste« (Sch II, 230) zur Grundlage. Dabei mag ihm die Referenz auf einen Autor geholfen haben, über den er eine Weile lang nicht nur sehr viel klarer, sondern geradezu emphatisch spricht: Ernst Cassirer. Ebenfalls im Sommer 1966 veröffentlicht Foucault anlässlich des Erscheinens der französischen Übersetzung von Cassirers Buch *Die Philosophie der Aufklärung* (1932) dazu einen kurzen Aufsatz. Hier fällt nicht zufällig der Satz: »Wir sind alle Neukantianer« (Sch I, 705), und auch der Neukantianer Cassirer gehört für ihn in die Reihe der ausländischen »Aufklärer«. (Sch I, 703) Foucault lässt keine Zweifel darüber aufkommen, wie wichtig er diesen findet. Er betont das politische Gewicht von Cassirers Geste, den Nationalsozialisten vor seiner Emigration *Die Philosophie der Aufklärung* entgegengesetzt zu haben, vor allem aber die Tatsache, dass Cassirer die Kultur und das Denken nicht wie die Franzosen psychologisch fasste, sondern als ein »unauflösliches Geflecht von Diskursen und Gedanken, Begriffen und Worten, Aussagen und Thesen, das er in seiner charakteristischen Gestalt analysiert«. Und weiter:

»Cassirer bemüht sich, in dem autonomen Universum des Diskurses und des Denkens die inneren Notwendigkeiten aufzuspüren; er lässt das Denken ganz allein denken, um dessen Nervenfasern besser verfolgen zu können und die Verzweigungen, Aufteilungen, Kreuzungen und Widersprüche besser hervortreten zu lassen, so dass die Figuren dieses Denkens sichtbar werden. Aus all den übrigen ›Geschichten‹ (des Individuums, der Gesellschaft) isoliert er den autonomen Raum des ›Theoretischen‹, und so entfaltet sich vor seinen Augen eine Geschichte, die bis anhin stumm geblieben ist.« (Sch I, 706)

Die »stumme« Geschichte des Denkens, nach der die Archäologie in *Les mots et les choses* suchte und wie es sie in Frankreich bislang nicht gab: bei Cassirer findet er sie. Es ist eine Form der Geschichtsschreibung, die »noch die vertrautesten Verwandtschaften auflöst«, die »abstrahiert« von den manifesten Gestalten und Kontinuitäten der bekannten Geschichte. (Sch I, 707) Cassirers *Philosophie der symbolischen Formen* habe gezeigt, »dass Denken und Diskurs oder vielmehr deren unauflösliche Einheit keineswegs bloß Ausdruck unseres Wissens sind, sondern der Ort, an dem jegliche Erkenntnis zustande kommen kann« – was anderes wollte Foucault mit seiner Archäologie erreichen? Cassirers Denken sei zwar insgesamt »hinter den entdeckten Möglichkeiten zurückge[blieben]« und habe weiterhin im Stil der Ideengeschichte der Reflexion Priorität eingeräumt, doch das seien Beschränkungen, von denen »wir uns freimachen müssen«: Man werde »lernen müssen, das Denken in seinen anonymen Zwängen zu erkennen, ihm in all den Dingen oder stummen Gesten nachzuspüren, die ihm positive Gestalt verleihen«. (Sch I, 707) Kann man besser sagen, was Diskursanalyse bezweckt? Halten wir also im Vorübergehen fest: Es war für Foucault Ernst Cassirer, der »die Möglichkeit einer neuen Geschichte des Denkens eröffnet« hat – sein Werk ist für ihn »die Grundlage, auf der wir nun weiterarbeiten müssen«. (Sch I, 708)

Diskursanalyse

Also nicht mehr Mallarmé, nicht mehr die »zerbrechlich[e] Vibration« des Wortes, sondern Ordnungen und Bewegungen eines anonymen Sprechens bzw. Denkens sowohl jenseits der Ebene des Bewusstseins als auch des Zeichens. Der Bezug auf Nietzsches drängende Frage »Wer spricht?« (OD, 370) wird Foucault dazu führen, die Machtfrage aufzuwerfen und die Diskursanalyse in ein neues Bezugssystem zu stellen. Dieses wird Foucault nicht mehr *episteme* nennen, sondern »Dispositiv«: das Geflecht der kombinierten Diskurs- und Machtstrukturen (vgl. Kap. 6). Diese neue Akzentsetzung wird allerdings erst später augenfällig werden, auch wenn Foucault sie in kleineren Texten aus jenen Jahren schon formuliert und sie auch in der *Archäologie* nicht fehlt. Doch primär scheint sich Foucault hier, in seinem eigenen *Discours de la méthode*, darauf zu beschränken, die formalen Konturen dessen auszuarbeiten, was er nun »Diskurs« und »Aussage« (AW, 41) nennt, was aber schon in *Wahnsinn und Gesellschaft* und in der *Geburt der Klinik* als Konzept erkennbar wurde. Diskurse erschienen dort, wie wir gesehen haben, schon *avant la lettre* als geregelte Aussagesysteme wie etwa die »Medizin der Arten« im 18. Jahrhundert oder die Psychiatrie seit Pinel und Tuke. Es sind Strukturen eines Feldes wissenschaftlichen Sprechens, die mit institutionellen, politischen und ökonomischen Verhältnissen korrespondieren und die eine kohärente Praxis ermöglichen.

Der Ausgangspunkt von Foucaults nachträglichen theoretischen Überlegungen ist nun ein doppelter: Einerseits die Beobachtung, dass die moderne Geschichtswissenschaft das (kontingente) Ereignis und die Serie solcher Ereignisse gegenüber der konventionellen Konzeption des Ereignisses als Manifestation einer »Entwicklung« oder »Tradition« favorisiert, die das Ereignis in metaphysisch begründete, übergreifende Sinnzusammenhänge einfassen. Andererseits basiert Foucaults gesamte Analyse auf der Ablehnung des Subjekts als der den Sinn von Texten und Aussagen begründenden und garantierenden Instanz. Daher hängen die Betonung der Kontingenz des Ereignisses und der Serie mit der Durchstreichung des Subjekts ebenso eng zusammen, wie umgekehrt »die kontinuierliche Geschichte« der Entwicklungen und Traditionen »das unerlässliche Korrelat für die Stifterfunktion des Subjekts [ist]: die Garantie, dass alles, was ihm entgangen ist, ihm wiedergegeben werden kann«. (AW, 23) Denn wenn das Subjekt in einem die ganze Geschichte umfassenden Traditionszusammenhang steht, diese Geschichte daher immer nur »seine« Geschichte ist und das Subjekt auch als Ursprung aller kulturellen Schöpfungen erscheint, muss sich alles Gewesene und Verlorene *idealiter* auch im Bewusstsein jenes Subjekts wiederfinden lassen, das sich die Tradition aneignet. In dieser hermeneutischen Konzeption fungiert das individuelle Subjekt als Statthalter des »menschlichen Subjekts« schlechthin – und dieses letztlich, wie die Hermeneutik gemäß ihrer verborgenen Denkvoraussetzung anzunehmen gezwungen ist, als Statthalter jenes »Geistes«, von dem Hegel spricht. So führt Hans-Georg Gadamer, der zeitgenössische Philosoph der Hermeneutik, den Sinn zwar nicht auf das individuelle, als bloße »Partikularität« immer nur kontingente Subjekt zurück. Aber er muss konsequenterweise annehmen, dass einzig der hegelsche Geist jene Garantie eines verstehbaren Zusammenhangs zu bieten vermag, in welchen das Subjekt immer schon eingewoben ist, wenn es die Tradition und damit seine Geschichte befragt: »Werden wir [...] nicht gezwungen«, so Gadamer, »*Hegel* recht zu geben, und muss uns nicht doch die *absolute Vermittlung von Geschichte und Wahrheit*, wie sie Hegel denkt, als das Fundament der Hermeneutik erscheinen?« Für

Gadamer ist dies keine Frage, denn es »ist die pantheistische Eingeschlossenheit aller Individualität ins Absolute, die das Wunder des Verstehens ermöglicht«[62].

Foucault bricht radikal mit der Vorstellung einer solchen »Horizontverschmelzung« – sein Diskurskonzept ist zuallererst antihegelianisch und antihermeneutisch. Die Vorstellung, dass die Geschichte immer ›unsere‹ Geschichte ist, die ›wir‹ machen, verkennt aus diskursanalytischer Perspektive das Maß an Fremdheit, das durch Ordnungsmuster, die nicht auf Bewusstsein zurückgeführt werden können, in diese ›eigene‹ Geschichte und die ›eigenen‹ Sinnproduktionen unauslöschlich und von allem Anfang an eingeschrieben ist. Die Ordnung des Diskurses ist nicht in einer höheren Ordnung der Geschichte aufgehoben, sondern kontingent, diskontinuierlich und jedem Sinn vorgängig und äußerlich. Was Foucault in der *Ordnung der Dinge* als die Dezentrierung des Subjekts durch »Sprache«, »Arbeit« und »Leben« historisch rekonstruiert hat, weist er nun in seinem eigenen theoretischen Konzept als Diskurs, als anonyme Konfiguration von Aussagemustern aus, in deren Rahmen Subjekte sprechen und handeln müssen. Wie Foucault unaufhörlich betont, ist der Diskurs eine Praxis, in der Subjekte zugleich ihre Welt gestalten, wie sie dabei von den Regeln des Diskurses geleitet, beschränkt und dezentriert werden. Das ist ein deskriptives und kein normatives Modell von Diskurs; es ist klar von einem Verständnis des Diskurses im Sinne von Habermas, das heißt als unhintergehbare Form der Vernunft und Basis jeder Ethik, zu unterscheiden. Dass Menschen im Rahmen von diskursiven Ordnungen sprechen, bedeutet damit gerade nicht, dass der »Diskurs« (Habermas) eine Basis der Verständigung wäre. Vielmehr gibt es unter dem von Foucault eingeführten Wappen des – historischen, kontingenten – Diskurses keine Garantie auf Wiedererkennung eines Menschlichen in der Geschichte. Aus der Perspektive Foucaults bleibt nichts anderes, als die Serien von diskursiven Elementen im Rahmen einer bestimmten Ordnung oder Konfiguration zu beschreiben, ihren Anfang, ihre Grenzen und ihr zeitliches Ende festzustellen, ohne dass der Diskursanalytiker den tieferen Grund dafür anzugeben vermöchte, warum ein Diskurs auftaucht und wieder verschwindet. Erst der Genealoge der 1970er Jahre wird, wie wir sehen werden, solche Gründe in den Veränderungen von Machtstrukturen und Machtpraktiken erkennen.

Es geht bei dieser Beschreibung von Diskursen, wie gesagt, nicht um einen verborgenen Ursprung des Diskurses, aber auch nicht um einen verborgenen Sinn. Diskursanalyse zielt darauf, festzustellen, was faktisch gesagt wurde und dann gleichsam zu stabilen Aussagemustern kristallisierte, die nach einiger Zeit wieder zerfallen. Für die Kennzeichnung und Analyse dieses Sachverhalts verwendet Foucault einige auffallende Begriffe, so vor allem »Monument«, »Seltenheit«, »Oberfläche«, »Verstreuung«, »Regelmäßigkeit« und »Archiv«. Mit dem Konzept des »Monuments« (AW, 14) zielt er gegen die Vorstellung, Texte seien als »Dokumente« zu behandeln, das heißt als Zeichen, oder besser noch als Index eines vergangenen Ereignisses oder einer verstummten »Stimme«, kurz: »als deren zerbrechliche, glücklicherweise entzifferbare Spur«. (AW, 14) Dokumente sind das, was die Historiker Quellen nennen: meist Schriftstücke oder Bilder, die Zeugnis von etwas anderem ablegen, die also – historische Quellenkritik vorausgesetzt – erlauben, durch sie hindurch auf eine vergangene Wirklichkeit zu blicken und ›realistische‹, ja wahre Aussagen über die Vergangenheit zu machen. Foucault widerspricht: Das Dokument ist kein transparentes Glas, sondern das Produkt einer bestimmten »dokumentarischen Materialität (Bücher, Texte, Erzählungen, Register, Akten, Gebäude, Institutionen, Regelungen, Techniken, Gegenstände, Sitten usw.)« (AW, 15), das heißt einer je spezifischen Form der Speicherung von Wissen, die in ihrer jeweils eigenen Logik und Materialität beschrieben und verstanden werden muss. Das erfordert, dass man »Dokumente in Monumente transformiert« – und das heißt zum einen: sie in ihrer materiellen Eigenlogik, ihrer Medialität als Voraussetzung für die Produktion von Sinn zu untersuchen, und zum anderen: sie als Aussage-Ereignisse zu beschreiben, ohne diese auf einen »tieferen« Sinn zu beziehen. Foucaults Argument verläuft in einer der Hermeneutik genau entgegengesetzten Richtung: Der Sinn ist nicht etwas in der Tiefe, das heißt ›hinter‹ oder ›unter‹ dem Dokument Verborgenes, das die Analyse des Dokuments zu entbergen hätte; der Sinn ist vielmehr der Effekt von materiellen und diskursiven Strukturen. Den Sinn – Foucault sagt: die Aussage (*énoncé*) – zu verstehen erfordert daher, diese materiellen und diskursiven Bedingungen ihres Auftretens freizulegen. Diese »immanent[e] Beschreibung« von Text-, Aussage- oder Diskurs-»Monumenten« ist es also – »wenn man etwas mit den Worten spielte« –, die die traditionelle Geschichtswissenschaft in Archäologie verwandelt. (AW, 15)

Zur Isolierung und Beschreibung eines Diskurses ist »Seltenheit« (AW, 172) wohl das zentrale und spezifizierende Konzept, weil es die Diskursanalyse am grundsätzlichsten von der »Sprachanalyse« (AW, 42) unterscheidet: Während linguistische Untersuchungen stets die in der Sprache potentiell unendliche Zahl möglicher Aussagen untersuchen, »stellt die Beschreibung der diskursiven Ereignisse eine völlig andere Frage: wie kommt es, dass eine bestimmte Aussage erschienen ist und keine andere an ihrer Stelle?« (AW, 42) Warum eine bestimmte *inhaltliche* Aussage erscheint, lässt sich nicht mit Rekurs auf *linguistische* Strukturen bestimmen; die »Aussagenanalyse« (AW, 176) bedeutet daher die Abkehr von der Frage nach Polysemien, vor allem nach Metaphern und Metonymien, die als sprachliche Marker von verborgenen Sinnebenen in einem Text oder der Interferenzen verschiedener Diskurse gedeutet werden können. Foucault schneidet den Weg zu einer solchen Analyse mit scharfen Worten ab: »Man sucht unterhalb dessen, was manifest ist, nicht das halbverschwiegene Geschwätz eines anderen Diskurses« (AW, 43), und »man nimmt nicht an, dass unterhalb der manifesten Aussagen etwas kaschiert und unterschwellig bleibt« (AW, 174). Es handelt sich vielmehr darum, »die Aussage in der Enge und Begrenztheit ihrer Existenz zu bestimmen, auf das Genaueste ihre Grenzen zu fixieren, ihre Korrelationen mit den anderen Aussagen aufzustellen, die mit ihr verbunden sein können, zu zeigen, welche anderen Formen der Äußerung sie ausschließt« (AW, 43). Daher ist »das Aussagegebiet völlig an seiner eigenen Oberfläche befindlich« (AW, 174). Man darf die Emphase nicht übersehen, mit der Foucault das Ereignis des Erscheinens einer einzelnen, kontingenten Aussage in einem diskontinuierlichen und an sich leeren Raum betont, und daher die diskursive Formation antihegelianisch und antihermeneutisch als das Gegenteil einer »in der Entwicklung begriffene[n] Totalität« (AW, 173) bezeichnet. Das einzige, was der Diskursanalytiker tun kann, ist, das Auftreten von Aussagen festzustellen, ihren manifesten, »oberflächlichen« Sinn festzuhalten und die Bedingungen zu untersuchen, die dieses diskursive Ereignis möglich gemacht haben. Dazu registriert er, in welchen Serien es auftritt und welche möglichen alternativen Aussagen es dabei verdrängt hat.

Aus dieser Perspektive heraus kritisiert Foucault in der *Archäologie des Wissens* auch den Begriff einer »ursprünglichen, fundamentalen, dumpfen, kaum artikulierten Erfahrung« (AW, 72), wie er ihn in *Folie et déraison* noch verwendet und damit der Vorstellung eines einheitlichen, wenn auch »anonyme[n] und allgemeine[n] Subjekt[s] der Geschichte« Vorschub geleistet habe. (AW, 27) In ähnlicher Weise kritisiert er den Ausdruck »ärztlicher Blick« in der *Naissance de la clinique* als »nicht sehr glücklich« (AW, 82), denn dieser unterstelle eine Zentralität und damit wiederum eine heimliche Subjektzentriertheit, wie sie sich im kalten Licht der Diskursanalyse zersetzt: Diskurse erscheinen hier als Formationen, als »Schemata« (AW, 89) von Streuungen ähnlicher Elemente; sie sind eine »Verstreuung« (AW, 56), eine »Dispersion« in einem »Raum der Äußerlichkeit«. (AW, 82) Damit verbunden ist der Begriff der »Regelmäßigkeit« (AW, 31). Denn wenn es keine linguistischen Regeln sind, es aber noch weniger der »Sinn« und schon gar nicht der »Geist« ist, der aus der Tiefe heraus die verschiedenen Aussagen in sinnvollen Serien zusammenhält und damit das Prinzip ihres Erscheinens darstellt, braucht die Diskursanalyse eine andere Vorstellung darüber, wie das Muster dieses Erscheinens, die »Zufallsreihe dieser Ereignisse« (ODis, 37), generiert wird. Foucault versucht dabei, so deskriptiv wie möglich zu bleiben und nur festzuhalten, dass es »Regeln« sind, die die Aussagen nach einem bestimmten Verteilungsmuster konfigurieren und anordnen, eine Logik der Dispersion, eine offen zutage liegende kombinatorische und generative Logik der Formation von Diskursen.

Was hat man sich darunter vorzustellen? Foucault betreibt in der *Archäologie* einen großen Aufwand, diese »Schemata« formal einigermaßen zu bestimmen, die als generative Strukturen »hinter den Gegenständen, den Äußerungen, den Begriffen und den Strategien der Diskurse« liegen. (AW, 105) Solche Regelmäßigkeiten sind zwar nirgendwo anders als an der »Oberfläche« der Texte zu finden – ebenso, wie die »Regeln« einer Kristallgitterstruktur aus der Struktur der entsprechenden Moleküle abzuleiten sind –, aber sie sind dennoch meist unsichtbar, hinter widersprüchlichen Argumenten, Aussagen und Meinungen verborgen. Sie treten erst hervor, wenn man Texte nicht gleich zu »verstehen« trachtet, sondern sie als materielles »Monument« beschreibt, sie als Serie ordnet, von allen Besonderheiten einzelner Aussagen abstrahiert und die diskursiven Ähnlichkeiten herausarbeitet. Man könnte sagen, um eine von Foucault nicht verwendete Metapher zu bemühen, dass die Diskursanalyse nach dem Algorithmus sucht, mit dem bestimmte Aussagen generiert und andere ausgeschlossen werden können, nach dem Algorithmus zum Beispiel jener Serie von Aussagen, die immer und immer wieder auftauchen, wenn die Psychiater im 19. Jahrhundert über den Trieb sprechen, über die Degeneration oder den Wahnsinn. Damit ist es möglich, die Singularitäten der einzelnen Aussagen bzw. die Diskursereignisse nicht auf eine »tiefere« Wahrheit oder ein Allgemeines zurückzuführen, »weder auf die Struktur der Idealität noch auf die Abfolge der Ideen« (AW, 103), und sie dennoch nicht in den Staub von Einzelheiten zerfallen zu lassen. Die Summe all dieser Aussage-Regeln nennt Foucault das »Archiv« (AW, 187): Das ist gleichsam der virtuelle Speicher aller Möglichkeiten, in einem bestimmten historischen Moment und im »beschränkten Kommunikationsraum« (AW, 183) eines Diskurses etwas zu sagen. Es ist nicht die Summe des real Gesagten, sondern »das Gesetz dessen, was ausgesagt werden kann, das System, das das Erscheinen der Aussagen als einzelner Ereignisse beherrscht«, das »System ihres Funktionierens«. (AW, 187f.)

Die Frage stellt sich nun grundsätzlich: Was ist das für eine Art von Analyse, die Foucault vorschlägt? Paul Veyne hat das eigentliche Prinzip von Foucaults Denkens umstandslos in die Perspektive Max Webers gerückt: »Denn was ist ein Idealtypus anderes als ein begriffsähnliches Gebilde, das Singularitäten zusammenfasst, zwischen denen partielle Ähnlichkeiten bestehen?«[63] Das trifft zwar Foucaults Absicht, sich nicht auf die

Idealität der Begriffe zu beziehen, verdeckt zugleich aber seinen positivistischen, vom Geist der Anatomie (vgl. Kap. 2) abgeleiteten Impuls, auch in der Diskursanalyse etwas über die *wirklichen* Strukturen sagen zu wollen und nicht nur ein Denkmodell angesichts einer grundsätzlich unfassbaren Wirklichkeit vorzulegen. Verwandt mit dem Konzept des Idealtypus bei Weber ist jedoch Foucaults Überzeugung, dass es keine allgemeinen Regeln geben kann, die die Konstruktion eines Idealtypus bzw. die Rekonstruktion von diskursiven Regelmäßigkeiten hinreichend genau anleiten, sondern immer nur sehr empirische Regeln nahe an den Texten bzw. den Gegenständen selbst. Und es existiert – ebenso wie beim weberschen Idealtypus – kein systematischer oder metahistorischer Standpunkt, von dem aus sich abschließend entscheiden ließe, ob die Analyse der im Archiv gespeicherten und auf ihre Regelmäßigkeiten untersuchten Aussagen zutreffend sei oder nicht; eine größere Sicherheit als die Gewissheit plausibler *pattern recognition* kann es nicht geben. Das ist ein Verfahren, welches den traditionellen *Geistes*wissenschaften fremd ist – nicht zufällig aber ähnelt es statistischen, klassifikatorischen oder vergleichenden Methoden in den Sozial- und vor allem den Naturwissenschaften, die nicht nach »Sinn« fragen können, sondern nach den letztlich mathematisch formulierbaren »Algorithmen« suchen müssen, die komplexe Muster und Gestalten in der Natur erzeugen. Dass Foucault in seiner Antrittsvorlesung am Collège de France den Genetiker François Jacob emphatisch als Vorbild für den diskursanalytischen Archäologen bezeichnete (ODis, 43 f.) und nur zwei Wochen zuvor in *Le Monde* bemerkte, die genetischen Codes, deren Reproduktion Jacobs Bakterienmodelle demonstrierten, seien keine »Sprache«, »sondern ein Programm und eine Produktion« (Sch III, 127), zeigt deutlich an, wo er die zeitgenössischen Vorbilder für seine Diskursanalyse sah.

Tatsächlich stellt sich die Frage, was der Diskurs hervorbringt: Ist es ein Wissen, oder ist es mehr? Sind es gar Dinge? Foucaults Position ist in dieser Hinsicht komplexer, als die populäre Aneignung von »Foucault« unter dem Zeichen des *linguistic turn* und des Sozialkonstruktivismus glauben machen könnte. Einerseits ist er zwar Konstruktivist: Dass der Diskurs die »Kraft« hat, »Gegenstandsbereiche zu konstituieren, hinsichtlich deren wahre oder falsche Sätze behauptet oder verneint werden können« (ODis, 48), bedeute nicht das bloße Ordnen eines schon Gegebenen: »Wir müssen uns nicht einbilden, dass uns die Welt ein lesbares Gesicht zuwendet, welches wir nur zu entziffern haben. [...] Es gibt keine prädiskursive Vorsehung, welche uns die Welt geneigt macht.« Vielmehr müsse man »den Diskurs als eine Gewalt begreifen, die wir den Dingen antun; jedenfalls als eine Praxis, die wir ihnen aufzwingen«. (ODis, 36f.) Der »Gegenstand wartet [...] nicht in der Vorhölle auf die Ordnung«, die ihm gestatten würde, »Gestalt anzunehmen«, denn es gibt ihn außerhalb dieser Ordnung gar nicht. Er ist »sich selbst nicht präexistent«, sondern existiert nur »unter den positiven Bedingungen eines komplexen Bündels von Beziehungen«. (AW, 68) Mit anderen Worten, die Diskurse sind »Praktiken [...], die systematisch die Gegenstände bilden, von denen sie sprechen« (AW, 74).

Das ist der Horizont der Diskursanalyse – dennoch muss man andererseits festhalten, dass Foucault den Dingen und der »Realität« gegenüber keinen agnostischen, vollständig erkenntnisskeptischen Standpunkt vertritt. Es sei zwar nicht die Aufgabe der Diskursanalyse zu zeigen, »was der Wahnsinn selbst gewesen sein könnte«, sondern allein, die »Bedingungen [seines] historischen Erscheinens« zu rekonstruieren. (AW, 72) Aber das schließe eine Geschichte der Dinge selbst nicht aus, im Gegenteil: eine »Geschichte des Referenten« – der linguistische Terminus für die bezeichnete Sache – »ist zweifellos möglich«! (AW, 72) Doch auch die verschiedenen »Beziehungen«, welche die Bedingungen für die Existenz von Dingen darstellen, versteht Foucault nicht ausschließlich als diskursive. Er spricht vielmehr von »Beziehungen, die man ›primäre‹ nennen könnte und die, unabhängig von jedem Diskurs oder jedem Diskursgegenstand, zwischen Institutionen, Techniken, Gesellschaftsformen usw. beschrieben werden können«. Das sind oft »wirkliche Abhängigkeiten«, etwa von Klassenlage und Kriminalität, die sich sowohl von den zum Beispiel im Diskurs der Psychiatrie konstruierten »Beziehungen zwischen Familie und Kriminalität« unterscheiden, aber auch von den diskursiven Beziehungen, welche die Gegenstände des psychiatrischen Diskurses erst hervorbringen. Foucault differenziert daher drei Ebenen: »[1.] System der *primären* oder *wirklichen Beziehungen*, [2.] System der *sekundären* oder *reflexiven* [d.h. in einem Bewusstsein präsenten] *Beziehungen* und [3.] System der *Beziehungen*, die man eigentlich *diskursiv* nennen kann« und deren Spezifität und Zusammenspiel mit den anderen Beziehungen, den »wirklichen« und den »reflexiven«, jeweils zu untersuchen sind. (AW, 69) Die archäologische Methode zielt für Foucault grundsätzlich darauf, die »Verhältnisse zwischen den diskursiven Formationen und den nichtdiskursiven Bereichen (Institutionen, politische Ereignisse, ökonomische Praktiken und Prozesse) erscheinen« zu lassen. (AW, 231)

Man versteht den Foucault der *Archäologie* grundsätzlich falsch, wenn man behauptet, er ziehe sich auf die Analyse von ›autonomen‹ Diskursen zurück, die dann gar noch als sprachliche Gebilde missverstanden werden. Es geht in der *Archäologie* darum, eine spezielle Schicht von Regeln freizulegen, die als spezifische ›inhaltliche‹ Ordnungsmuster für die involvierten Subjekte erkennbare Dinge erzeugen und ihre Welt strukturieren – und zwar im Rahmen von sehr materiellen und, gemäß Foucaults Auffassung, diskursfernen technischen, institutionellen und medialen Bedingungen, Abhängigkeiten und Beziehungen (vgl. AW, 68). Damit wird nicht ausgeschlossen, dass eine Geschichte der Dinge bzw. der Gegenstände des Wissens selbst geschrieben werden könnte, auch wenn diese deutlich außerhalb von Foucaults eigenem Untersuchungsfokus bleibt. Denn wer die – in seinen Augen zweifellos entscheidende – Frage nach den *Bedingungen* ihres Erscheinens als Gegenstände des Wissens stellt, wer sich etwa fragt, warum und wie man im 13. Jahrhundert über das Gewicht von Engeln spekuliert und im 20. über dasjenige von Atomkernen, muss die speziellen Regeln und Muster zu rekonstruieren versuchen, die die Generierung solcher Diskursgegenstände steuern. Heißt das, dass man schlicht alles behaupten kann, solange man sich nur im Rahmen eines Diskurses bewegt? Von dubiosen Diskursen wie der Psychiatrie oder der Sexualpathologie hat Foucault nichts anderes angenommen. In seiner Antrittsvorlesung allerdings lautet das prominente Beispiel für die Macht des Diskurses: »Mendel sagte die Wahrheit, aber er war nicht ›im Wahren‹ des biologischen Diskurses seiner Epoche [...].« (ODis, 25) Das heißt, Mendels »Regeln« konnten von seinen Zeitgenossen nicht verstanden werden, weil noch keine Diskursordnung existierte, die seine Aussagen über die Vererbung distinkter Eigenschaften als »Erbregeln« »wahr« sein ließ. Doch Foucault sagt zuerst trockenen Auges: »Mendel sagte die Wahrheit«, und dementsprechend hat er auch etwa Newtons Physik, Darwins Biologie oder Jacobs Bakteriologie nicht einfach »Diskurse« genannt – auch wenn diskursive Strukturen mit zu den historischen »Existenzbedingungen« (Sch II,68) ihrer Wahrheiten gehörten.

»Wer spricht?« Die Macht des Autors und die Logik der Schlacht

Der Diskurs ist keine »Manifestation eines denkenden, erkennenden und es aussprechenden Subjekts«, sondern ein »Feld von Regelmäßigkeit«, auf welchem Aussagemöglichkeiten nach einem bestimmten Muster verstreut sind. Auf derselben Ebene sind damit zugleich auch »verschiedene Positionen der Subjektivität« verstreut: Im Raum des Diskurses kann das Subjekt sich, wie Foucault etwas dunkel formuliert, in seiner »Diskontinuität [...] bestimmen«. (AW, 82) Das Subjekt stiftet nicht mehr die Zentralperspektive und ist nicht mehr Ausgangspunkt des Sprechens, sondern es *ist* selbst die Verstreuung verschiedener möglicher Aussagepositionen. (AW, 190) Das Subjekt als begründendes ist in der Diskursanalyse durchgestrichen und der Autor der Texte stattdessen bloß eine Funktion, wie sie von bestimmten Diskursen ermöglicht und erfordert, von andern hingegen ausgeblendet wird.

Die Durchstreichung des Autors als Ausgangspunkt für die Analyse von Texten und Diskursen ist zweifellos ein zentraler Zug der *Archäologie*; dennoch sollte man nicht übersehen, dass Foucault nicht zuletzt von Nietzsches Frage »Wer spricht?« (OD, 370) zu seiner Konzeption von Diskurs geführt wurde und dass er das »Wer spricht?« in einer signifikanten Passage gar als »erste Frage« der Diskursanalyse bezeichnet! (AW, 75) Es ist die Frage, die Nietzsche aufgeworfen habe: »Wer in der Menge aller sprechenden Individuen verfügt begründet über diese Art von Sprache? Wer ist ihr Inhaber? Wer erhält von ihr seine Einzigartigkeit, sein Prestige, und umgekehrt: Von wem erhält sie wenn nicht ihre Garantie, so wenigstens ihren Wahrheitsanspruch? Welches Statut haben die Individuen, die (und zwar sie allein) das reglementäre oder traditionelle, juristisch definierte oder spontan akzeptierte Recht besitzen, einen solchen Diskurs vorzubringen?« (AW, 75) Zum einen also leben Diskurse von der gesellschaftlichen Macht jener, die sich ihrer bedienen – zum anderen aber, und damit untrennbar verschränkt, ist diese gesellschaftliche Macht auch eine Position, die von bestimmten Diskursen als spezielle und mit Macht ausgestattete Sprecherposition erfordert, ermöglicht und vorgegeben wird. So mag der Arzt zwar aus einer großbürgerlichen Familie stammen, zugleich aber definiert der medizinische Diskurs den Arzt als jenen, der nach den Regeln dieses Diskurses eine bestimmte Wahrheit über den Körper anderer aussprechen darf. Diskursive Regeln, Sprecherposition und soziale Lage des Subjektes stützen und bestätigen sich gegenseitig.

Diese Verbindung von diskursiver und außerdiskursiver Macht an der Schnittstelle des Sprechers ist als Konzept plausibel. Dennoch tauchen an diesem Punkt zwei theoretische Probleme auf bzw. zeigen ihre anhaltende Virulenz. Zum einen geht es um die Macht desjenigen, der spricht. Dieses Moment der Macht, das mit der Spezifizierung und den diskursiven oder institutionellen Ausschließungsmechanismen, die die Autorfunktion umgeben, in das Feld der Diskurse hineingetragen wird, ist für Foucault zentral. Man fragt sich allerdings, wieso eigentlich: Wäre es in der Perspektive des »kalten Systematikers« (Sch I, 670), die er der *Ordnung der Dinge* und in der *Archäologie* einnimmt, nicht denkbar, dass die diskursiven Muster grundlos existieren und sich ebenso grundlos voneinander ablösen, jedenfalls nicht aus dem Grund, dass handelnde Subjekte es so wollen oder unmittelbar davon profitieren? Foucault führt zwar die diskursiven Verschiebungen dezidiert nicht auf Interessenkonstellationen zurück (vgl. AW, 102); dennoch lässt seine Betonung der Bedeutung der Macht desjenigen, der spricht, und seine Frage nach demjenigen, der den Diskurs »besitzt«, doch das Rätsel auftauchen, welche Macht das denn im Raum der subjektlosen diskursiven Regeln und des anonymen Sprechens überhaupt sein kann? Braucht es diese Macht, um das Funktionieren von Diskursen zu erklären? Heißt es an anderer Stelle in der *Archäologie* nicht: »Egal, wer spricht« (AW, 178)?

Das zweite und damit verknüpfte Problem, das unter der Hand weiterhin insistiert, ist die Alternative Mallarmés – die »zerbrechliche Vibration« der Wörter. Auch wenn der Diskursanalytiker mit seinem Hinweis auf die diskursiven Regeln einen ganzen Raum freilegen kann, der zwischen den Wörtern und den Dingen liegt und ihre Beziehungen organisiert, und auch wenn so gesehen der Diskurs aus »mehr« besteht als aus Zeichen, so weiß er dennoch zweifellos, dass die Zeichen weiterhin »vibrieren«. Er weiß, dass sie sich auch im Raster diskursiver Regeln nicht endgültig stabilisieren und die Polysemien sich nicht mit einem Federstrich stilllegen lassen, ja dass das Geschwätz halbverborgener Diskurse hinter jeder Ecke lauert. Mit andern Worten: Ist das diskursanalytische Konzept wirklich und endgültig von der Signifikantenanalyse und der Analyse von »Spuren« im Sinne Derridas abzugrenzen? Oder wird das, was der Diskursanalytiker als »manifeste« »Aussage« in ihrer »Äußerlichkeit« (AW, 174-177) zu isolieren versucht, nicht doch immer wieder von jenen Instabilitäten erschüttert, die die Zerbrechlichkeit der Zeichen nach sich ziehen, solange die Ordnung der Diskurse faktisch an die Sprache gebunden bleibt? Woher gewinnt der Diskursanalytiker die Gewissheit, dass das nicht passiert?

Foucault schien die einzige Lösung für diese untergründige Schwierigkeit – die er mit seiner steten Abgrenzung gegen die »Sprachanalyse« selbst anzeigt – darin zu sehen, die Stabilisierungsleistungen, welche die Diskurse gegenüber dem »Vibrieren« der Zeichen vollbringen müssen, durch ein diskursanalytisches Machtkonzept zu begründen. Ein solches formulierte er erstmals 1964 im Vortrag »Nietzsche, Freud, Marx«, den er 1967 publizierte. Es geht darin um das Problem der Interpretation; Foucault argumentiert, dass sowohl Freud als auch Marx antihermeneutisch nicht in eine imaginäre Tiefe hinein fragten, sondern die Oberfläche entdeckten. Wichtig sind vor allem seine Bemerkungen zu Nietzsche: »Für Nietzsche gibt es kein ursprünglich Bezeichnetes. Die Worte sind selbst nichts als Interpretationen; in ihrer ganzen Geschichte sind sie Interpretationen, bevor sie Zeichen sind, und sie haben nur deshalb eine Bedeutung, weil sie Interpretationen sind.« Zeichen gebe es nur, »weil unter allem, was spricht, ständig das große Gewebe der *gewaltsamen* Interpretationen liegt« (Sch I, 735[64]) – und daher ist »das Zeichen bereits eine Interpretation, die sich nicht als solche zu erkennen gibt« (Sch I, 736). Das Problem des Zeichens ist, anders gesagt, nicht fundamental; dem Zeichen und seinem möglichen »Vibrieren«, aber auch jeder Aussage, liegt immer schon die Gewalt der Interpretation zugrunde, die jeder Gestaltwerdung in Zeichenform vorgängig ist und diese begründet. Das aber hat zur Konsequenz, dass man letztlich nicht nach Bedeutungen zu fragen habe, sondern danach, »von wem die Interpretation stammt«, denn »das Prinzip der Interpretation ist nichts anderes als der Interpret« (Sch I, 736)! In einem seiner letzten Texte über Literatur, eine Einführung in die Neuedition der *Grammaire logique* von J.-P. Brisset aus dem Jahr 1878, die Foucault 1970 unter dem Titel »Sieben Thesen über den siebten Engel« veröffentlichte, beschreibt er dessen literarisch-wissenschaftlich-wahnsinnige Geschichte der Sprache in sehr ähnlichen Worten: »Hinter den Wörtern unseres Wörterbuchs gilt es nicht nach morphologischen Konstanten zu suchen, sondern nach Aussagen, Fragen, Wünschen, Befehlen« (Sch II, 21); Brissets etymologisches Verfahren bestehe darin, um ein beliebiges Wort durch »grelle Alliterationen andere Wörter« zu versammeln, »die an alte, aus unvordenklichen Zeiten stammende Szenen des Begehrens, des Krieges, der Barbarei und der Zerstörung denken lassen«. Kurzum, Brisset »gibt die Wörter jenem Lärm zurück, aus dem sie hervorgegangen sind, und setzt nochmals die Gesten, Angriffe, Gewalttaten in Szene, deren heute stilles Wappen sie gleichsam bilden«. (Sch II, 27)

Die Radikalität einer solchen Geschichte der Wörter und der Verweis auf die Gewalt der Interpreten als der genealogischen Wurzel aller Zeichen finden sich in der *Archäologie des Wissens* erst am Rande (vgl. AW, 175), aber es ist klar, dass die Bemerkungen zu Nietzsches Theorie der Interpretation und beiläufig auch zu Brisset den Weg anzeigen, der zu Foucaults Analytik der Macht in den 1970er Jahren führt. Der entscheidende Schritt dazu geschieht im Aufsatz »Nietzsche, die Genealogie, die Historie«, 1969/70 für einen Sammelband zum Gedenken an Jean Hyppolite geschrieben und 1971 publiziert, der nicht zuletzt angesichts der Verehrung, die Foucault seinem ehemaligen Lehrer entgegenbrachte, ein bedeutender Text ist. Foucault nimmt hier Nietzsches Theorie der Interpretation wieder auf und radikalisiert damit die von der Diskursanalyse in der *Archäologie* aufgeworfene Machtfrage. Er schreibt, dass in der Gesellschaft und den gesellschaftlichen Auseinandersetzungen nicht etwa sich überkreuzende Diskurse einander gegenüberstehen, sondern »Kräfte«, und zwar auf einem offenen Feld, ja einer Art ortlosen »Bühne«. Und dort findet nicht mehr das »Spiel der Zeichen« kein Ende, wie es im *Raymond Roussel* heißt, bzw. »das Spiel aufeinander verweisender Signifikanten«, wie Derrida formulierte[65], sondern »das Hasardspiel der Überwältigungen« (Sch II, 176[66]). Auf dieser »Bühne« wird »immer dasselbe Stück gespielt, jenes Stück nämlich, das Herrscher und Beherrschte unablässig aufführen« (Sch II, 176). In einem Gespräch mit Alessandro Fontana und Pasquale Pasquino von 1977 wird Foucault erneut betonen, dass die Gesellschaft nicht von Diskursen strukturiert werde, sondern von Machtrelationen, die nicht nach dem »große[n] Modell der Sprache und der Zeichen« zu denken sind, sondern nach der Logik »des Krieges und der Schlacht«. (Sch III, 192)

Welche Regeln steuern dieses Theater, dieses Spiel? »Die Regel«, schreibt Foucault, »ist [...] die kalkulierte Lust am Gemetzel und die Hoffnung auf Blut.« (Sch II, 177) Alle Regeln haben ihre Wurzel in diesem Krieg, nicht um ihn zu überwinden, sondern als Teil des universellen Kampfes zwischen Herrschern und Beherrschten. Dabei erweisen sich alle Regeln und alle Zeichen als ein Set von Interpretationen oder strategischen Kalkülen; daher fährt Foucault fort: »Das große Spiel der Geschichte dreht sich um die Frage, wer sich der Regeln bemächtigt; wer an die Stelle derer tritt, die sie für sich nutzen; wer sie am Ende pervertiert, in ihr Gegenteil verkehrt und gegen jene wendet, die sie einst durchsetzten [...].« (Sch II, 177)

Für Foucault gibt es nur zwei Alternativen; wir kennen sie schon, aber sie treten nun deutlicher hervor denn je. Entweder: »Wenn Interpretieren hieße, eine im Ursprung verborgene Bedeutung langsam ans Licht zu holen, dann könnte nur die Metaphysik das Werden der Menschheit interpretieren.« (Sch II, 178[67]) Neben dieser hermeneutischen Metaphysik der Tradition und des Ursprungs gibt es im Lichte Nietzsches nur noch eine einzige Möglichkeit:

»Wenn aber Interpretieren heißt, sich mit Gewalt und List eines Regelsystems zu bemächtigen, das in sich keine Wesensbedeutung trägt, und es in den Dienst eines neuen Willens zu stellen, in ein anderes Spiel einzubringen und es anderen Regeln zu unterwerfen, dann ist das Werden der Menschheit eine Abfolge von Interpretationen. Und die Genealogie muss deren Historie sein: die Geschichte der Moralvorstellungen, der Ideale, der metaphysischen Begriffe, des Begriffs der Freiheit oder des asketischen Lebens, jeweils als Entstehung andersartiger Interpretationen.« (Sch II, 178[68])

In dem Maße also, wie der von allem Glauben an einen tieferen Sinn befreite Genealoge mit dem »Temperament [eines] glückliche[n] Positivismus« (ODis, 48) in jedem Sprechen das Spiel der »gewalttätigen Interpretationen« entdeckt, fragt die Genealogie nun als Analytik der Macht nicht mehr nach synchronen Strukturen der Diskurse und hört auf, Archäologie zu sein. Sie fragt mit Nietzsche nach der »Herkunft« (Sch II, 171), nach den verborgenen Gewaltverhältnissen hinter der glatten Oberfläche der Diskurse und Zeichen, und entdeckt unter den Masken der Identitäten und des Ich, am »Ort [ihrer] leeren Synthesen«, nicht primär diskursive Regelmäßigkeiten, sondern die Heterogenese »unzählige[r] Anfänge«: »zahllose heute verlorene Ereignisse«, »Zufälle«, »Irrtümer, falsche Einschätzungen und Fehlkalkulationen«. Die Genealogie entdeckt, »dass an der Wurzel dessen, was wir erkennen und was wir sind, nicht die Wahrheit liegt und auch nicht das Sein, sondern die Äußerlichkeit des Zufalls« (Sch II, 172); sie entdeckt, dass »es hinter den Dingen ›etwas ganz anderes‹ gibt: nicht deren geheimes, zeitloses Wesen, sondern das Geheimnis, dass sie gar kein Wesen haben oder dass ihr Wesen Stück für Stück aus Figuren konstruiert wurde, die ihnen fremd waren« (Sch II, 168 f.). Sie lacht über die »Feierlichkeit des Ursprungs«, sie enthüllt hinter den Dingen und den scheinbaren Identitäten, hinter der »Vernunft«, der »Hingabe an die Wahrheit« und hinter der »Freiheit« (Sch II, 169) nichts als jene Kontingenzen von Macht und Gewalt, wie sie der »Logik der Schlacht« entspringen.

Nie hatte sich Foucault stärker mit Nietzsche identifiziert als in seinem Aufsatz über die Genealogie von 1971. Er hörte nicht auf, den Diskursbegriff zu verwenden, aber er drehte nun gleichsam die horizontale Frageachse, die hinter jedem besonderen Sinn die diskursive Serie rekonstruiert, um 90 Grad, um in vertikaler Perspektive unter jedem Sprechen den Sprecher zu entlarven, der zwar kein begründendes Subjekt, wohl aber ein Kämpfender ist, der mit List und Hinterlist sich jener Regeln bemächtigt, die der Diskursanalytiker später rekonstruieren kann, wenn diese Auseinandersetzungen längst zu abgelegten, verstaubten Kontroversen geronnen sind. Als solche, als »Diskurse«, interessierten sie Foucault nur noch bedingt. Er wollte jetzt die »ortlose Bühne« der Kämpfe genauer in den Blick nehmen.

5. Das Gefängnis, die Disziplinargesellschaft und die Apparaturen der Seele

Mit Beginn seiner Unterrichtstätigkeit im Dezember 1970 am Collège de France, der renommiertesten Bildungsinstitution der Republik, die ihren Mitgliedern die geringe Lehrverpflichtung von zwölf Vorlesungen pro Jahr auferlegt – Foucault las immer von Januar bis Ende März bzw. »von der Geburt Jesu bis zur Auferstehung« (HS, 482) –, begann eine neue Epoche in Foucaults Leben und Arbeiten. Es ist nicht ohne Ironie, dass seine dezidiert institutionenfeindliche, machtkritische und in mancher Hinsicht linksradikale Phase in der ersten Hälfte der 1970er Jahre mit dem so sehr erstrebten neuen Glanz jener exquisiten professoralen Würde zusammenfiel, die seinem Vater Freude bereitet hätte. Doch nun bekannte Foucault, dass er jeder Institution »feindlich gegenüber steh[t]«, auch dem Collège de France. (Sch II, 210) Und in einem Interview im Juli 1971 schien er für jenes Gebiet, für das sein Lehrstuhl unter der neuen Bezeichnung »Geschichte der Denksysteme« eingerichtet wurde, nur unverhohlenen Spott übrig zu haben: »Auch ich habe mich früher mit so abstrakten und fern liegenden Dingen wie der Wissenschaftsgeschichte befasst. Heute möchte ich wirklich davon loskommen«. (Sch II, 248)

Dabei meinte der zum Genealogen gewordene Wissenschaftsarchäologe es genau so, wie er es sagte. Das Thema, mit dem Foucault sich jetzt beschäftigte, war das Gefängnis, das ihm auch als ein »echter Ausweg aus dem Überdruss [erschien], den ich für alles Literarische empfand« (Sch II, 248). Im Gespräch mit der japanischen Literaturzeitschrift *Bungei* sprach er 1970 mit durchaus neuer Akzentuierung davon, dass ehemals der »Ausschluss des Wahnsinns«, nicht zuletzt »im Gefängnis«, die moderne Literatur von Sade und Hölderlin ermöglicht habe. (Sch II, 134 f.) Von diesem Ausschluss bezog die Literatur ihr kritisches Potential, ihren Mut zur Überschreitung; dort traf sie sich auch mit der Sexualität und erzählte mit subversiver Kraft davon, dass »die Sexualität seit dem 19. Jahrhundert stärker unterdrückt wird als jemals zuvor« (Sch II, 150). Mit dieser Funktion der Literatur sei es vorbei. Heute könne ein Roman ohne Probleme »weit mehr darstellen«, als was zum Beispiel »die Pariser Homosexuellen praktizieren«. Foucaults Pointe – und Foucaults Biograph Didier Eribon hat nachdrücklich darauf hingewiesen, wie zentral diese für sein gesamtes Werk war[69] – lag bei der damaligen Rechtslage auf der Hand: »Aber das Buch wird nicht verfolgt, während die Homosexuellen unter allen Umständen bestraft werden« – »man riskiert stets eine Woche Gefängnis«. (Sch II, 145) So gesehen, verliert die Literatur ihre Bedeutung als Referenz für ein kritisches Denken: »Sind Literatur und literarischer Raum nicht wieder im Raum der gesellschaftlichen Zirkulation und des Konsums aufgegangen?« (Sch II, 152) Oder mit anderen, schlichteren Worten: »Die neuerliche Vereinnahmung der Literatur im Westen bedeutet wahrscheinlich den Sieg der Bourgeoisie [...].« (Sch II, 146) Als er am 2. Dezember 1970 in seiner Antrittsvorlesung am Collège de France über den Diskurs spricht, bezeichnet er »das Schreiben der ›Schriftsteller‹« sogar als ein »Unterwerfungssystem«, ebenso wie das »Gerichtssystem und das institutionelle System der Medizin« (ODis, 31) – so sehr übrigens, dass »Diskurs« nun nicht mehr nur das System der Aussageregeln bezeichnet, sondern zugleich und mehr noch ein für die Macht gefährliches Außen: die »Tatsache, dass die Leute sprechen und dass ihre Diskurse endlos weiterwuchern« (ODis, 7). Bevor Foucault dem Diskursbegriff keine weitere Beachtung mehr schenkt, wird dieser schillernd, ja mehrdeutig.

Agitation für die Gefangenen

Anfang der 1970er Jahre wurde für Foucault das Gefängnis zu mehr als einem bloßen Gegenstand theoretischer und historischer Reflexion. Er wollte nicht mehr Bücher schreiben, sondern gegen das Gefängnissystem des gaullistischen Frankreichs agitieren. Den Rahmen dazu bildet die »Groupe d'Information sur les Prisons« (G.I.P.), die er am 8. Februar 1971 auf Anregung seines in der maoistischen »Gauche proletarienne« (G.P.) engagierten Freundes Daniel Defert und zusammen mit dem Philosophen Gilles Deleuze gründet, um »den Inhaftierten die Möglichkeit [zu] geben, ganz buchstäblich das Wort zu ergreifen«. Der unmittelbare Anlass für dieses Engagement – das ihm schon am 1. Mai 1971 eine erste Verhaftung einträgt – ist das »Problem der Repression und der gerichtlichen Verfolgung nach dem Mai 68« (Sch II, 370), als eine große Zahl von linken Aktivisten inhaftiert und den nicht selten menschenverachtenden Haftbedingungen in Frankreichs Gefängnissen unterworfen wurden. Foucault hat seit *Wahnsinn und Gesellschaft* schon zu viel über Formen der Einsperrung nachgedacht, und er hat mit der Repression in Polen Ende der 1950er Jahre (wo er sogar einmal als verdächtiger nächtlicher Vielschreiber verhaftet worden war) sowie mit der blutigen Niederschlagung der Proteste seiner eigenen Studenten in Tunesien schon zu viel Polizeigewalt gesehen[70], als dass er sich jetzt in den Elfenbeinturm des

Collège de France zurückziehen könnte: »Mit dem G.I.P. beschäftige ich mich genau deshalb, weil ich eine effektive Arbeit dem universitären Geschwätz und dem Büchergekritzel vorziehe. Heute eine Fortsetzung meiner *Histoire de la folie* zu schreiben, die bis in die gegenwärtige Epoche reichen würde, ist für mich nutzlos. Dagegen erscheint mir eine konkrete politische Aktion zugunsten der Gefangenen sinnvoll.« (Sch II, 374)

Das ist kein linkes Projekt im klassischen Sinne, weder was die revolutionären Subjekte noch was die Methoden oder gar die Ziele dieses Kampfes betrifft, sondern ein emphatisches Eintreten für die Ausgegrenzten, zugleich aber auch ein linksradikal-anarchistisches Aufbegehren gegen jede Form von Macht und Unterdrückung. Daher weigert er sich, in »Reform«-Diskurse einzutreten: »Wir wollen kein ideales Gefängnis vorschlagen. Ich denke, das Gefängnis ist per definitionem ein Instrument der Unterdrückung.« (Sch II, 249) Foucault sammelt mit den G.I.P.-Aktivisten Lebensberichte und engagiert sich publizistisch für einzelne Gefangene; gleichzeitig vertritt er im Spektrum der französischen Linken »ultralinke« Positionen, wie sogar die Maoisten sagen. (Sch I, 61) Das Gefängnis und die Klinik verschmelzen für ihn zunehmend zur Metapher für eine total verwaltete Welt, die »eine große Anstalt [ist], in der die Regierenden die Psychologen und das Volk die Patienten sind« (Sch II, 540). Er kämpft gegen eine Machtform, die auf dem »Klinikmodell« basiert und in der sich die Einschließungsmechanismen des Gefängnisses mit der kalten, ausschließenden Diagnostik der Psychiater verbinden.

Doch dieser Foucault, der nicht mehr schreiben wollte, der durch seine revolutionären Auftritte bis zur Besetzung der Eingangshalle des Justizpalastes im Januar 1972 den ehrwürdigen Kollegen am Collège de France heilige Schrecken einjagte und der mit dem G.I.P. direkt dazu beitrug, eine Serie von Revolten und Plünderungen in 35 Vollzugsanstalten im ganzen Land anzufachen (Sch I, 57-64; Sch II, 212, 530-539), hat neben allem Polit-Aktivismus das monumentale *Surveiller et punir. La naissance de la prison* zu Papier gebracht. Er hatte das Manuskript im April 1973 in einer ersten Überarbeitung fertig gestellt und veröffentlichte das Buch im Februar 1975. Von den Anstrengungen der Archivarbeit, der Quellenlektüre und des Schreibens findet sich in den Interviews aus dieser Zeit kaum eine Spur – Büchergekritzel, scheinbar nebenbei erledigt, während Freunde staunten, wie viel Energie er der G.I.P. zur Verfügung stellte und er angeblich während zweier Jahre gar nichts schrieb. (Sch II, 212) Aber nicht nur das. Foucault fand nebenbei auch noch Zeit für vergleichsweise schöngeistige Beschäftigungen: Im März 1972 war er in Buffalo, wo er das Seminar »Der Wille zur Wahrheit im antiken Griechenland: Hesiod, Homer, die Form des Prozesses in der *Ilias*, in *König Ödipus* von Sophokles und den *Bacchanten* von Euripides« anbot (Sch I, 63); im April redete er in Minneapolis über »Zeremonie, Theater und Politik im 17. Jahrhundert« im Rahmen der Fourth Annual Conference on 17th Century French Literature (Sch I, 64), und im Oktober schließlich hielt er an der Cornell University Vorträge nicht nur über »Literatur und Verbrechen« und »Die Strafgesellschaft«, sondern auch über »Das Wissen in Sophokles' *Ödipus*«. (Sch I, 65) Vor allem aber entwickelte Foucault in diesen ersten Jahren seiner Lehrtätigkeit am Collège de France, in der er sich ganz auf die Geschichte der Disziplinargesellschaften konzentrierte, den genealogischen Ansatz zu seiner äußerst folgenreichen Theorie der Macht.

In diesem Zusammenhang kritisierte Foucault auch seine ehemals starke Fokussierung auf Diskurse in der *Archäologie des Wissens* mit deutlichen Worten: Die *Archäologie* sei keine »Theorie«, weil er »die Beziehungen zwischen den diskursiven und den sozialen und ökonomischen Formationen [...] nicht systematisch gefasst habe.« Und überdies habe er »in der *Archäologie* die rein methodologischen Probleme beiseite gelassen. Etwa die Frage: Wie soll man mit diesen Instrumenten arbeiten? Ist es möglich, die Diskursformationen zu analysieren? Hat die Semantik irgendeinen Nutzen? Kann man mit den bei Historikern gebräuchlichen quantitativen Analysen etwas anfangen?« (Sch II, 191) Doch Foucault dachte nicht daran, solche methodologischen Präzisierungen nachzuliefern. Vielmehr schärfte er in diesen Jahren der politischen Radikalisierung nach dem Mai 68 seinen genealogischen Blick und spottete über die »Leute von der Federhalterfraktion« und ihren Glauben an den Text. (Sch III, 144) In den Vorlesungen des akademischen Jahres 1973/74 (*Die Macht der Psychiatrie*) hat Foucault sich programmatisch gegen »eine Geschichte der Mentalitäten, des Denkens« gewandt und sein neues Konzept der Macht als eine »radikal andersartige Analyse« angekündet (MP, 29). Ein für das Verständnis der Veränderungen seines Denkens in jenen Jahren sprechender Hinweis findet sich in einem Interview, das Roger-Pol Droit 1975 mit ihm geführt hat. Hier bekräftigte Foucault wiederum mit Nietzsche »La verité de la verité, c'est la guerre« – die Wahrheit der Wahrheit ist der Krieg (vgl. Kap. 4), und er unterstrich, dass die »Modernitätsschwelle«, das heißt der Bruch vom 18. zum 19. Jahrhundert, von dem *Die Ordnung der Dinge* handelt, sein »Hauptthema« sei.[71] Von dieser Diskontinuität hatte er noch 1971 erklärt: »Es ist mir noch nicht gelungen, die Wurzel dieser Veränderungen genau zu lokalisieren. Aber eines weiß ich mit Sicherheit: Diese Veränderung haben wirklich stattgefunden, und nach ihrem Ursprung zu suchen ist kein Hirngespinst.« (Sch II, 199) Vier Jahre später, mit dem Erscheinen von *Surveiller et Punir*, sagte er dann Roger-Pol Droit, dass dieses Buch die genealogische Erklärung für die Modernitätsschwelle liefere, denn diese müsse als ein Effekt der Veränderungen der Machtverhältnisse und Machttechnologien in der zweiten Hälfte des 18. Jahrhunderts verstanden werden.[72] Der Archäologe der *episteme* und der Diskurse trat nun endgültig hinter den Genealogen zurück, der die Brüche der Geschichte nicht nur beschreibt, sondern auf der Ebene der Praktiken jene Machtbeziehungen zu rekonstruieren vermag, die für ihn – und mit Nietzsche – jedem Zeichen und jeder Interpretation immer schon vorausliegen und die die »Wurzel« der Diskontinuitäten darstellen. »[I]ch interessiere mich«, sagte er, »für die Institutionen und Praktiken, also für Dinge, die gleichsam unterhalb des Sagbaren liegen.« (Sch II, 253)

Das Resultat dieser Arbeit, die Studie über die Geschichte der Strafsysteme in Frankreich seit dem 18. Jahrhundert, war stärker als alle Bücher Foucaults von Fragen der Gegenwart und seinem eigenen politischen Engagement motiviert. Es war seine »Absicht, die Geschichte der Gegenwart zu schreiben« (ÜS, 43), und dies war die Gegenwart der Gefängnisrevolten, der »Revolten gegen ein physisches Elend, das seit über einem Jahrhundert andauert: gegen die Kälte, gegen das Ersticken, gegen die Überfüllung, gegen die alten abgenutzten Mauern, gegen den Hunger, gegen die Schläge« (ÜS, 42). Welcher Historiker, der den »Antihumanismus« Foucaults denunziert, hat je ein Buch mit solchen Worten begonnen?

Die Mikrophysik der Macht als Genealogie der modernen Seele

Worin besteht nun, im Feld des Gefängnisses und des Systems der Strafen, die »Schwelle zur Modernität«? Foucault kreist sie in *Surveiller et punir* mit zwei historischen Momentaufnahmen ein: Die eine ist die äußerst grausame öffentliche Hinrichtung des Königsattentäters Damiens, der 1757 in einer langwierigen und planvollen Tortur in ein Meer von Schmerzen getaucht und am Schluss, mit durchschnittenen Sehnen, von vier Pferden zerrissen wurde, um seinen Angriff auf den König zu sühnen. Der andere Moment ist eine Hausordnung: das Reglement »für das Haus der jungen Gefangenen in Paris« von 1838. (ÜS, 12) Dazwischen liegt das Verschwinden der öffentlichen Marter, der Brandmarkungen und der peinlichen Strafen; dazwischen liegt der Übergang zu einer Strafform, die nichts anderes beschneidet als die Freiheit des Delinquenten und die seinen Tagesablauf einer kleinlichen, bis ins Detail geregelten Disziplin unterwirft. Auch wenn die Historiker gegen diese idealtypische Zuspitzung des Übergangs von der Marter zum Gefängnis, von der Körper- zur Freiheitsstrafe, einiges an empirischen Varianten und Gegenläufigkeiten beizubringen hatten[73], und auch wenn Foucault selbst in seiner Darstellung diesen schlichten Gegensatz selbst erheblich differenziert, seine Untersuchungen bewusst auf Frankreich beschränkt (ÜS, 43) und die vielen Umwege und Planlosigkeiten bei der »Geburt« – er wurde die biologisierende Metapher nicht los – des Gefängnisses beschreibt, so liegt doch sein eigentliches Interesse an diesem Übergang in die Moderne auf einer anderen Ebene. »Wenn sich das Strafsystem in seinen strengsten Formen nicht mehr an den Körper wendet«, fragt er rhetorisch, »worauf richtet es dann seinen Zugriff? Die Antwort der Theoretiker [...] ist einfach, fast banal. Sie scheint in der Frage selbst enthalten zu sein. Da es nicht mehr der Körper ist, ist es die Seele. Der Sühne, die dem Körper rasende Schmerzen zufügt, muss eine Strafe folgen, die in der Tiefe auf das Herz, das Denken, den Willen, die Anlagen wirkt.« (ÜS, 25) Eines ist für Foucault nicht zuletzt dank seiner Arbeit mit dem G.I.P. und seinen eigenen Erfahrungen mit prügelnden Polizisten gewiss: Um »mehr Milde, mehr Respekt, mehr ›Menschlichkeit‹« ging es bei dieser Veränderung nicht. (ÜS, 25) Die Strafen verfolgten vielmehr ein neues Objekt: die Seele des Delinquenten, seine Psyche, seine Triebe und sein Begehren, seine Anomalien und seinen Charakter.

Foucaults These lautet – und dies in genauer Übereinstimmung mit der Beschreibung des Übergangs zur Moderne in *Wahnsinn und Gesellschaft*, in der *Geburt der Klinik* und in der *Ordnung der Dinge* –, dass das Zeitalter der Repräsentativität der Strafen, das heißt des öffentlich am Körper des Delinquenten sichtbar gemachten Zeichens seiner Schuld als der genauen Entsprechung des begangenen Unrechts, abgelöst wird durch eine Form der Strafe, die auf die »tieferen« Motive und Triebe der Täter zielt. Diese neue Form des Strafens sucht danach, die bewegenden dunklen Kräfte hinter der Tat hervorzuholen und sie zum Gegenstand ihrer disziplinierenden und normalisierenden Bemühungen zu machen. Der Übergang von der Einsperrung des Wahnsinns zu seiner Befragung in der psychiatrischen Klinik, der Übergang von den gelehrten Taxonomien der Krankheiten zur anatomischen Pathologie funktioneller Gewebeeinheiten und der Übergang vom Tableau der Wörter, der Naturdinge und der Reichtümer zu den in der Tiefe der Sprache, des Lebens und des Systems der Bedürfnisse wirkenden Kräften findet hier seine genaue Entsprechung. Man erinnert sich, dass schon in *Wahnsinn und Gesellschaft* die genealogische Denkfigur auftauchte, dass die Psyche, wie sie die Psychiater und dann Freud entdecken, das Produkt bestimmter Einsperrungs- und Unterwerfungspraktiken in den neuen Kliniken von Pinel und Tuke sei (vgl. Kap. 1; er wird diese Analyse in *Die Macht der Psychiatrie* im November 1973 stark relativieren und ins frühe 20. Jahrhundert – d.h. zu Freud – verlegen [MP, 33]); hier nun will Foucault zeigen, dass grundsätzlich mit dem historischen Wandel von der Marter zur Freiheitsstrafe, die auf die Seele zielt und die um den Richter herum die Gestalten der Psychiater, der Bewährungshelfer und der Psychologen entstehen lässt, »der Mensch« selbst erscheint, von dem die Humanwissenschaften des 19. Jahrhunderts in ihrem »anthropologischen Schlaf« träumen (vgl. Kap. 3). Foucault vermutet »eine gemeinsame Geschichte der Machtverhältnisse und der Erkenntnisbeziehungen«; er will jedenfalls zeigen, »wie eine spezifische Unterwerfungsmethode zur Geburt des Menschen als Wissensgegenstand für einen ›wissenschaftlichen‹ Diskurs führen konnte«. (ÜS, 34f.)

In der Vorlesungsreihe *Die Anormalen* 1974/75 arbeitet Foucault die rechts- und psychiatriegeschichtlichen Aspekte dieser Genealogie genauer aus und folgt dabei exakt dem Konzept der »Modernitätsschwelle«, wie er es in *Surveiller et Punir* verwendet. Die Entstehung des »Anormalen« verortet er im Wandel von jenen Tätern des 18. Jahrhunderts, deren Tat so monströs ist, dass sie nur durch deren Wahnsinn erklärt werden kann, und die genau deshalb als gar nicht schuldfähig betrachtet werden, hin zu den Verbrechern des 19. Jahrhunderts, deren Vernunft durch einen dunklen Trieb abgelenkt und zur Tat geführt wurde; im Übergang auch von der öffentlichen Hinrichtung zur psychiatrischen Normalisierung des Täters im Gefängnis, und schließlich in der »Entdeckung« des Triebkonzeptes selbst durch die Gerichtspsychiater: »Die Rechtspsychiatrie war [...] dabei zu entdecken, dass die monströsen, das heißt grundlosen Taten gewisser Krimineller in Wirklichkeit nicht einfach durch eine Lücke hervorgerufen wurden, wie sie der fehlende [rationale] Grund [für die Tat] anzeigt, sondern durch eine gewisse morbide Dynamik der Triebe. Hier haben wir, wie ich denke, den Punkt, an dem die Triebe entdeckt wurden.« (AN, 173-174) In ähnlicher Weise skizziert Foucault hier auch eine Genealogie des Konzepts »Kindheit« als Strategem psychiatrischer Macht im frühen 19. Jahrhundert. (AN, 395-400) Es wird an diesen Beispielen deutlich, wie radikal er historisiert: Scheinbar unverrückbar menschliche Züge wie die Triebe oder die besondere Lebensphase der Kindheit erhalten unter seinem genealogischen Blick nicht nur eine genau bestimmbare Entstehungsgeschichte, sondern werden darüber hinaus auch immer in einem strategischen Machtfeld verortet – als »Interpretationen« jener, die sich auf diese Weise eine Deutungs- und Verfügungsmacht erkämpfen können (vgl. Kap. 4).

Doch auch angesichts der zentralen Bedeutung der Gerichtspsychiatrie in Foucaults Darstellung der Entstehung des modernen Gefängnisstrafsystems wäre eine allzu simple Vorstellung vom historischen Wandel der Strafziele und Straftechnologien vom Körper auf die Seele und vom Henker zum Richter bzw. Psychiater ein Missverständnis. Denn in den neuen Gefängnis- und Disziplinarinstitutionen wird primär der Körper in Beschlag genommen: nicht, um ihn zu quälen, sondern um ihn zu disziplinieren, um ihn strikten Normen zu unterwerfen und ihn produktiv zu machen. Foucault spricht von einer »Mikrophysik der Macht« (ÜS, 38), die auf den Körper zielt, von einer »›politischen Ökonomie‹ des Körpers«, die seine »Nützlichkeit und Gelehrigkeit, [...] Anordnung und Unterwerfung« bezweckt (ÜS, 36), von einer Macht, die, wie wir noch sehen werden, nicht einfach straft und unterdrückt, sondern produktive Effekte hat (vgl. Kap. 6). In diesen »Technologie[n] der Macht« (ÜS, 34), die über den engen Bereich des Gefängnisses hinaus sich auch in Kasernen, Schulen oder Fabriken ausbreiten, entsteht, so Foucaults entscheidende These, erst jene »Seele«, auf die die Strafe zielt. Sie wird »produziert durch Machtausübung an jenen, die man überwacht, dressiert und korrigiert, an den Wahnsinnigen, den Kindern, den Schülern, den Kolonisierten, an denen, die man an einen Produktionsapparat bindet und ein Leben lang kontrolliert« (ÜS, 41).

In diesen institutionellen Zwangsverhältnissen und unter dem Einsatz solcher Apparate entsteht eine ganz neue Form von Seele, die sich von der christlichen Seele unterscheidet (obwohl einige der abendländischen Seelentechniken wie die Beichte bzw. das Geständnis eine dezidiert christliche Tradition haben, wie Foucault später betonen wird): »Historische Wirklichkeit der Seele, die im Unterschied zu der von der christlichen Theologie vorgestellten Seele nicht schuldbeladen und strafwürdig geboren wird, sondern aus Prozeduren der Bestrafung, der Überwachung, der Züchtigung, des Zwangs geboren wird.« (ÜS, 41 f.) Diese kalte Institutionen- und Apparategeschichte der modernen Seelenzustände, die man »Psyche, Subjektivität, Persönlichkeit, Bewusstsein, Gewissen, usw.« genannt und worauf man »die moralischen Ansprüche des Humanismus gegründet« hat (ÜS, 42), ist nichts anderes als die Genealogie des »Menschen«, die Foucault sucht. Sie lässt wenig Raum für Illusionen. Die dunkelsten Worte, die er wohl je geschrieben hat, folgen unmittelbar aus dieser Geschichte der modernen Seele: »Der Mensch, von dem man uns spricht und zu dessen Befreiung man einlädt, ist bereits in sich das Resultat einer Unterwerfung, die viel tiefer ist als er. Eine ›Seele‹ wohnt in ihm und schafft ihm eine Existenz, die selber ein Stück der Herrschaft ist, welche die Macht über den Körper ausübt. Die Seele: Effekt und Instrument einer politischen Anatomie. Die Seele: Gefängnis des Körpers.« (ÜS, 42)

Man mag sich, das düstere Dröhnen dieser Sätze im Ohr, allerdings fragen: Wie könnte es für diesen »Körper« in seinem Seelengefängnis eine Hoffnung auf Widerstand geben? Woher würde diese sich speisen, wenn das Verhängnis der Unterwerfung »tiefer«, ja ursprünglicher ist als der »Mensch«, der sich befreien möchte? Würden »Körper« ohne ihre »Seele«, das heißt ohne das Geflecht der Regeln, Normen und Sprachen, die ihre »Psyche, Subjektivität, Persönlichkeit, Bewusstsein, Gewissen, usw.« strukturieren, sich »befreien«, wenn sie nur könnten? Und droht die Zuspitzung der Geschichte des Strafsystems zur Diagnose eines ausweglosen Verhängnisses moderner Subjektivität nicht nachträglich auch Foucaults eigener Arbeit im G.I.P. jeden Sinn zu rauben? War denn der Widerstand gegen das »Unerträgliche«, das er in den Gefängnissen sah (Sch II, 247), nicht ein elementarer Akt des Bewusstseins? Und sagte Foucault nicht selbst im Januar 1972 dem *Nouvel Observateur*: »Wir kamen mit unseren Fragen über Kälte und Hunger, und die Gefangenen antworteten uns mit anderen Dingen, genau jenen nämlich, die heute im Mittelpunkt der Revolten und der Forderungen stehen: Arbeitsbedingungen, rechtlicher Schutz der Häftlinge in den Anstalten, Recht auf Information, Ausgang und Abschaffung des Strafregisters« – Fragen zum »Körper« also, denen die Gefangenen Forderungen der »Seele« gegenüberstellten? (Sch I, 62) Um den Ertrag von Foucaults genealogischer Rekonstruktion der modernen Seelenapparaturen ermessen zu können, ist es vorerst notwendig, die paradoxe Spannung seiner Zuspitzungen auszuhalten. Dann erst können wir versuchen, diesen Ertrag gegen die Fallstricke der genealogischen Kritik abzuwägen (vgl. Kap. 8).

Die Geschichte des Strafsystems und des Gefängnisses, wie Foucault sie darstellt, kann hier nicht im Einzelnen nachvollzogen werden. Ich will mich auf einen zentralen Aspekt beschränken: die Geschichte der Disziplinen und des Panopticons, des idealtypischen Modells moderner Überwachungsanstalten, die Foucault als Genealogie des Individuums, des in der Aufklärung entstandenen Subjekts vorführt. Auf die Theorie der Macht, die diesem Blick auf die Geschichte zugrunde liegt, werde ich zu Beginn des nächsten Kapitels eingehen.

Die Disziplinierung der Körper und das Panopticon

Disziplinartechniken – und damit nicht selten verbunden Askesetechniken – sind an sich sehr alt; im Abendland war es namentlich die Klosterdisziplin, die seit dem Hochmittelalter Mönche und Nonnen mehr oder weniger strengen Regeln des Verhaltens und vor allem einem klar strukturierten Tagesablauf unterworfen hat. Seit dem 17. Jahrhundert haben sich allerdings verschiedene Formen der Disziplin gleichsam verweltlicht. Zu den ersten Elementen künftiger moderner Disziplinen gehörten die Disziplinierung der Körperbewegungen nach einem genau vorgegebenen Schema im soldatischen Drill sowie die strenge Zeitrhythmik, die in den protestantischen Heeren in Holland und Schweden eingeführt wurde »und die durch Frömmigkeitsübungen skandiert war« (ÜS, 192). So entstand in einem eher langfristigen Veränderungsprozess in Europa bis in die zweite Hälfte des 18. Jahrhunderts die Figur des Soldaten als etwas, »was man fabriziert«: »aus einem formlosen Teig, aus einem untauglichen Körper macht man die Maschine, deren man bedarf«. (ÜS, 173) Der im Drill abgerichtete Soldat wurde im 18. Jahrhundert zum Modell einer neuen Machttechnologie, die sich den Körper als »Gegenstand und Zielscheibe« wählte, um ihn »ausnutzbar und durchschaubar« zu machen. Neu war dabei nicht der Zwang als solcher – »in jeder Gesellschaft wird der Körper von sehr harten Mächten vereinnahmt, die ihm Zwänge, Verbote und Verpflichtungen auferlegen« –, neu war, dass auch bei großen Massen die Gesten und Haltungen des einzelnen Körpers bis ins Kleinste reguliert wurden und eine »infinitesimale Gewalt über den tätigen Körper« ausgeübt wurde. Neu war aber auch, dass es zunehmend weniger um die äußere Erscheinung des Körpers als Zeichen als um seine »Kräfte« ging, auf deren Steigerung die stete Übung zielte, das heißt um die »Ökonomie und Effizienz der Bewegungen und ihrer inneren Organisation«; und neu war schließlich die »durchgängige Zwangsausübung, die über die Vorgänge der Tätigkeit genauer wacht als über das Ergebnis und die Zeit, den Raum, die Bewegungen bis ins kleinste codiert«. (ÜS, 174)

Weil Foucaults Geschichte der Disziplinen implizit auch einen Gegenentwurf zur psychoanalytischen Konzeption der Formierung von Subjekten durch das »Gesetz« der Sprache darstellt (vgl. Kap. 6), ist es bedeutungsvoll, dass die Disziplin durchgängig von einem Code organisiert wird. Während Lacan einmal bemerkte, die Sprache sei kein Code – weil in der Sprache die Bedeutungen der Signifikanten nicht festgelegt sind, sondern die Signifikate unter den Signifikanten gleiten, was der Sprache etwas konstitutiv Nicht-Fixierbares verleiht –, ist es das Wesen der Disziplin, auf einem »präzisen Befehlssystem« zu beruhen: »Das Verhältnis des Zuchtmeisters zum Zögling läuft über Signale: es geht nicht um das Verstehen des Befehls, sondern um die Wahrnehmung des Signals und die alsbaldige Reaktion darauf entsprechend einem vorgegebenen Code. Der Körper befindet sich in einer kleinen Welt von Signalen, denen jeweils eine einzige obligatorische Antwort zugeordnet ist [...].« (ÜS, 214) Soldaten, Schüler und Häftlinge wurden in den neuen Erziehungs- und Zwangsanstalten seit dem frühen 19. Jahrhundert einer Form von Verhaltenssteuerung unterworfen, die auf einer algorithmischen, das heißt genau regulierten sequenziellen Befehlskette basierte. Diese Befehle funktionierten weitgehend oder sogar ausschließlich über Signale und nicht über Botschaften, deren Inhalt der Schüler, der Soldat oder der Häftling »verstehen« müsste. Grundsätzlich war – so Foucaults allerdings sehr pauschalisierende These – das Ziel jeder Übung und jeder Erziehung nicht länger ein moralisch verstandenes Richtig oder Falsch, ein bestimmtes Gut oder etwas zu Verhinderndes, sondern eine durch Codes definierte Norm, der die Körper angenähert werden sollten: »Das lückenlose Strafsystem, das alle Punkte und alle Augenblicke der Disziplinaranstalten erfasst und kontrolliert, wirkt vergleichend, differenzierend, hierarchisierend, homogenisierend, ausschließend. Es wirkt *normend, normierend, normalisierend.*« (ÜS, 236)

Auf einer Argumentationsebene weit jenseits der »Geburt« des Gefängnisses allein stellt sich Foucault grundsätzlich die Frage, wie es kam, dass die Macht staatlicher Zentralinstitutionen trotz des manifesten Rückgangs der blutigen und nicht zuletzt auf »Abschreckung« angelegten Strafjustiz des Ancien Régime in der Moderne effizienter funktionierte, die Individuen sich widerstandsloser in die Gesellschaftsmaschinerie einfügten und produktiver arbeiteten als je zuvor in der Geschichte. Den ersten Teil einer Antwort findet er, wie gezeigt, in den Disziplinen, das heißt im Einüben kleinlichster Verhaltensregeln und Normierungen in den sich zwar ausbreitenden und immer größere Teile der Bevölkerung erfassenden, dennoch aber spezialisierten Zwangsinstitutionen. Foucault verstand diese Antwort als Alternative zum Marxismus, zumindest zu einem »ein wenig schlichten Marxismus«, für den die Macht »ausschließlich über die Ideologie ausgeübt wird«, während doch in Tat und Wahrheit »die politische Macht ganz physisch auf [die] Körper einwirkt«. (Sch II, 650) Doch wie kam es, dass sich die Macht auf diese Weise jenseits der Erzwingungsmöglichkeiten von Schulen, Gefängnissen und Kasernen durchsetzen konnte? Was war, anders gefragt, gleichsam die strukturelle Matrix der neuen Disziplinargesellschaft, eine Matrix, die Macht und Wissen bzw. Macht- und Diskursstrukturen im gesamten Raum der entstehenden bürgerlichen Gesellschaft mit ihrem wachsenden Sinn für persönliche Freiheiten zu kompilieren vermochte?

Foucault gibt auf diese Frage eine zweistufige Antwort (die er später revidieren wird, vgl. Kap. 7). Am Ursprung der modernen Disziplinargesellschaft im 17. Jahrhundert stand die Quarantäne als Maßnahme städtischer Behörden gegen die Pest. Die Pestreglemente entwarfen ein System lückenloser Kontrolle aller Grenzen und Übergänge, aller Bewegungen in der Stadt und forderten die rigide Einsperrung der Bürger in ihre Häuser: »Der Raum erstarrt zu einem Netz von undurchlässigen Zellen. Jeder ist an seinen Platz gebunden. Wer sich rührt, riskiert sein Leben: Ansteckung oder Bestrafung.« (ÜS, 251) Foucault erkennt in diesen Reglementen ein erstes Modell: »Dieser geschlossene, parzellierte und lückenlos überwachte Raum, innerhalb dessen [...] jedes Individuum ständig erfasst, geprüft und unter die Lebenden, die Kranken und die Toten aufgeteilt wird – dies ist das kompakte Modell einer Disziplinierungsanlage. Auf die Pest antwortet die Ordnung, die alle Verwirrung zu entwirren hat: die Verwirrung der Krankheit, welche sich überträgt, wenn sich die Körper mischen [...].« (ÜS, 253) Die Regierenden »träumten vom Pestzustand, um die perfekten Disziplinen funktionieren zu lassen«, so wie die Juristen und Staatstheoretiker vom Naturzustand träumten (ÜS, 255); der »Traum« vom Pestzustand ist in Wirklichkeit die Wahrnehmung der gefährlichen Grenzen der Macht: »Hinter den Disziplinarmaßnahmen steckt die Angst vor den ›Ansteckungen‹, vor der Pest, vor den Aufständen, vor den Verbrechen, vor der Landstreicherei, vor den Desertionen, vor den Leuten, die ungeordnet auftauchen und verschwinden, leben und sterben.« (ÜS, 254)

Das zweite, das vollendete Modell dieser Regierungsform sieht Foucault dann allerdings nicht in der Peststadt, sondern im Panopticon, das der Rechtsphilosoph Jeremy Bentham 1787 als architektonische Struktur für alle Überwachungsinstitutionen ersonnen hat: ein ringförmiges Gebäude mit Einzelzellen ohne Kontakt untereinander, aber alle direkt einsehbar vom zentralen Turm in der Mitte, wo ein einzelner Wärter genügt, um den Gefangenen in ihren Zellen das wohlbegründete Gefühl zu vermitteln, dauernd kontrolliert zu werden. Die Vorteile dieser Anlage liegen auf der Hand:

»Sind die Gefangenen Sträflinge, so besteht keine Gefahr eines Komplottes [...]; handelt es sich um Kranke, besteht keine Ansteckungsgefahr; sind es Irre, gibt es kein Risiko gegenseitiger Gewalttätigkeiten; sind es Kinder, gibt es kein Abschreiben, keinen Lärm, kein Schwätzen, keine Zerstreuung; handelt es sich um Arbeiter, gibt es [...] keine Verbindungen und keine Zerstreuungen, welche die Arbeit verzögern [...]. Die dicht gedrängte Masse, die vielfältigen Austausch mit sich bringt und die Individuen verschmilzt, dieser Kollektiv-Effekt wird durch eine Sammlung von getrennten Individuen ersetzt.« (ÜS, 257f.)

Das Panopticon basiert auf einem elaborierten System der Sichtbarkeit; vor allem aber ist es ein »demokratisches«, kein totalitäres Prinzip von Macht. Denn der Wächter im Zentrum ist nicht der König oder ein Diktator, sondern ein bloßer Funktionsträger, der seinerseits von allen Mitgliedern der Gesellschaft überwacht und ausgetauscht werden kann. Das Panopticon ist ein Machtmechanismus für Gesellschaften mit einer »flachen«, aber auch »flächendeckenden« Verteilung der Macht; es zielt darauf, Assoziation und Kommunikation außerhalb ihres kontrollierenden Blicks zu verhindern. Kein Wunder also, dass Foucault das Ziel der G.I.P. im März 1971 mit den Worten umschrieben hat: »Wir wollen die zweifache Isolierung der Gefangenen aufbrechen; mit unserer Untersuchung möchten wir ihnen die Möglichkeit geben, untereinander zu kommunizieren, einander mitzuteilen, was sie wissen, und miteinander zu sprechen, von Gefängnis zu Gefängnis, von Zelle zu Zelle. Wir möchten, dass sie sich an die Bevölkerung wenden und die Bevölkerung mit ihnen spricht.« (Sch II, 214)

Das Panopticon ist für Foucault dreierlei. Erstens ist es das konkrete Architekturmodell, das am Ursprung des modernen Gefängnisses steht, welches deshalb ganz auf Körperstrafen verzichten kann, weil es auf diese Weise das System der Überwachung und der Disziplinierung perfektioniert hat. Zweitens und vor allem ist das Panopticon für Foucault ein Prinzip verallgemeinerter und wechselseitiger Kontrolle der in »Zellen« isolierten Individuen in modernen Gesellschaften; es »ist das Diagramm eines auf seine ideale Form reduzierten Machtmechanismus; sein Funktionieren [...] kann zwar als ein rein architektonisches und optisches System vorgestellt werden: tatsächlich ist es eine Gestalt der politischen Technologie, die man von ihrer spezifischen Verwendung ablösen kann und muss.« (ÜS, 264) Damit wird das Panopticon »so etwas wie das Ei des Kolumbus im Bereich der Politik« (ÜS, 265); mit ihm kann man »die Disziplinen ›entsperren‹ und diffus, vielseitig, polyvalent im gesamten Gesellschaftskörper wirken lassen«. Als System verallgemeinerter Kontrolle durch Sichtbarkeit ergänzt es die Wirkungen der eingeübten Disziplinen, ob in Familien, Schulen, Mäßigkeitsvereinen, Fabriken oder Sportstadien – in jedem dieser Fälle »programmiert [es] auf der Ebene eines einfachen und leicht zu übertragenden Mechanismus das elementare Funktionieren einer von Disziplinarmechanismen vollständig durchsetzten Gesellschaft« (ÜS, 268). Daher sind »wir« alle, Angehörige demokratischer, spätkapitalistischer Gesellschaften, »eingeschlossen in das Räderwerk der panoptischen Maschine, die wir selber in Gang halten – jeder ein Rädchen« (ÜS, 279). Vor dem Prinzip des Panoptismus und der verallgemeinerten Disziplin gibt es kein Entrinnen.

Die Frage, ob dieser theoretische *shift* von der mikrosoziologischen Beschreibung von Disziplinarinstitutionen zu einem Modell für moderne Gesellschaften plausibel ist, liegt allerdings auf der Hand[74], und es ist daher kein Zufall, dass Foucault ihn nur wenige Jahre später verwerfen und an seine Stelle das Konzept der »Gouvernementalität« setzen wird (vgl. Kap. 7).

Ein dritter Punkt ist hingegen insofern von einiger theoretischer Bedeutung, als er eine wichtige Kontinuität im Denken Foucaults sichtbar werden lässt und ein sehr bestimmtes Licht auf das Konzept der Diskursanalyse wirft. Foucault hat in der *Archäologie* häufig räumliche Metaphern gebraucht, um die Eigenarten und Wirkungsweisen von Diskursen zu erläutern: Er redet von Ebenen, Territorien, Boden, Zonen, Brüchen, Oberflächen, von der Verstreuung, vom Grat, vom Saum, von der Grenze und der Grenzgebung, von der Fassade, von Linien, schließlich von Schwellen. Was hat es damit für eine Bewandtnis? Es brauchte die Hartnäckigkeit eines Interviewers der Zeitschrift marxistischer Geographen *Hérodote*, der Foucault 1976 auf diese auffallenden räumlich-topologischen Metaphern ansprach und ihn förmlich dazu zwang, nach einigem Widerstand über sie nachzudenken: »Sie haben mir diese räumlichen Obsessionen jetzt genug zum Vorwurf gemacht und mich regelrecht damit belagert. Doch glaube ich, dass ich durch sie entdeckt habe, was ich im Grunde suchte: die Bezüge, die zwischen Macht und Wissen bestehen können. So wie man das Wissen als Region, Gebiet, Einpflanzung, Verlegung oder Übertragung analysieren kann, kann man den Prozess erfassen, durch den das Wissen als eine Macht funktioniert und deren Wirkungen verstärkt.« »Begriffe wie Feld, Position, Region und Territorium« zeigten an, »wie es in der Tat dazu kommt, dass das Militärische und das Administrative sich *entweder in einen Boden oder in Diskursformen einschreiben*« (Sch III, 45[75]).

Die Verbindung zwischen Foucaults Diskursanalyse und seiner Analytik der Macht liegt in der Frage danach, wie Wissen sich im Raum organisiert, wie Räume strategisch von Wissen besetzt werden, wie Wissen strukturiert und räumlich gegliedert wird. Die Ordnungsstrukturen, die ein Diskurs errichtet, sind daher den architektonischen Strukturen des Panopticons streng analog. Beide Formen der Machtausübung schaffen Ordnung in einem »rohe[n] chaotische[n] Aggregat«[76] von ungeregeltem Reden, von nicht unterscheidbaren Dingen und von unorganisierten Menschenmassen; beide organisieren Wahrnehmbarkeit durch Raumgliederungen, die Sichtbarkeit ermöglichen; und beide haben die Funktion des Autors als Ursprung des Sinns bzw. die Funktion des Königs als Ursprung der Macht aufgehoben und demokratisiert – jeder, der sich an den richtigen Platz in der Struktur zu stellen vermag, kann die Funktion des Autors bzw. des Wächters einnehmen.

Die Konstruktion des Individuums (nebst Pierre Rivière und den »infamen Menschen«)

Foucaults These, dass das Panopticon und die Disziplinen eine unverzichtbare Voraussetzung nicht nur für den Prozess der Akkumulation des Kapitals im 18. Jahrhundert, sondern auch der »Akkumulation der Menschen« (ÜS, 283) in den neuen industriellen Produktionsanlagen gewesen seien, ist kaum zu bestreiten, auch wenn man über die empirischen Modalitäten und die effektive Durchsetzungstiefe der Disziplinen im Industrialisierungsprozess streiten mag. Viel provokativer, aber auch viel grundsätzlicher und von philosophischer Bedeutung hingegen ist seine damit verbundene These, dass die wichtigste Funktion des Panopticons darin bestanden habe, zusammen mit den Disziplinen nicht nur die moderne Seele, sondern überhaupt das Subjekt der Aufklärung und damit das neuzeitliche Individuum zu generieren. Diese These ist insofern provokativ, als sich angesichts des Konzepts der Disziplinargesellschaft die Frage stellt, ob dieses denn nicht der etablierten Vorstellung von bürgerlicher Freiheit und einer im 19. Jahrhundert entstehenden demokratischen Gesellschaft diametral widerspricht.

Foucault bejaht diesen Gegensatz und operiert mit einer Metaphorik von »dunkler Kehrseite« und »Unterbau«, um das Verhältnis von Demokratie und Disziplin zu beschreiben. Wohl habe sich der Aufstieg der Bourgeoisie zur politisch dominierenden Klasse »hinter der Einführung eines ausdrücklichen, kodifizierten und formell egalitären rechtlichen Rahmens« abgespielt und sei »als Organisation eines parlamentarischen und repräsentativen Regimes aufgetreten«. (ÜS, 284f.) Doch die Voraussetzung dafür und die »dunkle Kehrseite dieser Prozesse« sei der Panoptismus: »Wenn es das repräsentative Regime formell ermöglicht, dass der Wille aller [...] die fundamentale Instanz der Souveränität bildet, so garantieren doch die Disziplinen im Unterbau die Unterwerfungen der Kräfte und der Körper. Die wirklichen und körperlichen Disziplinen bilden die Basis und das Untergeschoss zu den formellen und rechtlichen Freiheiten.« Oder direkter gesagt: »Die ›Aufklärung‹, welche die Freiheiten entdeckt hat, hat auch die Disziplinen erfunden.« (ÜS, 285) Diese funktionieren im Verhältnis zur Sphäre der Rechtsstaatlichkeit und der allgemeinen Rechtsnormen immer als »Gegenrecht«; wenn daher das allgemeine Recht der Machtausübung in modernen Gesellschaften »Grenzen zu setzen scheint«, so halte doch der »allgegenwärtige Panoptismus [...] eine Maschinerie im Gang, welche die Asymmetrie der Mächte unterstützt, verstärkt, vervielfältigt und die ihr gezogenen Grenzen unterläuft«. (ÜS, 286) Und diese Maschine bringe damit auch das moderne, disziplinierte Individuum als solches erst hervor: sie funktionierte als »Subjektivierungs-/Unterwerfungsinstrument (*instrument d'assujettissement*)« (ÜS, 287[77]). Die Disziplin und der Panoptismus seien als »Technologie« (ÜS, 287) so allgemein geworden, dass ihre genealogische Beschreibung nicht nur bestimmte Anpassungsleistungen der Menschen in den modernen Produktionsapparaten zu erhellen, sondern grundsätzlich die Form der Subjektwerdung selbst hinreichend zu bestimmen vermag. Mit der Isolierung der Einzelnen in den »Zellen« des Panopticons und mit dem Zugriff der Macht auf die Mechanik und die »Kräfte« des einzelnen Körpers entsteht eine »Technologie der Individuen« (ÜS, 288) als moderne Unterwerfungs- *und* Subjektivierungstechnologie: »Letzten Endes steht das Examen im Zentrum der Prozeduren, die das Individuum als Effekt und Objekt von Macht, als Effekt und Objekt von Wissen konstituieren.« (ÜS, 147)

In der heißen Kernzone dieser Technologie zur Herstellung von Individuen liegt die Strafjustiz. In idealtypischer Zuspitzung lassen sich die beiden Machtformen, die im Übergang vom Ancien Régime zur Moderne aufeinander folgen, in den Modalitäten des Strafsystems fassen:

> »Im Ancien Régime war der Grenzfall der Strafjustiz die endlose Zerstückelung des Körpers des Königsmörders: die Manifestation der stärksten Macht am Körper des größten Verbrechers, dessen vollkommene Zerstörung das Verbrechen in seiner Wahrheit aufblitzen lässt. Der Idealfall des heutigen Strafsystems wäre die unbegrenzte Disziplin: eine Befragung ohne Ende; eine Ermittlung, die bruchlos in eine minutiöse und immer analytischer werdende Beobachtung überginge; ein Urteil, mit dem ein nie abzuschließendes Dossier eröffnet würde; [...] ein Verfahren, das sowohl andauerndes Messen des Abstandes zu einer unerreichbaren Norm wäre wie auch die asymptotische Bewegung, die endlos zur Einholung dieser Norm zwänge.« (ÜS, 291)

Es ist nicht ohne Komik, dass *Überwachen und Strafen* schon 1977 als Pflichtlektüre ins Ausbildungsprogramm der École nationale d'administration pénitentiaire für *sous-directeurs de prison* eingeführt wurde.[78] Das kann man deuten, wie man mag, jedenfalls drängt sich auch abgesehen davon die Frage auf: Gibt es Auswege aus diesem Räderwerk der Macht, das Foucault entwirft und in dem auch »wir« ein »Rädchen« sind? *Surveiller et punir* zeigt sie nicht; zu sehr erscheinen hier die Subjekte selbst noch »tiefer«, als sie sich überhaupt als Individuen oder »Menschen« wahrnehmen können, von den Unterdrückungsmechanismen der Macht durchdrungen. Es ist daher vielleicht kein Zufall, dass Foucault in jenen Jahren in seinen Seminarien im Collège de France und in seiner Archivarbeit sich wieder auf die Suche nach jenen Außenseitern machte, die wie auch immer souverän oder unfreiwillig sich vollständig außerhalb aller Normen und Mächte gestellt haben – »all diese Leben, die dazu bestimmt waren, unterhalb jedes Diskurses vorüberzugehen und zu verschwinden« (IM, 16), deren Leben aber ein einziges Mal, beim Zusammenstoss mit der Macht, wie durch einen »kurzen Blitz« erhellt wurde. (IM, 18) Es wäre wohl zu viel gesagt, wenn man behaupten würde, die »infamen Menschen«, deren Lebensbruchstücke er seit der Arbeit an der *Histoire de la folie* während fast zwanzig Jahren gesammelt hat, oder der Bauer Pierre Rivière, der in einem monströsen Akt seine Mutter, seinen Bruder und seine Schwester ermordete, hätten nun für Foucault in vollem Umfang die verwaiste Funktion der Literatur eingenommen, die ihm in den 1960er Jahren die Außenseite der Macht und der Diskurse anschaulich zu machen vermochte. Aber es ist auffallend, dass der Strukturanalytiker, auf den er oft reduziert wurde, sich hier in Grenzzonen individueller Lebens- und Fallgeschichten vorwagt, zu »Gedichten, die Leben sind« (IM, 12), wo der Wahnsinn, der Tod und der Exzess sich kreuzen (FR, 234 f.) und von wo aus die Mechanismen und die Wirkungsweisen der disziplinierenden Mächte inspiziert werden können. Die Publikation von Fallgeschichten wie jene des Pierre Rivière »ermöglichen«, so Foucault, »eine Aufschlüsselung der Macht-, Herrschafts- und Kampfverhältnisse, in deren Rahmen sich die Diskurse abspielen; sie ermöglichen also eine Analyse des Diskurses (und sogar der wissenschaftlichen Diskurse), die zugleich Tatsachenanalyse und politische, also strategische, Analyse ist« (FR, 11). Doch es ist nicht zu übersehen, dass Foucault eine unstillbare Faszination für diese »infamen«, »nicht-berühmten«, diese »obskuren und unglücklichen« Leben empfindet, eine Faszination, die zwischen eigentümlicher Berührtheit und ästhetischem Genuss, zwischen »Schönheit und Schauer« oszilliert. (IM, 12) Die Geschichten dieser Leben jedenfalls haben »mehr Fasern in mir aufgerüttelt als das, was man gewöhnlich die Literatur nennt« (IM, 9).

6. Macht und Sexualität, Biopolitik und Rassismus

Eine Frage kann nun nicht mehr länger aufgeschoben werden, weil sie nicht nur zentral ist für Foucaults Arbeiten in den 1970er Jahren, sondern weil sie auch weite Teile der Foucault-Rezeption überschattet – die Frage nach der Macht. Was ist das, was Foucault scheinbar ebenso diffus wie unterschiedslos »Macht« nennt? Wer besitzt sie? Woraus besteht sie? Wer ist ihr unterworfen? Ist sie ›gut‹ oder ›böse‹, repressiv oder produktiv? Das Irritierende von Foucaults historischer Analyse der Macht liegt darin, dass er einerseits ihre Wirkungen aufs Schärfste kritisieren konnte, indem er zeigte, wie sie bis in die körperlichen Gesten und individuellsten Verästelungen gesellschaftlicher Verhältnisse hineinreicht – doch andererseits scheint ein Jenseits der Macht nicht denkbar zu sein. Oder er betonte, dass Macht produktiv sei, indem sie darauf zielt, »die Gesellschaftskräfte zu steigern« (ÜS, 267), und beharrte zugleich darauf, dass auch jede Form von Widerstand gegen jeweils bestimmte Erscheinungsweisen von Macht Teil von Machtbeziehungen sei.

Man darf an diesem Punkt wohl noch einen Schritt weitergehen. Foucault hat in einer Reihe von Gesprächen nach Erscheinen von *Surveiller et punir* über das Verhältnis von Macht und Sexualität zu sprechen begonnen. So bekannte er sich in einem großen Interview mit Radio France im März 1975, in welchem er ausnahmsweise auch über sich selbst Auskunft gab, offen zu seiner eigenen Lust an der Macht: »Ich sagte gerade, wenn man Liebe macht, hat man es mit Machtbeziehungen zu tun. All die Machtbeziehungen sind so sehr mit Erotik beladen. [...] Es macht so sehr Lust, Befehle zu erteilen. Es macht genauso Lust, Befehle zu erhalten. Diese Lust an der Macht gilt es zu untersuchen.« (Sch II, 997) Noch expliziter äußerte er sich in einem Gespräch mit der Filmzeitschrift *Cinématographe* im Herbst 1975 mit dem Titel »Sade, sergent du sexe«[79] darüber, dass in seinem eigenen Umfeld der schwulen SM-Szene die Faszination für die Versatzstücke der nationalsozialistischen Macht unausrottbar scheine. Während der Nationalsozialismus in Tat und Wahrheit radikal antierotisch gewesen sei, »stellt sich das Problem, warum wir uns heute ausmalen, wir könnten durch den Nationalsozialismus Zugang zu bestimmten erotischen Phantasien erhalten. Warum diese Stiefel, diese Schirmmützen, diese Feldzeichen, für die man sich vielfach begeistert, und vor allem in den Vereinigten Staaten?« Foucault diagnostizierte das befremdliche Paradox, dass die Lust an der sexuellen Transgression, die auch Schmerz und Gewalt mit beinhaltet, der Semiotik der politischen Grenzüberschreitungen des Faschismus als Gipfelpunkt der modernen Disziplinarmacht nichts Neues entgegenzusetzen hätte:

»Führt uns nicht das Unvermögen, in dem wir uns befinden, diese große Verzauberung des desorganisierten Körpers zu leben, auf einen peinlich genauen, disziplinarischen und anatomischen Sadismus zurück? Ist das einzige Vokabular, das wir besitzen, um diese große Lust des im Ausbruch begriffenen Körpers umzuschreiben, jene triste Fabel einer gerade zurückliegenden politischen Apokalypse? Können wir die Intensität der Gegenwart nur als Ende der Welt in einem Konzentrationslager denken? Sehen Sie nur, wie armselig dieser Schatz an Bildern ist! Und wie dringend es ist, einen neuen aufzubauen, anstatt mit den Trauerklößen über die ›Entfremdung‹ zu jammern und das ›Spektakel‹ zu schmähen.« (Sch II, 1022-1023)

Als ›nicht-entfremdeter‹ Körper erschiene einer, der im Sinne von Herbert Marcuse frei von Macht und ganz bei sich selbst wäre. Für Foucault war das keine Utopie, schon gar keine lustvolle, und daher auch keine Perspektive für das Glück der Menschen. (Sch II, 993) Weil es aus genealogischer Perspektive keinen Ursprung und kein authentisches Wesen, sondern immer nur ein Spiel von Masken geben kann (vgl. Kap. 4), lassen sich die von der Macht erzwungene Disziplin und ihr Anspruch, die Körper produktiv zu machen, nicht durch die Suche nach einer verlorenen, ›macht-freien‹ Körperlichkeit brechen, sondern allein durch das »Spektakel«, das heißt durch ein subversives, ins Erotische verdrehtes Spiel mit Masken und Zeichen, welches die Machtverhältnisse parodiert.[80] Doch dieses Hantieren mit den »armseligen« Zeichen und Bildern der faschistischen Macht scheint nicht immer vor einer gewissen Faszination der Macht gefeit; diese zweideutigen Erfahrungen mit der SM-Kultur brachten Foucault jedenfalls dazu, sich nochmals in aller Klarheit von den literarischen Transgressionsträumen seiner jungen Jahre und von einem bestimmten frivolen Spiel mit dem Bösen zu distanzieren. Es ging um den Marquis de Sade: »Nach allem wäre ich sogar bereit zuzugeben, dass Sade die einer Disziplinargesellschaft eigene Erotik formuliert habe. [...] Es nervt mich, dass in den neueren Filmen« – er bezieht sich auf *Portier de Nuit* von Liliana Cavani und auf Pasolinis *Salò* – »eine gewisse Anzahl von Elementen verwendet wird, die durch das Thema des Nationalsozialismus eine Erotik disziplinären Typs wiederbeleben. Vielleicht ist es die von Sade gewesen. Umso schlechter dann für die literarische Sakralisierung Sades, umso schlechter für Sade: Er geht uns auf die Nerven, er ist ein Disziplinmann, ein Offizier des Sex, ein Buchhalter der Ärsche und ihrer Äquivalente.« (Sch II, 1023[81])

Welche Beziehung hat die Macht zur Sexualität? Foucaults theoretische Innovation in *Surveiller et punir* bestand im Insistieren auf der produktiven Seite der Macht. Als er dann im Dezember 1976 das schmale, 190-seitige Theorie-Manifest und »Programmbuch« (Sch III, 391) *La volonté de savoir* vorlegte, das bei seinen bisherigen Leserinnen und Lesern vorerst auf wenig Resonanz stieß, dafür umso mehr bei Feministinnen und Schwulen, erschien Macht plötzlich um die Dimension der Sexualität erweitert. Und wie nie zuvor konnte man Foucault jetzt konstruktivistisch lesen: Die Macht ist produktiv, indem sie nicht nur disziplinierte Körper hervorbringt und Seelen erzeugt, sondern sogar die Sexualität selbst als das angeblich Innerste und Natürlichste, als das nach Befreiung strebende »Wesen« des modernen Menschen generiert, wie wir noch genauer sehen werden. Aus diesem Grund ist uns die Macht in keiner Weise fremd, ihre Besetzung mit Lust vielmehr notwendige Bedingung ihrer Dauer: »[S]tark gemacht wird die Macht dadurch, dass ihr prinzipielles Funktionieren nicht negativer Art ist: Die Macht hat positive Effekte, sie bringt Wissen hervor und erregt Lust. Die Macht ist liebenswert.« (Sch II, 1016) Was das bedeutet, müssen wir nun untersuchen.

Macht und Wissen

Vielleicht kann man Foucaults Machtkonzeption in erster Linie durch eine doppelte Frontstellung kennzeichnen: Einerseits ist sie gegen Frankreichs bürgerlich-republikanisches Selbstverständnis gewendet, das sich vom revolutionären Sieg über den zentralisierten, personalisierten und zensierenden Absolutismus mit seiner die »Kräfte« des Landes angeblich behindernden Macht herschreibt und das sich in der republikanisch-populären Distanz zum Zentrum Paris und zum Staat nochmals verdoppelt. Andererseits richtet sie sich gegen die marxistische

Vorstellung, dass Macht sich vom Besitz an Produktionsmitteln ableitet, insofern von ›oben‹ kommt, und dass auch staatliche Macht grundsätzlich im Dienst dieser Klasseninteressen steht. Foucaults Analytik der Macht ist daher jeder totalisierenden Machttheorie, insbesondere der dogmatisch marxistischen, die er in Polen hassen gelernt hat[82], vollständig entgegengesetzt und eher derjenigen des jungen Marx verwandt: So wie in den *Pariser Manuskripten* (1844) der Körper des Arbeiters im Zentrum der unmittelbaren Machtwirkungen des Industriekapitalismus steht, und mit explizitem Bezug darauf, dass im *Kommunistischen Manifest* die Geschichte immer die Geschichte von Klassenkämpfen ist (Sch III, 761), erscheint Macht bei Foucault ganz nominalistisch als der »Name, den man einer komplexen strategischen Situation in einer Gesellschaft gibt«. Es ist der Name für »die Vielfältigkeit von Kräfteverhältnissen, die ein Gebiet bevölkern und organisieren; das Spiel, das in unaufhörlichen Kämpfen und Auseinandersetzungen diese Kräfteverhältnisse verwandelt, verstärkt, verkehrt; [...] die Strategien, in denen sie zur Wirkung gelangen und deren große Linien und institutionelle Kristallisierungen sich in den Staatsapparaten, in der Gesetzgebung und in den gesellschaftlichen Hegemonien verkörpern.« (WW, 113f.) Machtverhältnisse haben einen »strikt relationalen Charakter« (WW, 117), und Macht ist »überall, weil sie von überall kommt« (WW, 114). Sie ist »gleichzeitig intentional und nicht-subjektiv« (WW, 116), das heißt, sie basiert zwar auf einem Kalkül, auf »Absichten und Zielsetzungen«, aber ihre *Wirkungen* gehen nicht auf die »Entscheidungen eines individuellen Subjekts« oder eines »Generalstabs« zurück, sondern sind die nicht-intendierbare Resultante vieler strategischer Kalküle, eines Kampfes »jeder gegen jeden«. (Sch III, 407) Daher beschreibt Foucault »die« Macht als »Gesamteffekt« aller gesellschaftlichen Kräfteverhältnisse »in den Familien, in den einzelnen Gruppen und Institutionen« – ein Effekt »lokaler Konfrontationen«. (WW, 114-116)

Was ist das für eine Macht, deren Analyse Foucault 1973 als etwas »radikal Neuartiges« vorstellte (vgl. MP, 29)? Sie ließ sich für ihn weder mit Marx sozio-ökonomisch begründen noch mit de Saussure linguistisch-semiotisch, weder mit Hegel geschichtsphilosophisch noch mit Freud psychoanalytisch. Doch wie sonst? Als Gewährsmann nennt er nur Nietzsche, dessen Bezug auf Darwin er allerdings schon früh unterstrichen hatte (vgl. Kap. 3). Darwin also...?! Tatsächlich: Die verstreuten Bezüge auf Darwins Abstammungsdenken lassen erahnen, dass Foucaults Konzeption der Macht von seiner nachweislich genauen Kenntnis von Darwins *Origin of Species* (vgl. Sch II, 38-45) geprägt war. Sein Begriff einer grundsätzlich relationalen, lokalen und zugleich produktiven Macht, die ebenso von »unten« kommt, wie sie unausweichlich umfassend ist, erweist sich als strukturell jenen konfliktiven, allumfassenden und zugleich produktiven »Beziehungen von Organismus zu Organismus« analog, die Darwin als fundamental und konstitutiv für alle Organismen und deren Evolution überhaupt ansah. Daher entspricht auch Foucaults Konzept der Genealogie demjenigen Darwins eins zu eins.[83] Das bedeutet nicht, dass Foucault evolutionstheoretisch argumentiert hätte. Die Evolution der Organismen und die Geschichte menschlicher Gesellschaften sind trotz Strukturähnlichkeiten zwei verschiedene Reiche; Foucault ging es einzig darum, eine Form der Analyse zu entwickeln, die angesichts der Naturwissenschaften nicht als naiv-idealistisch erscheinen müsste, sondern als »kalte Systematik« sich auf der Höhe der Zeit bewegt (vgl. Kap. 3).

Ein Beispiel für die Entstehung von Macht von ›unten‹ und aus lokalen Konfrontationen gibt Foucault in einem Vortrag 1973 in Rio de Janeiro. Er zeigte, dass in England »seit der zweiten Hälfte des 18. Jahrhunderts auf relativ niedriger Ebene der sozialen Hierarchie spontan Gruppen entstanden, die sich ohne jeden Auftrag seitens einer höheren Macht der Aufgabe widmeten, die Ordnung aufrechtzuerhalten und selbst neue Instrumente zur Sicherung der Ordnung zu schaffen« (WF, 88). Es waren dies religiöse Gemeinschaften, Sittlichkeitsvereine, bürgerliche Selbstverteidigungsgruppen und private Polizeivereine zur Sicherung des Eigentums von Kaufleuten gegen Diebe und Plünderer. Das aufstrebende Bürgertum baute in diesen Vereinen eigene Kontrollstrukturen auf, um die Mittel- und Unterschichten zu disziplinieren; bald aber wurden diese neuen Instrumente auch von Aristokraten, Kirchenleuten und Begüterten genutzt, womit sie »zu einem Instrument der Macht der reichen Klassen über die armen Klassen, der Ausbeuter über die Ausgebeuteten« (WF, 92) wurden, was schließlich zu einer »fortschreitenden Verstaatlichung« (WF, 93) dieser Machtformen führte. Für Foucault war dieser Vorgang »der Ursprung der Disziplinargesellschaft« in England (WF 101), während das französische Beispiel gerade umgekehrt funktionierte: Dort haben die Untertanen des Königs das Instrument der *lettre de cachet*, des königlichen Verhaftungs- und Verwahrungsbefehls, als ein eigentliches Mittel zur Verleumdung einsetzen können, um zum Beispiel die Einsperrung von missliebigen Familienmitgliedern zu verlangen. Die *lettre de cachet* war weniger ein Machtinstrument des Königs als eine Waffe in der Hand der Untertanen in ihren privaten Kriegen – und es war, so Foucault, auch ein Ausgangspunkt zur Durchsetzung des Gefängnisses als alleiniger Strafform seit dem 19. Jahrhundert. (WF, 97; vgl. FK)

Dass die Macht »von unten kommt«, bedeutet mithin nicht, dass sie sich nicht in Institutionen verfestigen und von solchen staatlichen »Endformen« ausstrahlen kann. (WW, 113) Daher die unaufhebbare Doppelgestalt auch im Reden Foucaults über

»die« Macht: Diese kann ein diffuses Geflecht von Kräften sein, aber auch die Befehlsgewalt einer staatlichen Disziplinarinstitution. Doch nicht nur das. Als »Netz« (WW, 118) enthält sie neben Knotenpunkten verdichteter Macht auch »Widerstandspunkte, -knoten und -herde, [die] mit größerer oder geringerer Dichte in Raum und Zeit verteilt« sind. (WW, 117) Daher bleibt, so Foucaults die revolutionäre Linke provozierende These, jeder Widerstand den Spielregeln des Machtfeldes unterworfen, in dem er sich bewegt. Widerstand ist kein Ausstieg aus der Macht; er agiert nicht »von irgendwelchen ganz anderen Prinzipien her« und kann nicht auf das »reine Gesetz der Revolution« rekurrieren. (WW, 117) Widerstand funktioniert vielmehr als Versuch einer taktischen Umkehrung der lokalen Machtverhältnisse. Wenn beispielsweise »die Gymnastik, die Übungen, der Muskelaufbau, die Nacktheit und das Schwärmen vom schönen Körper« in der Moderne als Effekte einer bestimmten Besetzung des Körpers durch die Macht – ob nun, in je unterschiedlicher Weise, im Faschismus, im Stalinismus oder in demokratischen Gesellschaften – beschrieben werden können, dann »tauchen genau auf der Linie eben dieser Errungenschaften unweigerlich der Anspruch auf den eigenen Körper gegenüber der Macht, die Gesundheit gegenüber der Ökonomie und die Lust gegenüber den sittlichen Normen der Sexualität, der Ehe und der Schamhaftigkeit auf«. (Sch II, 933-934) Man kann wohl die Frage stellen, ob die Denkfigur, dass der Widerstand nichts weiter zu tun vermag, als die »Errungenschaften« der Macht selbst in Anspruch zu nehmen, nicht insgeheim der marxschen Vorstellung folgt, dass die sozialistische Revolution im Kern darin bestehe, die Produktivkraftentwicklung durch und für das Proletariat in Anspruch zu nehmen. Galt denn nicht auch für die Bourgeoisie bei Marx, dass das, »wodurch die Macht stark war, zu dem wird, wodurch sie angegriffen wird ...« (Sch II, 934)? Foucault, der darüber spottete, dass seine ungebildeten Leser nicht merken würden, wie oft er Marx zitiere, ohne dies kenntlich zu machen (Sch II, 930 f.), hat die Frage nicht beantwortet. Immer dafür gut, ein wenig Verwirrung zu stiften, hat er zwar mit Deleuze verkündet, es gelte, sich von Freud und Marx zu befreien (Sch II, 966), und dennoch fast gleichzeitig in einem Vortrag im brasilianischen Bahia sein gesamtes Machtkonzept vom zweiten Band des *Kapital* her entwickelt. (Sch IV, 224-244) Doch wie auch immer: Foucault hat wohl von Widerstand geredet und sich auch an unzähligen Aktionen beteiligt, aber er hat sich dabei jeweils konsequent gegen »Politik« und »Vorschläge machen« ausgesprochen, weil man dann »ein Vokabular, eine Ideologie vorschlägt, die nur Herrschaftseffekte haben kann«. (Sch III, 453) Insofern und auch angesichts der Machtexzesse des Stalinismus in der Sowjetunion ist seine Vorstellung von ›die Errungenschaften in Anspruch nehmen‹ nicht wie bei Marx und der Theorie der notwendigen Entwicklung zum Sozialismus eine Vorstellung der dialektischen Vermittlung im Geschichtsverlauf, sondern eher eine voluntaristisch-spontaneistische Vorstellung, die von jenen Errungenschaften der (Lebens-)Lust ausgeht, die die Macht im Körper schon angefacht hat: »Die Macht hat sich in den Körper vorgeschoben, sie erfährt sich nun im Körper selbst [dem Widerstand] ausgesetzt.« (Sch II, 934)

Foucaults Machtkonzeption ist stark auf eine räumliche Struktur fokussiert, welche die Beherrschung und Indienstnahme des Körpers in spezialisierten Institutionen wie namentlich dem Panopticon erlaubt, und diese Struktur weist auch große Ähnlichkeiten mit der Ordnung und der Funktion von Diskursen auf (vgl. Kap. 4 und 5). Diese Homologien sind es, die grundsätzlich die Kopplung von Wissen und Macht ermöglichen, weil es jedes Mal um das Stiften von Ordnung, um die

Durchsetzung von Normen – des Verhaltens ebenso wie des Aussagens – und das Ziehen von Grenzen von Denk- und Handlungsmöglichkeiten geht. Foucault vertritt nicht die simple These ›Wissen ist Macht‹, die jede empirische Untersuchung des *Verhältnisses* von Wissen und Macht überflüssig macht und Macht überdies auf ihre rein diskursiven Effekte einschränkt. Vielmehr interessiert ihn »das Interface zwischen Wissen und Macht, zwischen Wahrheit und Macht« (Sch III, 521); er will wissen, wie die Macht, die auf den Körper zielt, sich zugleich mit bestimmten Formen des Wissens verbindet und auf diese Weise Effekte hat, die mehr sind als allein diskursive, die aber auch nicht nur körperlich bleiben. Die Konzeptualisierung der Verbindung von Wissen und Macht ist die theoretische Innovation von *La volonté de savoir*; Foucault nennt sie ein »Dispositiv« (WW, 35), das heißt eine »heterogene Gesamtheit, bestehend aus Diskursen, Institutionen, architektonischen Einrichtungen [...], kurz, Gesagtes ebenso wie Ungesagtes«, das auf einen speziellen, strategischen Effekt ausgerichtet ist – ein »Netz«, das strategischer und heterogener ist als das, was Foucault in der *Ordnung der Dinge episteme* nannte. (Sch III, 392-395)

Die Auseinandersetzung mit Lacan

Eine Macht, die wissend, lokal und allumfassend ist, und die sogar noch dem Widerstand das Vokabular diktiert: In dieser Vielgestalt der Macht liegt die häufig kritisierte angebliche »Unschärfe« des foucaultschen Machtbegriffs. Ist denn »alles«, vom Staat bis zu den privaten Regungen des Individuums, unterschiedslos von »der« Macht durchdrungen? Foucaults Position wird nur verständlich, wenn man sich vor Augen hält, gegen welche Theorie er sich im Sinne einer frontalen Kampfansage in *La volonté de savoir* stellte: Es ist Lacans psychoanalytisches Konzept des »Gesetzes«, welches darin besteht, das Subjekt dem *nom-du-père* und damit einer symbolischen (und normativen) Ordnung zu unterwerfen und auf diese Weise das Unbewusste wie auch das Begehren, das heißt die tiefsten Antriebe des Subjekts, zu formen. (WW, 101) Ein Stück weit ist Foucaults Begriff der Macht dem lacanschen Gesetz zwar analog, indem die Macht das individuelle Leben und die gesellschaftlichen Beziehungen ebenso tiefgreifend strukturiert und indem Foucaults Machtapparate ebenso eine »Seele« erzeugen, wie die Sprache bei Lacan das Unbewusste hervorbringt. Für beide gilt daher auch die Annahme, dass es kein Jenseits der Macht bzw. des Gesetzes geben kann. Jenseits, im »Außen«, liegen das Leben der »infamen Menschen« – oder dann schlicht der Wahnsinn als die radikale und »un-lebbare« Freiheit des Subjekts.

Die Differenzen zwischen den beiden Konzeptionen sind dennoch markant. Foucault wirft der psychoanalytischen Konzeption des Gesetzes vor, einem juridischen Modell zu folgen und »formell« zu bleiben; sie basiere auf einer von der französischen Ethnologie von Durkheim bis Lévi-Strauss (vgl. Sch IV, 225 f.) entwickelten Logik des Verbots und der Versagung und begründe eine Vorstellung des Gesetzes bzw. der Macht, deren »Mächtigkeit sich darin erschöpf[t], nein zu sagen [– i.e. Lacans *nom/non-du-père* –], außerstande, etwas zu produzieren, nur fähig, Grenzen zu ziehen«. (WW, 106) Demgegenüber müsse die Analyse zeigen, »dass die Macht noch hinterhältiger ist, [...] dass sie noch viel tiefer eindringt, indem sie Begehren schafft, Lust hervorruft und Wissen hervorbringt. So dass es äußerst schwierig ist, sich von der Macht zu befreien, denn hätte die Macht bloß die Funktion, auszuschließen, zu verhindern oder zu bestrafen – wie ein Freud'sches Über-Ich –, dann würde eine

Bewusstwerdung ausreichen, um ihre Wirkungen aufzuheben, oder auch, um sie zu unterlaufen.« (Sch II, 956)

Hinter diesen Argumenten standen politische Fragen und Erfahrungen – das Problem, warum die Bevölkerung in Deutschland, wie der in den späten 1960er Jahren viel gelesene Wilhelm Reich sagte, den Faschismus begehrte (Sch II, 1016), oder die Tatsache, dass die Linke nach dem Mai 68 die Parlamentswahlen verloren hatte. Wieso optierten die Arbeiter für jene, die sie unterdrückten? Das war die Frage, die Foucault sich mit Gilles Deleuze und anderen damals stellte, und eine psychoanalytische Theorie des Begehrens reichte ihnen dabei als Antwort nicht aus. (Sch II, 966) Der Mai 68 hatte alle möglichen kulturellen Über-Ich-Instanzen gesprengt, doch die Macht hielt sich hartnäckig – und zwar deshalb, weil sie, wie gesagt, »noch hinterhältiger« sei als das Über-Ich bzw. die lacanschen Signifikanten, an denen das Begehren des Sprachwesens Mensch unausweichlich hängt: Sie »bearbeitet den Körper, durchdringt das Verhalten, vermischt sich mit Begehren und Lust, und bei dieser Arbeit muss man sie überraschen, und diese schwierige Analyse gilt es durchzuführen« (Sch II, 957). Um seine – auch persönliche – Frage nach der Erotik der Macht zu klären, will Foucault zeigen, dass die Macht in der Moderne eine »Sexualität« erzeugt, um den Körper zu beherrschen.

Das Sexualitätsdispositiv

Schon 1969 hatte Foucault an der Universität Vincennes eine erste Vorlesung über »Sexualité et individualité« gehalten, die sich mit Vererbungslehre und Rassenhygiene befasste. (Sch I, 51) Es dauerte aber noch gut fünf Jahre, bis er das Thema wirklich in Angriff nahm; dafür wurde die Sexualität dann zu jenem

Brennpunkt seiner Interessen, in welchem er verschiedene Stränge seines bisherigen Werkes verknüpfte. Foucault datiert die Entstehung des Konzepts »Sexualität«, wie er es in *Der Wille zum Wissen* mit leichter Feder skizziert, ebenso auf die Modernitätsschwelle am Ende des 18. Jahrhunderts wie die Anfänge der Psychiatrie und des Gefängnisses. Vor allem aber verleiht diese Geschichte der Sexualität dem, was er in der *Ordnung der Dinge* das »Leben« und das Auftauchen des »Menschen« nannte, einen zugleich materiellen wie phantasmatischen, »spekulativen« Kern (WW, 187): Als »der« Sex, als ›mein ganz eigener‹, ›persönlicher‹ Sex ist dieser laut Foucault als das Konglomerat eines »Triebes« wie einer »Identität« zum »Wesen« schlechthin des modernen Menschen gemacht worden. Diesen Sex umranken seit dem 19. Jahrhundert die Mythen des Verborgenen und Verbotenen; er wurde zum »universalen Geheimnis«, zum »Stück Nacht, das jeder von uns in sich trägt«, das aber nichts anderes als einen bloßen Diskurseffekt darstellt. (WW, 89)

Foucaults Argument setzt mit dem ein, was er die »Repressionshypothese« nennt: die seit Freud und besonders bei der Linken verbreitete Annahme, dass der Aufstieg des Bürgertums mit einer zunehmenden Sexualunterdrückung erkauft wurde und dass die Befreiung vom Kapitalismus auch die Befreiung des »guten Sex« bedeuten würde. (WW, 16) Doch Foucaults Konzept der produktiven Macht muss hier einen systematischen Zweifel erzeugen: Kann es sein, dass die Macht auf dem so zentralen Feld der Lüste und der Fortpflanzung bzw. insgesamt der »Sexualität« nur zensierend und unterdrückend funktioniert? Ist das Reden von der angeblichen Unterdrückung des Sex und seiner nötigen »Befreiung« nicht vielmehr Teil jener »diskursiven Explosion«, die um den Sex im späten 18. Jahrhundert »gezündet« wurde, und gehören daher die »Vermehrung der Diskurse« sowie der »institutionell[e] Anreiz, über den Sex zu sprechen, und zwar immer mehr darüber zu sprechen, von ihm sprechen zu hören und ihn zum Sprechen zu bringen in ausführlicher Erörterung und endloser Detailanhäufung«, nicht in den »Wirkungsbereich der Macht selbst«? (WW, 27-28)

Diese Frage ist bereits eine Antwort. Das Problem ist für Foucault nicht, ob der Sex »unterdrückt« sei und ob er nicht »befreit« werden könnte, wenn man ›endlich‹ beginne, Tabus zu brechen und ›darüber‹ zu reden; er bestreitet auch nicht, dass der Sex zuweilen mehr oder weniger stark mit Verboten und Tabus belegt wurde. Er bezeichnet es 1977 sogar als ein Ziel seiner *Histoire de la sexualité* (also des später modifizierten Gesamtprojekts, zu dem *Der Wille zum Wissen* die Programmschrift darstellt), herauszufinden, »welche Verbote es seit dem Mittelalter im Bereich der Sexualität gab« (Sch III, 492). Doch insgesamt geht es nicht ums Verbot, sondern um die Genealogie der intrinsischen Verbindung von Sexualität und Macht. Diese Verbindung historisiert Foucault; er zeigt, dass sie sich in Umrissen bereits im 13. Jahrhundert abzuzeichnen begann, als die Kirche das Bußsakrament und damit den Geständniszwang einrichtete; das »Projekt einer ›Diskursivierung‹ des Sexes« in der Buße formierte sich erstmals »in einer asketischen und klösterlichen Tradition«, und das 17. Jahrhundert machte daraus »eine Regel für alle«. (WW, 31) Die Tradition des Geständnisses ist fundamental für das christliche Europa und reicht bis zur Psychoanalyse; sie basiert, so Foucault mit bitterer Ironie, auf dem »ungeheuerliche[n] Gebot unserer Zivilisation [...], sagen zu müssen, was man ist, was man getan hat, wessen man sich erinnert und was man vergessen hat, was man verbirgt und was man sich verbirgt, woran man nicht denkt und was man nicht zu denken denkt«. Hier geht es um mehr als um den Sex, es geht um »ein ungeheures Werk, zu dem das Abendland Generationen gebeugt hat, während andere Formen von Arbeit die Akkumulation des Kapitals bewerkstelligten: die Subjektivierung der Menschen, das heißt ihre Konstituierung als Untertanen/Subjekte (*sujets*)« (WW, 78). In dem Maße also, wie hier die Sexualität ins Zentrum rückt, verschiebt sich Foucaults Analyse der Apparaturen der Seele in *Überwachen und Strafen* zu einer Analyse der Geschichte des Geständnisses. Das Geständnis, die Subjektivierung und die Sexualität sind untrennbar miteinander verflochten, weil »seit drei Jahrhunderten der abendländische Mensch an den Imperativ gebunden ist, alles über seinen Sex zu sagen« (WW, 34). Er sei »ein Geständnistier geworden« und »die Verpflichtung zum Geständnis« werde uns »mittlerweile von derart vielen verschiedenen Punkten nahegelegt«, die Praxis des Geständnisses sei »uns so tief in Fleisch und Blut übergegangen, dass sie uns gar nicht mehr als Wirkung einer Macht erscheint, die Zwang auf uns ausübt«; vielmehr scheine es uns, »als ob die Wahrheit im Geheimsten unserer selbst keinen anderen ›Anspruch‹ hegte, als den, an den Tag zu treten«. (WW, 77) Diese Geschichte des Geständnisses erweist sich damit wiederum als Konkurrenzprojekt zur lacanschen Theorie des Subjekts: Es ist das Geständnis und der Zwang zum Geständnis, der erst jenen subjektiven ›Innenraum‹ und jene Psyche hervorbrachten, die dann am historischen Ende dieser Entwicklung als das Unbewusste erscheinen, das die Psychoanalyse entdeckt.

Doch wieso genau wurde dabei der Sex so wichtig? Entscheidend für die moderne Geschichte der Sexualität mit ihrer überragenden Bedeutung für die Subjektivierung sind zwei Verschiebungen in den Technologien der Macht und des Wissens am Übergang zur Moderne: Erstens entdeckt der moderne Staat im 18. Jahrhundert die Bevölkerung als Ressource und Reichtum und beginnt sich um deren Reproduktion zu sorgen.

Der Sex wird damit »zu einer Angelegenheit der ›Polizei‹« (WW, 36), das heißt der obrigkeitsstaatlichen Regelungsbemühungen um die Förderung der Geburten, der Eindämmung der Kindersterblichkeit und der Bekämpfung der Empfängnisverhütung, der Abtreibung und der Kindsmorde. Es ist jenes Feld, welches Foucault, wie wir sehen werden, »Biopolitik« nennt. Zweitens verbinden sich in der allgemeinen Verschiebung von der Seelen- zur Menschenführung und von den geistlichen zu den medizinischen Experten im 19. Jahrhundert die alten Technologien der Beichte neu mit den medizinischen Untersuchungs- und Klassifikationstechniken der modernen Klinik. Die Ärzte haben sich der »Geständnisprozedur« angenommen: Sie haben mit Befragungstechniken, Fragebogen und Hypnose eine »klinische Kodifizierung des ›Sprechen-Machens‹« ausgearbeitet, die von der Medizin der Aufklärung bis zur Psychoanalyse reicht, dem »Kulminationspunkt der Verfahren, Sex und Wahrheit ins Verhältnis [zu] setzen«. (Sch III, 419) Die Ärzte haben die Sexualität zur Ursache »von allem und jedem« gemacht, von den »Schwindsüchten der Erwachsenen« bis hin zu den »Degenerationen der Rasse«. Überdies wurde die Sexualität im medizinischen Diskurs mit einer ihr »innewohnenden Latenz« und nur schwer entzifferbaren, dunklen Ursachen verknüpft, so dass man ihr Geheimnis »hervorzerren, gewaltsam hervorzerren muss, weil es sich verbirgt«, was zu einer wissenschaftlichen Arbeit wird; und schließlich wurden »die Wirkungen des Geständnisses medizinisier[t]«, indem der Sex, der neu als ein »Feld hoher pathologischer Anfälligkeiten erscheint«, dadurch therapiert werden kann, dass er ausgesprochen wird. (WW, 84-87)

Diese Darstellung der diskursiven Techniken, die im 19. Jahrhundert rund um den Sex installiert wurden, ist erkennbar von Foucaults Polemik gegen die Psychoanalyse geprägt. Sie mag als recht eigenwillig erscheinen, weil das Sprechen auf der

Couch weder als epistemologisches Modell für die Wissensproduktion in der positivistischen Medizin und Psychologie des 19. Jahrhunderts gelten noch stringent mit der christlichen Beichte verglichen werden kann. Doch das »Geständnis« ist nur die eine Seite der Produktion von Wissen über den Sex; die andere ist der ärztliche »Wille zum Wissen«, das Ausforschen der Geheimnisse des Geschlechts und der individuellen Lüste. Man mag im Einzelnen manches an Foucaults historischer Skizze kritisieren; dennoch bleibt kaum bestreitbar, dass in dieser Gemengelage von Geständnislust und Beichtzwang, Bevölkerungstechnologien und medizinischem Willen zum Wissen in erster Linie das Bürgertum sich in intensiver Weise darum bemüht hat, die Lüste und die Fortpflanzung unter dem neuen Titel zuerst des »Geschlechtstriebs«, dann am Ende des 19. Jahrhunderts der »Sexualität« zu fassen: »Der Sex [...] ist jenes Element seiner selbst, das es mehr als irgend etwas beunruhigt und beschäftigt hat, das alle seine Sorgen in Anspruch genommen hat und das es in einer Mischung aus Angst, Neugier, Ergötzen und Fieber kultiviert hat.« (WW, 149)

Die Generierung einer bürgerlichen Sexualität verlief über eine Reihe von Grenzziehungen und spezifischen Regulierungen. Foucault unterscheidet vier »große strategische Komplexe« (WW, 125), in deren Reichweite die Grenzen zwischen dem Normalen und dem Pathologischen definiert und verschiedene Modalitäten der Regulation des Fortpflanzungsverhaltens etabliert wurden: Erstens die »Hysterisierung des weiblichen Körpers« mit der »›Mutter‹ [und] ihrem Negativbild der ›nervösen Frau‹« als der »sichtbarsten Form dieser Hysterisierung«; zweitens die »Pädagogisierung des kindlichen Sexes«, die sich vor allem im »Krieg gegen die Onanie äußert«; drittens die »Sozialisierung des Fortpflanzungsverhaltens« durch ökonomische, medizinische und moralische Anreize zu einem verantwortlichen

Handeln gegenüber dem »Gesellschaftskörper«; sowie viertens die »Psychiatrisierung der perversen Lust« mit der Entfaltung eines neuen sexualwissenschaftlichen Diskurses über das Perverse. So zeichnen sich »vier Figuren« ab, die zu Zielscheiben und Verankerungspunkten von »Machtunternehmungen« wurden und die Ausdifferenzierung einer bürgerlichen Sexualität vorantrieben: »die hysterische Frau, das masturbierende Kind, das familienplanende Paar und der perverse Erwachsene«. (WW, 126 f.) Die Historikerin Ann Laura Stoler hat in einer einflussreichen Kritik an Foucault moniert, dass in dieser Aufzählung die biologisierende Konstruktion der Frau als vom Mann grundsätzlich verschiedenem Geschlechtswesen fehle, Foucault mithin *gender*-blind sei, und dass überdies die für die Moderne konstitutiven Dichotomisierungen zwischen westlich-weißen und kolonial-farbigen Sexualitäten und Körpern vollständig ausgeblendet blieben.[84] Obwohl offensichtlich ist, dass Foucault der Frage einer angeblichen weiblichen Sonderanthropologie bis auf die Bemerkungen zur hysterischen Frau keine Aufmerksamkeit gewidmet hat, ist doch darauf hinzuweisen, dass er die Untersuchung der Sexualität im Rahmen einer Machtanalyse deshalb als besonders ertragreich erachtet hat, weil die Sexualität einen »Durchgangspunkt« für Machtbeziehungen erstens und namentlich »zwischen Männern und Frauen« darstelle. (WW, 125) Zusammen mit seinen Hinweisen zur Konstruktion von Körpern und Sexualitäten bieten sich hier viele Ansatzpunkte für eine machtanalytische Konzeption der Geschlechterdifferenz – allerdings über Foucaults eigene Arbeiten hinaus.[85] Was das koloniale Verhältnis bzw. den Rassismus betrifft, so wird darauf im letzten Abschnitt dieses Kapitels zurückzukommen sein.

Alle diskursiven und institutionellen Technologien, die die Sexualität in der Moderne als Gegenstand des Wissens hervorbringen, fasst Foucault unter dem Titel des »Sexualitätsdispositivs« zusammen, das er vom »Allianzdispositiv« unterscheidet. Drei Punkte sind dabei bemerkenswert. Der erste ist die Charakterisierung der beiden Dispositive. Während unter dem Zeichen der Allianz die Gesellschaft im Ancien Régime sich über das Gesetz, die Verwandtschaft, das Blut und die Weitergabe des Namens strukturierte, werde die Moderne zunehmend vom Sexualitätsdispositiv beherrscht, das auf ganz andere Weise die Verbindung der Sexualpartner organisiere: Dieses Dispositiv ziele »auf den Körper, auf das Leben und seine Expansion, auf die Erhaltung, Ertüchtigung, Ermächtigung oder Nutzbarmachung der ganzen Art ab« (WW, 176). Wohl hätte »auch die Aristokratie die Eigenart ihres Körpers behauptet; das geschah in der Form des *Blutes*, d.h. des Alters der Aszendenzen und des Wertes der Allianzen. Die Bourgeoisie hingegen sah, um sich einen Körper zu geben, auf ihre Deszendenz und auf die Gesundheit ihres Organismus. Das ›Blut‹ der Bourgeoisie war ihr Sex«, und zwar indem »viele Elemente der adeligen Standeswahrung sich im Bürgertum des 19. Jahrhunderts [...] als biologische, medizinische oder eugenische Vorschriften« wiederfinden. Kurz: »Aus der Sorge um den Stammbaum wurde die Besorgnis um die Vererbung.« (WW, 149 f.[86])

Der zweite Punkt betrifft den Sex selbst, der anders als die wissenschaftlich kodifizierte Sexualität mit ihren Experten und Regulierungen »die Sache selbst«, die Naturtatsache der Lust zu sein scheint. Foucault widerspricht: Genau diese Vorstellung des Sex sei bloß das »spekulativste, das idealste, das innerlichste Element [im] Sexualitätsdispositiv«, mithin der notwendige Effekt einer Macht, die die Individuen an den Sex binden und auf das Sex-Begehren verpflichten wolle. Der Begriff »Sex« habe es möglich gemacht, »anatomische Elemente, biologische Funktionen, Verhaltensweisen, Empfindungen und Lüste in einer künstlichen Einheit zusammenzufassen und diese fiktive Einheit als ursächliches

Prinzip, als allgegenwärtigen Sinn und allerorts zu entschlüsselndes Geheimnis funktionieren zu lassen«. Die Kultur der Moderne beherrsche, so die radikale Diagnose, den Menschen in zunehmendem Maße über den Sex, indem sie ihm vorgaukle, er habe mit dem Sex zugleich »Zugang zu seiner Selbsterkennung«, zur »Totalität seines Körpers« und – in dem Maße, wie er die »Kraft seines Triebes an die Einzigartigkeit seiner Geschichte knüpft« – auch Zugang »zu seiner Identität«. (WW, 184-185)

Der dritte bemerkenswerte Punkt ist, dass Foucault seine Unterscheidung von Allianz- und Sexualitätsdispositiv noch einmal auf seine Auseinandersetzung mit Lacan und die Distanzierung von der Literatur des Surrealismus projiziert, wenn er die Differenz zwischen den beiden Dispositiven auf die Formel bringt, dass »unsere Gesellschaften von einer *Symbolik des Blutes* zu einer *Analytik der Sexualität*« übergegangen seien: »Es ist leicht zu sehen, dass das Blut auf der Seite des Gesetzes, des Todes, der Überschreitung, des Symbolischen und der Souveränität steht; die Sexualität hingegen gehört zur Norm, zum Wissen, zum Leben, zum Sinn, zu den Disziplinen und Regulierungen.« (WW, 176) Anders als die Psychoanalyse annehme, funktioniere der Sex in der Moderne ebenso »ohne das Gesetz [wie] die Macht ohne den König« (WW, 112); daher sei »das Denken der Ordnung des Sexuellen in den Begriffen des Gesetzes, des Todes, des Blutes und der Souveränität – wie sehr man sich auch auf Sade und Bataille als Bürgen für ›Subversion‹ berufen mag – letztlich nur eine nostalgische Rückwendung in die Geschichte«. Damit aber gehört auch die Psychoanalyse, so Foucaults endgültige Abrechung mit Lacan, in ihren theoretischen Konzepten zu einem längst überholten Dispositiv, das unfähig sei, »das Sexualitätsdispositiv von den Machttechniken her [zu] denken, die ihm zeitgenössisch sind«. (WW, 179)

Biopolitik und Rassismus

Der Begriff »Biopolitik« (oder »Bio-Politik«) wurde von Foucault als gesellschaftsanalytisches Konzept erstmals in einer Vorlesung vom 17. März 1976 und dann im Dezember desselben Jahres in *La volonté de savoir* eingeführt, jeweils in Verbindung mit dem Begriff »Bio-Macht« (VG, 276, 280; WW, 166, 168). »Biopolitik«, deren theoretische Fassung bei Foucault insgesamt skizzenhaft geblieben ist, dient zur Kennzeichnung jenes sich in der Moderne besonders ausformenden Machttyps, der auf das »Leben« und dessen »Steigerung« ausgerichtet ist. Bio-Macht ist nicht nur produktiv wie jede Macht; sie fungiert für Foucault vielmehr als die präziseste genealogische Erklärung für den in der *Ordnung der Dinge* beschriebenen Übergang zum »Leben« am Ende des 18. Jahrhunderts (vgl. GG I, 118 f.). Dass er nun von den Disziplinarinstitutionen zur Ebene der »großen« Politik wechselte, war eine bewusste Entscheidung. Seit seiner Vorlesungsreihe *In Verteidigung der Gesellschaft* 1975 /76 testet er die Hypothese, dass der Krieg als ursächliche Wurzel aller Machtverhältnisse betrachtet werden könne, in einer Analyse von Bürger- und Rassekriegstheorien des 17. und 18. Jahrhundert. (Sch III, 165-173) Das ist für ihn auch der Zusammenhang, in dem der Staat die Bevölkerung als Ressource entdeckt und biopolitisch wird.

Was ist Biopolitik? Biopolitik »befasst sich [... mit] dem lebendigen Menschen, dem Menschen als Lebewesen, und letztendlich [...] dem Gattungs-Menschen« (VG, 280). Sie befasst sich mit der Registrierung und der Steuerung der Bevölkerungsbewegungen in einer Gesellschaft, angefangen bei der statistischen Erfassung von Geburten und Todesfällen über die staatlichen Anstrengungen zur Steigerung der Geburtenrate und die verschiedensten Formen der öffentlichen Hygiene und

Gesundheitspflege bis hin zur eigentlichen Regulation der Bevölkerung in »qualitativer« Hinsicht, letztlich bis zur eugenisch motivierten Ausmerzung von »lebensunwertem Leben«. Die Verbindung zur Geschichte der Sexualität ergibt sich daraus, dass der Sex im Zeitalter der Aufklärung zu einer Sache der »Policey«, d.h. staatlicher Regulationsbemühungen wurde, etwa wenn bürgerliche Ärzte oder Gesundheitsbehörden sich um die Frage der richtigen Erzeugung von Nachwuchs oder das Wohl stillender Mütter zu sorgen begannen.[87] Doch dabei ging es um mehr als nur den Sex: »Es war nichts geringeres als der Eintritt des Lebens in die Geschichte – der Eintritt der Phänomene, die dem Leben der menschlichen Gattung eigen sind, in die Ordnung des Wissens und der Macht, in das Feld der politischen Techniken.« (WW, 169) Die auf die Organisation dieser Macht zentrierte Biopolitik prägt laut Foucault die europäische Geschichte seit dem 18. Jahrhundert und ist vor allem im Nationalsozialismus zu einer besonders schrecklichen Form ausgebildet worden.

Biopolitik ist die Machtform des Sexualitätsdispositivs, denn »der Sex eröffnet den Zugang sowohl zum Leben des Körpers wie zum Leben der Gattung« (WW 174); Sexualität sei daher der strategische Ansatzpunkt der (Bio-)Macht: Einerseits wird die Sexualität »zur Chiffre der Individualität«, was »zugleich ihre Analyse erlaubt und ihre Dressur ermöglicht«; andererseits wird sie »zum Dynamometer einer Gesellschaft, der sowohl ihre politische Energie wie ihre biologische Kraft anzeigt«. In biopolitischer Perspektive wird »der Sex am Kreuzungspunkt von ›Körper‹ und ›Bevölkerung‹ zur zentralen Zielscheibe für eine Macht, deren Organisation eher auf der Verwaltung des Lebens als auf der Drohung mit dem Tode beruht«. (WW, 174-175) Letzteres nun ist das zentrale Argument von Foucaults Theorie der Biopolitik: Während die Macht lange Zeit auf der *patria potestas* beruhte, das heißt auf der souveränen Macht des Herrschers über Leben und Tod, der Macht, »sterben zu machen oder leben zu lassen«, wendet sich diese in der Moderne zur Macht, »leben zu machen oder in den Tod zu stoßen« (WW, 165) bzw. »sterben zu lassen« (VG, 285). Mit anderen Worten: Das Leben wird zum bevorzugten Objekt der Macht; an seiner Verwaltung und »Optimierung« bewährt sie sich, aus ihr gewinnt sie ihre Legitimation. Der Tod hingegen fungiert nicht mehr als ihre Projektionsfläche. Die Macht demonstriert durch ihn weder länger ihre Überlegenheit noch ihre Kraft. Vielmehr sinkt der »Augenblick des Todes« zu ihrer Grenze ab, »zum geheimsten, zum ›privatesten‹ Punkt der Existenz« (WW, 165), zur »banalen Kehrseite des Rechts, das der Gesellschaftskörper auf die Sicherung, Erhaltung oder Entwicklung seines Lebens geltend macht« (WW, 163).

Dennoch spielt der Tod eine wichtige Rolle. Denn der Befund liegt auf der Hand: »Nie waren die Kriege blutiger als seit dem 19. Jahrhundert und niemals richteten die Regime [...] vergleichbare Schlachtfeste unter ihren eigenen Bevölkerungen an. [...] Die Massaker sind vital geworden.« (WW, 163) Doch warum? Was bedeutet das? Für Foucault stellt sich eine scheinbar einfache Frage, die das Funktionieren jeder Macht betrifft: »Wie kann eine solche Macht töten [...]?« (VG, 294) Wie kann eine biopolitisch verfasste Macht Menschen töten, um ein bestimmtes Ziel zu erreichen, falls sich das als notwendig herausstellen sollte? Woher nimmt sie gleichsam die Kraft zum Mord, die Legitimation zur Vernichtung, die Überzeugung, dass jemand das Recht auf Leben verwirkt habe? Seine Antwort lautet: durch den Rassismus, denn »gerade als Verwalter des Lebens und Überlebens, der Körper und der Rasse, haben so viele Regierungen in so vielen Kriegen so viele Menschen töten lassen« (WW, 163). Daher schreibe sich »der Rassismus als grundlegender Mechanismus der Macht ein, wie sie in den modernen Staaten eingesetzt wird, und bedingt, dass es kaum ein modernes Funktionieren des Staates gibt, das sich nicht zu einem bestimmten Zeitpunkt, an einer gewissen Grenze und unter bestimmten Bedingungen des Rassismus bedient« (VG, 295).

Foucault unterscheidet zwei Funktionen des Rassismus. Zum einen – und vor allem – sei Rassismus »ein Mittel, um in diesen Bereich des Lebens, den die Macht in Beschlag genommen hat, eine Zäsur einzuführen: die Zäsur zwischen dem, was leben, und dem, was sterben muss«; das sei »eine Zäsur biologischen Typs«. (VG, 295) Die andere Funktion des Rassismus bestehe darin, dieses Töten zu ermöglichen: als Rassismus »kriegerischen Typs« macht er das eigene Leben vom Sterben bzw. Töten des Feindes abhängig. Dabei bedeutet aber »der Tod des Anderen nicht einfach mein Überleben in der Weise, dass er meine persönliche Sicherheit erhöht; der Tod des Anderen, der Tod der bösen Rasse, der niederen (oder degenerierten oder anormalen) Rasse wird das Leben im allgemeinen gesünder machen; gesünder und reiner« (VG, 296). Im Zeitalter der Biopolitik ist der Rassismus für Foucault jene Funktion, die das Gesunde vom Kranken scheidet, und zwar in dem Maße, wie das »Gesunde« auf der Ebene des Volkskörpers gesucht wird; Rassismus ist eine Selektion, die die als »krank«, als »fremd«, als »unrein« oder als »rassisch anders« vorgestellten Teile der Bevölkerung ausscheidet. Das muss nicht zur tatsächlichen Tötung führen, sondern beginnt schon bei der sozialen Ausgrenzung bzw. beim sozialen Tod dieser Menschen. Die zweite Funktion des Rassismus liefere dabei die ideologische Energie, den »Anderen« auszugrenzen, zu bekämpfen oder gar zu töten. Diese elementare Scheidung zwischen »dem, was leben soll, und dem, was sterben muss«, um das »Überleben« der Mehrheit zu sichern, habe auch die Geschichte der sozialistischen

Staaten geprägt: »Die Sowjets«, so Foucault lapidar, »haben sechzehn Millionen Menschen umgebracht, um den Sozialismus aufzubauen.« (Sch III, 1001)

Die Theorie der Biopolitik und der Biomacht impliziert nicht zwingend, dass die entsprechenden Regulations- und Kontrollanstrengungen in jedem Fall erfolgreich sind, vielmehr entzieht sich das Leben den »beherrschenden und verwaltenden Techniken [...] ständig« (WW, 170). Aber moderne Gesellschaften haben sich laut Foucault die technischen und politischen Möglichkeiten geschaffen, um über das Leben der Gattung als solche zu verfügen; daher »liegt die ›biologische Modernitätsschwelle‹ einer Gesellschaft dort, wo es in ihren politischen Strategien um die Existenz der Gattung selber geht« (WW, 170 f.). Das gilt nicht nur für die Eugenik und ihre nationalsozialistischen Realisierungsanstrengungen oder für die heutige Reproduktionsmedizin, sondern auch für die Genetik im weiteren Sinne mit all ihren Möglichkeiten eines buchstäblich ultimativen »Übergriff[s] der Bio-Macht«. Zu diesem kommt es, »wenn dem Menschen technisch und politisch die Möglichkeit gegeben ist, nicht allein das Leben zu meistern, sondern es zu vermehren, Lebendiges herzustellen und Monströses und – nicht zuletzt – unkontrollierbare und universell zerstörerische Viren zu fabrizieren« (VG, 294).

In den Vorlesungen zur *Geschichte der Gouvernementalität* von 1977-1979 bezieht Foucault das Konzept der Biopolitik in wenigen kurzen Bemerkungen – und in Korrektur einiger seiner Thesen in *Der Wille zum Wissen* – grundsätzlich auf die Regierungsform des Liberalismus und den liberalen Staat. Denn mit der Verallgemeinerung der politischen Souveränität müssen »die Rechtssubjekte [...] selbst wie eine Souveränität erscheinen, die eine Regierung leiten muss«. Von hier aus nehme »die Organisationslinie einer ›Biopolitik‹ ihren Ausgangspunkt«; daher müsse der Liberalismus »als allgemeine[r] Rahmen der Biopolitik« untersucht werden (GG II, 42 f.). Mit anderen Worten: »Wenn man also verstanden hat, was dieses Regierungssystem ist, das Liberalismus genannt wird, dann, so scheint mir, wird man auch begreifen können, was die Biopolitik ist.« (GG II, 43) Es gehört zu den Ironien von Foucaults Denken, dass er trotz des Titels seines Vorlesungszyklus *Geburt der Biopolitik* (=GG II) auf die Biopolitik kaum zu sprechen kam und den Begriff in seinen Überlegungen zur Regierungskunst und zur Gouvernementalität nicht mehr verwendet hat.[88] Seine vom Konzept der Biopolitik von 1976 ausgehenden Fragen wechselten über zum Problem der Regierung von Bevölkerungen; dabei spielte die Sexualität als der »strategische« Ansatzpunkt der Macht keine Rolle mehr. Insofern bleibt Foucaults Konzept der Biopolitik als Instrument einer kritischen Gegenwartsanalyse ein Torso – allerdings ein Torso mit vielen Schnittstellen für mögliche theoretische Weiterentwicklungen unter dem Stichwort »Gouvernementalität«.

7. Gouvernementalität, Spiritualität und die Sorge um sich

Freunde und Gegner Foucaults haben in der zweiten Hälfte der 1970er Jahre seinen Machtbegriff kritisiert; er selbst schien unzufrieden und unentschlossen – »ich weiß nicht so recht, wie ich da herauskommen kann« (Sch III, 407), gestand er 1977. Von verschiedenen Seiten tauchten die alten Fragen auf, die sich schon im Zusammenhang mit der Arbeit im G.I.P. stellten: Diese Gefangenen, haben sie nicht mit Forderungen der »Seele« auf die Zustände im Gefängnis reagiert? Waren das nicht Subjekte im althergebrachten Sinn, die revoltierten, und nicht bloß »Körper«, die sich gegen den Hunger und die Kälte wehrten (vgl. Kap. 5)? Wie konnte man diesen Widerstand des Subjektes denken, wenn dessen Bewusstsein »selber ein Stück der Herrschaft ist, welche die Macht über den Körper ausübt« (ÜS, 42), und wenn auch das sexuelle Begehren nichts anderes ist als ein Machteffekt? Es erwies sich nun zunehmend als Problem, dass Foucault seit langem und konsequent den Traum des »Außen« träumte, zuerst den unmöglichen Traum des Wahnsinns selbst, dann den Traum des vom Gefängnis der »Seele« befreiten Körpers, schließlich, in *La volonté de savoir*, den Traum der frei flottierenden, von der oktroyierten Einheit des »Sex-Begehrens« befreiten »Lüste«. (WW, 187) Gilles Deleuze ist wohl zuzustimmen, wenn er dazu bemerkt: »Die Kraft, die von Außen gekommen ist: ist es nicht eine bestimmte Idee des Lebens, ein gewisser Vitalismus, in dem das Denken Foucaults kulminiert?«[89] In diesem Vitalismus manifestierte sich seine untergründige, nur dann und wann aufblitzende Faszination für die Biologie: Die Gestalt und die Lebendigkeit eines Organismus erschien Foucault letztlich vielfältiger und unregulierter, als es das strenge Gesetz des Souveräns oder die rigiden Normen der Bio-Macht je sein konnten. So wird zum Beispiel in seiner Analyse des Tagebuchs des Hermaphroditen Herculine Barbin deutlich, dass er die durch »Mutation« zustande gekommene körperliche Diversität als ein Modell möglicher auch sexueller Freiheiten jenseits des engen kulturellen Schemas der Bipolarität der Geschlechter verstand (Sch IV, 142-152, vgl. Sch III, 565-567[90]). Mit anderen Worten: Von diesem »Leben« aus konnte Foucault »die« Macht immer nur grundsätzlich kritisieren, ja, wie Deleuze sagt, seinen ganzen, emphatischen Lebens- und Widerstandswillen gegen sie ins Feld werfen. Zugleich aber – und das ist die ungelöste Spannung in seiner damaligen Position – wusste Foucault, dass es kein lebbares Außerhalb der Macht geben kann, sondern dass jede politische Bewegung immer Teil des Machtnetzes bleibt und nichts anderes zu sein vermag. Allein die Option »Schweigen und vollkommene [politische] Enthaltsamkeit«, von der er zuweilen auch sprach (Sch III, 839), wäre der kleinstmögliche Zug im Feld der Machtbeziehungen.

Doch Foucault dachte nicht daran, sich zu »enthalten«; einzig zur offiziellen, zur parlamentarischen Politik in Frankreich bewahrte er meist sein beharrliches Schweigen. (Sch III, 642) Sonst aber fuhr er fort, sein Renommee als öffentliche Person für oppositionelle Gruppen und Unterdrückte einzusetzen – für Militärdienstverweigerer, für die vietnamesischen *boat people*, für die sowjetischen Dissidenten oder für Verfolgte des Schah-Regimes in Persien. Im Gegensatz allerdings zu für die Staatsmacht Unberührbaren wie ehemals Voltaire oder nun Sartre bewahrte ihn seine Berühmtheit nicht immer davor, als gewöhnlicher Sterblicher behandelt zu werden: Als er im November 1977 mit einer Gruppe junger Linker gegen die drohende Auslieferung des nach Frankreich geflüchteten RAF-Anwaltes Klaus Croissant protestierte, wurde der Herr Professor, wie alle andern auch, von der Polizei verprügelt. Er lachte darüber. (Sch III, 474 f.) Im Herbst 1978 reiste er zweimal nach Teheran und Qom und schrieb für die Tageszeitung *Corriere della Sera* eine Reihe von Reportagen und Artikeln über die iranische Revolution, in denen er die politische und sozioökonomische Lage des Landes analysierte und den Widerstand der Massen gegen den Machtapparat feierte (ich komme darauf zurück). 1981 bezog er mit seinem ENS-Studienkameraden Pierre Bourdieu Stellung gegen die Politik der französischen Regierung, den Staatsstreich von General Jaruzelski als »innere Angelegenheit« Polens zu tolerieren. (Sch I, 96) In einem Komitee für die verbotene Gewerkschaft Solidarnosc kümmerte sich Foucault mehrere Monate um die Verwaltung des Hilfsfonds, und im September 1982 transportierte er mit Simone Signoret und Bernard Kouchner von *Médecins du monde* in einem Privatwagen Medikamente nach Polen; es war der letzte zugelassene Transport aus dem Westen. Er besuchte Auschwitz – und sprach drei Wochen später an der Universität von Vermont über die »Technologien des Selbst«, das neue Thema, das ihn seit einiger Zeit beschäftigte.

Foucaults Denken war auf neue Weise in Bewegung geraten, vor allem, weil die inhärenten Spannungen seines Machtbegriffs ihn dazu zwangen. In dem Maße, wie die Position des reinen »Außen« und die Vorstellung des Bewusstseins des Subjekts als Machteffekt in dieser Radikalität nicht mehr länger haltbar schienen, tauchten zwei Probleme oder Fragen auf, denen er sich seit dem Ende der 1970er Jahre zuwandte: die Frage der

»Regierung« und das Problem des Subjekts. Zuerst haben Foucault offensichtlich Zweifel hinsichtlich seiner radikalen Position genealogischer Machtkritik beschlichen. In einer Diskussion mit dem »Anti-Psychiater« David Cooper und anderen bemerkte er 1977: »Letztlich bin ich ein wenig verärgert über eine Haltung, die im übrigen lange Zeit auch meine eigene war und die ich jetzt nicht mehr unterschreibe, und die darin besteht zu sagen: Unser Problem ist es, anzuprangern und zu kritisieren; sollen sie doch alleine mit ihrer Gesetzgebung und ihren Reformen klarkommen. Dies scheint mir keine richtige Haltung zu sein.« (Sch III, 467) Die Gesetzgebung und die Reformen: das betrifft die Frage nach der Form und der Art des Regierens, die Frage der Regierungs-Art, oder, wie Foucault seit 1978 sagte, der »Gouvernementalität«, »diesem hässlichen Wort« (GG I, 173), abgeleitet vom französischen Adjektiv *gouvernemental*: die Regierung betreffend.

Die Gouvernementalität

Im vielleicht wichtigsten Theorietext der späten 1970er Jahre, einem Vortrag mit dem Titel *Was ist Kritik?*, den er im Mai 1978 hielt, zeigt sich seine veränderte Haltung. Der Begriff der Regierung nimmt nun eine wichtige Rolle ein: Foucault definiert »Kritik« nicht mehr als genealogische Kritik an jeder Form von Macht überhaupt, sondern als die »Kunst, nicht *dermaßen* regiert zu werden«, das heißt als die »Kunst«, die Art und das Maß der Regierung zu kritisieren. (WK, 12[91]) In diesem Zusammenhang übernimmt Foucault zumindest als Deskriptionsmöglichkeit auch die webersche Unterscheidung zwischen Erzwingungsmacht und formaler Herrschaft; allerdings betont er weiterhin, dass der Begriff der Macht in Verbindung mit jenem des Wissens den Vorrang behält, um zu vermeiden, »dass von vornherein die Perspektive der Legitimierung eingeführt wird – wie das die Begriffe Erkenntnis und Herrschaft nahelegen« (WK, 32). Und am Schluss des Vortrags formuliert er wieder sehr kompromisslos: »Und wenn man die Frage der Erkenntnis im Hinblick auf die Herrschaft aufzuwerfen hat – so doch wohl vor allem aufgrund eines entschiedenen *Willens nicht regiert zu werden,* jenes entschiedenen Willens – einer individuellen und zugleich kollektiven Haltung, aus seiner Unmündigkeit herauszutreten, wie Kant sagte. Eine Haltungsfrage.« (WK, 41[92]) Also doch eine Kritik am Regiertwerden als Kritik an der Macht überhaupt, ohne jede Einschränkung hinsichtlich der Art und Weise dieser Regierung? Und was ist das für ein Subjekt, das hier eine »Haltung« einnehmen kann? Woher begründen sich sein Bewusstsein und seine Handlungsfähigkeit *gegen* die Macht?

Foucaults Verhältnis zur Macht verharrte in solchen Ambivalenzen, was ihn jedoch nicht daran hinderte, die Frage nach der Regierung aufzuwerfen; er konnte dabei am Biopolitik-Konzept anknüpfen, das er in *La volonté de savoir* skizziert hatte und das die Administrierung einer ganzen Bevölkerung bezeichnete. Gleichzeitig bewegte er sich nun weg von der engen Anbindung an das Problem der Sexualität und stellte in seiner Vorlesungsreihe zur *Geschichte der Gouvernementalität* am Collège de France, mit der er im Januar 1978 begann (GG I/II), die Frage nach dem Regieren schlechthin. Dabei ergaben sich einige wesentliche konzeptionelle Veränderungen seines Machtbegriffs. Was heißt »Gouvernementalität«, und was heißt »regieren«? Für Foucault ist es »nicht dasselbe wie ›herrschen‹, nicht dasselbe wie ›kommandieren‹ oder ›befehlen‹, [...] nicht dasselbe wie Souverän sein, Lehnsherr sein, wie Landesherr sein, Richter sein, General sein, Eigentümer sein, Herr sein, Professor sein« (GG I, 174), sondern etwas Spezifisches, das er historisch im Wesentlichen vom orientalisch-jüdischen und dann vor allem vom christlichen Pastorat herleitet (GG I, 186f.): Wie der Schäfer die Herde führt, für sie sorgt und sie in diesem Sinne regiert, bedeutet die Regierung die Führung und die Sorge um eine Menge von Menschen wie zugleich um die Einzelnen in dieser Gesamtheit (»omnes et singulatim«, GG I, 192). Auf diesem historischen Hintergrund entwickelt sich, so Foucault, im 16./17. Jahrhundert die moderne Regierungskunst als eine Kunst der Führung der Individuen, verstanden als Teil einer statistisch beschreibbaren Bevölkerung. Das Ziel dieser Regierung ist die Bevölkerung selbst: deren »Geschick zu verbessern, ihre Reichtümer, ihre Lebensdauer, ihre Gesundheit zu mehren« (GG I, 158).

Das Auftauchen dieses neuen Objektes »Bevölkerung«, über das Foucault mit *La volonté de savoir* nachzudenken begonnen hat – und die er nun als »Transformationsoperator« für den Übergang zum »Leben«, zur »Arbeit« und zur »Sprache« sowie zu den Anfängen der Humanwissenschaften am Ende des 18. Jahrhunderts versteht (GG I, 119f.) –, macht es notwendig, die Geschichte der Disziplinarmacht in einen größeren Rahmen zu stellen. Die Machtanalyse soll nicht mehr länger auf eine Institution und eine bestimmte Funktion fokussiert bleiben. Vielmehr wirft Foucault die Frage auf, ob hinter einer Reihe solcher Institutionen und Mikromächte nicht jeweils eine bestimmte Form staatlicher Machtausübung steht, eine bestimmte Art des Regierens als »außerinstitutionelle Allgemeinheit«, als »nichtfunktionelle Allgemeingültigkeit« (GG I, 178): »Kann man von etwas wie einer ›Gouvernementalität‹ sprechen, die für den Staat das wäre, was die Absonderungstechniken für die Psychiatrie waren, was die Disziplinartechniken für das Strafrechtssystem waren, was die Biopolitik« – der Begriff taucht hier in sehr eingeschränkter Form auf – »für die medizinischen Institutionen war?« (GG I, 180) Die Machtanalyse wird also nicht einfach verworfen, sondern gleichsam auf eine höhere Ebene gehoben und auf das Problem des Staates übertragen. Dabei verliert sie allerdings ihre nietzscheanische Schärfe und öffnet sich für neue Einsichten: Die Macht selbst entsteht in Foucaults Augen nun nicht länger allein aus den lokalen Konfrontationen im Sinne eines weiter nicht mehr erklärbaren Kampfes aller gegen alle, sondern auch aus den Problemen, die sich den Regierenden stellen – aus »ökonomischen und demographischen Prozessen« (Sch III, 790 f.), aus den Problemen der Steuerung ganzer Bevölkerungen also. Foucault anerkennt hier ein genuines Verwaltungs- bzw. ein Regierungsproblem, und die Machtbeziehungen sind damit nicht mehr der alleinige Ausgangspunkt der Erklärung, sondern sie sind Beziehungen, »die notwendigerweise als *Wirkungen* und Bedingungen aus anderen Prozessen hervorgehen« (Sch III, 791[93]).

Aus diesem Grund lassen sich, so Foucaults neue Analyse, die Machtformen einer modernen Gesellschaft auch nicht allein von ›unten‹ her und aus den Mikroverhältnissen von Institutionen heraus verstehen. Diese Einsicht rückt vor allem zwei Elemente in den Vordergrund, die in Foucaults Analyse grundsätzlich neu sind: erstens, dass die Macht nicht mehr auf die Disziplinierung der Einzelnen aus ist, sondern auf eine Verwaltung der *Risiken* im Rahmen der Gesamtbevölkerung bedacht ist, und damit auf die »Sicherheit« in ihrem gesamten Territorium. Und zweitens, dass die liberale Form des Regierens, wie sie im 18. Jahrhundert entsteht, in einer fundamentalen Weise nicht einfach die disziplinäre Anpassung und Unterwerfung der Individuen voraussetzt, sondern ganz im Gegenteil deren *Freiheit*. Eine nicht unerhebliche Revision: Hat Foucault in *Überwachen und Strafen* nicht argumentiert, die Disziplin sei der notwendige Unterbau der Freiheit, wie die Aufklärung sie erfunden hat (vgl. Kap. 5), so dass die Disziplin das Primäre war und die Freiheit als bloßes Epiphänomen erschien? »Nun gut«, sagt er im Januar 1978 dazu, »ich glaube, ich hatte unrecht« – um gleich kokett fortzufahren: »Ich habe natürlich niemals völlig unrecht, doch kurz gesagt, das trifft es nicht genau. [...] In Wirklichkeit muss diese Freiheit, zugleich Ideologie und Technik der Regierung, muss diese Freiheit im Innern der Mutationen und Transformationen der Machttechnologie verstanden werden. Und auf eine präzisere und bestimmtere Weise ist die Freiheit nur das Korrelat der Einsetzung von Sicherheitsdispositiven.« (GG, 78)

Was heißt das? In Foucaults Analyse moderner Regierungsrationalität erscheint die – primär ökonomische – Freiheit der Individuen in neuer Weise als etwas Irreduzibles, »etwas absolut Grundlegendes«: Die moderne Gouvernementalität sei eine Machtform, »die nur durch die Freiheit und auf die Freiheit eines jeden sich stützend sich vollziehen kann« (GG I, 79), was etwas von der alten Machtökonomie mit ihrer »Ausübung der Souveränität bis in die feinsten Quentchen der individuellen Verhaltensweisen hinein völlig Verschiedenes« (GG I, 103) ist. Von dieser Freiheit her ist die Macht grundsätzlich zu begrenzen; die Freiheit des Individuums sei zwar nicht an sich gegeben, sondern ein Produkt, ja ein Kalkül der liberalen Macht, aber sie ist dennoch unhintergehbar und eine Grenze für die Macht. Dieser Akzent auf dem Individuum ist neu: Ohne freie Subjekte, deren »Begehren« bzw. deren Eigeninteresse gesamtgesellschaftlich positive Effekte habe (GG I, 112-113[94]), ist eine moderne Gesellschaft nicht zu verstehen; eine Analyse, die das verkennt, geht in die Irre.

Foucault führt die Freiheit, wie sie die liberale Gouvernementalität kennzeichnet, als eine neue »Wahrheit« ein, die im 18. Jahrhundert die Gouvernementalität des »Polizeistaates« (GG

II, 62) aufgesprengt habe: Die neue Form der »Veridiktion« (GG II, 72), der Wahrheitsproduktion, die sich nun durchzusetzen begann, war der Markt und das Wissen der Ökonomen von der spontanen Regulation der Preise auf freien Märkten. Für Foucault sind es bezeichnenderweise nicht die Juristen, die als Erste im 18. Jahrhundert den »Polizeistaat« des 18. Jahrhunderts kritisieren, sondern die Ökonomen, die ein völlig neues Konzept von Freiheit entwickeln, das der »Künstlichkeit der Politik, der Staatsräson, der Polizei« die »Natürlichkeit der Gesellschaft« und des Marktes gegenüberstellt: »Es handelt sich um die Natürlichkeit jener Mechanismen, die bewirken, dass, wenn die Preise steigen, wenn man sie steigen lässt, sie von alleine anhalten werden.« (GG I, 501) Der liberale Staat, der sich nun ausgehend von diesem Prinzip auszubilden beginnt, kann die Gesellschaft nicht mehr reglementierend durchdringen, sondern muss eine Ordnung schaffen, innerhalb derer sie funktioniert (GG I, 507): »Sicherheitsmechanismen«, die helfen, die Freiheit des Marktes und der Individuen auszuformen.

Doch ist diese Freiheit im Liberalismus nicht einfach nur ein ›dünner Mantel‹, hinter dem sich die ›stahlharten‹ Strukturen des »Sicherheitsdispositivs« sowie die ›weichen‹, d.h. flexiblen, dabei aber umso effektiveren Machttechniken der »Technologien des Selbst« verbergen? Vor allem der zweite Band der Vorlesungen zur Regierungskunst zeigt, dass eine solche Lektüre, wie sie von der so genannten »Gouvernementalitäts-Theorie« vorgeschlagen wird, vollständig an Foucaults Text vorbeigeht. Auf den 430 Seiten der Vorlesung *Geburt der Biopolitik*, die dem Neoliberalismus im 20. Jahrhundert und dabei vor allem dem deutschen Ordoliberalismus gilt, fällt weder der Begriff »Technologien des Selbst«, noch bringt Foucault die Freiheit im liberalen Staat der Sache nach mit einer solchen Konzeption in Verbindung. Seine Analyse ist im Gegensatz dazu eine ökonomische, die die Wahrheitsfunktion des Marktes (GG II, 38-40, 57) insoweit anerkennt, als sie in der Moderne tatsächlich zu den bürgerlichen Freiheiten geführt hat, die *de facto* zu einer »inneren Begrenzung« der staatlichen Macht wurden (GG II, 63, 67 etc.). Diese »Vernunft des minimalen Staates« ziele nicht mehr auf die tatsächliche Reglementierung der Bevölkerung, sondern auf die Regulierung der »Interessen« (GG II, 73f.) und eben darauf, die Freiheit der Individuen zu ermöglichen. Und wie wenn Foucault vor den Fallstricken der heutigen »Gouvernementalitäts-Theorie« warnen wollte, schreibt er: »Die neue Regierungskunst stellt sich also als Manager der Freiheit dar, und zwar nicht in dem Sinne des Imperativs: ›Sei frei‹, was den unmittelbaren Widerspruch zur Folge hätte, den dieser Imperativ in sich trägt. Es ist nicht das ›Sei frei‹, was der Liberalismus fordert, sondern einfach Folgendes: ›Ich werde dir die Möglichkeit zur Freiheit bereitstellen. Ich werde es so einrichten, dass du frei bist, frei zu sein.‹« (GG II, 97)

Mit anderen Worten: Diese Freiheit ist kein listiges, selbsttechnologisches Strategem der »Sicherheits«-Mächte. Foucault zeigt zwar ausführlich, dass die Freiheit im liberalen Staat nicht die Abwesenheit des Staates oder die Abwesenheit von Einschränkungen bedeutet, sondern durch die liberale Gouvernementalität hergestellt und gesichert werden muss. Er will zeigen, dass – korrelativ zu den Freiheiten der Individuen – gleichzeitig ein »Sicherheitsdispositiv« entsteht, um die Risiken zu bewältigen, die aus den Freiheiten einer ganzen Bevölkerung erwachsen, und den Gebrauch der individuellen Freiheit zu ermöglichen und zu garantieren. Im Gegensatz zum Disziplinardispositiv, das auf die Anpassung der Individuen an eine Norm zielt, geht das Sicherheitsdispositiv in der liberalen Gouvernementalität von einem statistischen Begriff der Normalität aus: Normalität im Sinne von Vorhandensein, von Vorkommen, von

Fällen und Verteilungskurven der Ereignisse innerhalb einer Bevölkerung. Das Sicherheitsdispositiv versucht diese Fälle nicht zu disziplinieren, sondern ihre »Natur« und ihre Bewegungen zu verstehen und den sich daraus ergebenden Risiken entgegenzusteuern.

Foucaults Modell für diese Regierungsform ist der Umgang der staatlichen Macht mit den Pocken – im Gegensatz zur frühneuzeitlichen Abwehr der Pest: Während die Behörden im Fall der Pest den städtischen Raum in überwachte Parzellen einteilten und die Individuen disziplinierten, um Ansteckung und Übertragung zu verhindern, reagierten die Behörden des 18. Jahrhunderts auf die Pocken statistisch beobachtend, indem sie das faktische Vorkommen von Krankheitsfällen maßen, und empirisch, indem sie mit der Impfung die Bevölkerung vor Ansteckung zu schützen versuchten. (GG I, 25) Ein solches staatliches Risikomanagement darf aber im Rahmen der liberalen Gouvernementalität nicht so weit gehen, dass es in die Disziplinierung der Individuen umkippt, weil dies deren systemnotwendige Freiheit untergraben würde. Daher hätte »zu viel regieren bedeutet, gar nicht mehr zu regieren«: Ein zu starker Staat zerstört seine eigenen Ziele – er muss die relative »Undurchdringlichkeit« der Gesellschaft respektieren. (Sch IV, 327)

Es ist nicht zu erkennen, was Foucault in seinem Vorlesungstext gegen diese liberale Konzeption der Freiheit einzuwenden hätte. Dort, wo sie im 20. Jahrhundert verschwindet, ergreift eine totalitäre Gouvernementalität die Macht, von der er in einer luziden Analyse sagt, sie betreibe nicht einen Exzess von Staatlichkeit, sondern die Verdrängung des Staates zugunsten einer allmächtigen Partei. (GG II, 267 f.) Liberalismus bzw. »das deutsche Modell« der Ära Brandt/Schmidt, »das zu unserer Gegenwart gehört, das ihr unter seinem wirklichen Zuschnitt eine Struktur und ein Profil gibt« (GG II, 269), ist im Kern etwas anderes als jeder »Faschismus«, in dessen Nähe die Regierung der BRD damals bekanntlich gerückt wurde. Foucault distanziert sich mit Entschiedenheit von jener »Staatsphobie«, die nach der Logik der »allgemeinen Disqualifikation durch das Schlimmste« (GG II, 263) jede auch nur minimale staatliche Handlung unter Faschismus-Verdacht stellt: Der »Wohlfahrtsstaat hat«, wie er seinen Hörern »nahe legen« will, »weder die selbe Form noch, wie mir scheint, den selben Ursprung wie der totalitäre Staat, der Nazistaat, der faschistische oder stalinistische Staat« (GG II, 267). 1979, kurz nach dem »deutschen Herbst« und der Affäre Croissant, war das für einen Leittheoretiker der Linken keine banale Äußerung.

Was das Subjekt betrifft, so besteht nach Foucault die Konsequenz der liberalen Gouvernementalität im Wesentlichen darin, dass dieses zum »homo oeconomicus« und damit zum »Unternehmer seiner selbst« werde (GG II, 314): Die die liberale Gesellschaftsform strukturierende Markt- und Verwertungslogik bedeute, dass z.B. der Lohn nicht mehr wie noch bei Marx dasjenige sei, was die Reproduktion der Arbeiter sicherstellt, sondern ein »Einkommensstrom« für den »Kapitaleinsatz« und die »Kompetenz« des Einzelnen. (GG II, 312f.) Dass das »Humankapital« auch eine biologische, »genetische« Grundlage habe, was biopolitische Perspektiven eröffnen könne, deutet er zwar kurz an, aber es interessiert ihn nicht mehr. (GG II, 316-318) Wichtiger ist ihm herauszustreichen, wie sehr die Analyse der liberalen Gouvernementalität ihn von der Theorie der Disziplinargesellschaft weggeführt hat:

»Im Gegenteil haben wir in diesem Horizont das Bild, die Idee oder das politische Thema einer Gesellschaft, in der es eine Optimierung der Systeme der Unterschiede gäbe, in der man Schwankungsprozessen freien Raum zugestehen würde, in der es eine Toleranz gäbe, die man den Individuen und den Praktiken von Minderheiten zugesteht, in der es keine

Einflussnahme auf die Spieler des Spiels, sondern auf die Spielregeln geben würde und in der es schließlich eine Intervention gäbe, die die Individuen nicht innerlich unterwerfen würde, sondern sich auf die Umwelt bezöge.« (GG II, 359)

Foucaults Darstellung der modernen Gouvernementalität – mit seinen Untersuchungen zum deutschen Ordoliberalismus nach dem Zweiten Weltkrieg und zum amerikanischen Neoliberalismus der Chicagoer Schule im zweiten Teil seiner Vorlesung (GG II) – bedeutete eine einschneidende Revision seiner Machttheorie. Im Zuge dieser Revisionsbewegungen in Foucaults Denken erfuhren aber nicht nur der Staat und die Macht eine Neubewertung, sondern gleichsam korrelativ dazu auch das Subjekt. Doch diese Verschiebung ging über die Analyse des neuen Subjekts im Liberalismus hinaus. Foucault nannte seine letzte Wende eine »theoretische Verschiebung [...], um das zu analysieren, was als ›das Subjekt‹ bezeichnet wird«: »Es sollte untersucht werden, welches die Formen und die Modalitäten des Verhältnisses zu sich sind, durch die sich das Individuum als Subjekt konstituiert und erkennt.« (GL, 29) Sein bisheriges Werk in jenes Licht rückend, unter das er es schon im Vorwort zu *Wahnsinn und Gesellschaft* gestellt hatte (vgl. Kap. 1), sagte er in Vermont: »Mit meinen Studien über Wahnsinn und Psychiatrie, Verbrechen und Strafe habe ich herauszufinden gesucht, wie wir unser Selbst auf indirekte Weise durch den Ausschluss Anderer – z.B. Krimineller, Irrer usw. – konstituiert haben.« Von dieser Perspektive der Subjektkonstitution durch den Ausschluss der Anderen wechselte er nun zur Selbstkonstitution: »Meine gegenwärtigen Arbeiten beschäftigen sich mit der Frage: Wie haben wir auf direkte Weise unsere Identität geschaffen mit ethischen Selbsttechniken, die sich von der Antike bis in unsere Zeit entwickelt haben?« (Sch IV, 1000) Diese neue Problemstellung verdankte sich jedoch nicht allein theoretischen Erwägungen, sondern zum einen jener kulturvergleichenden Fährte, die er sich mit der Bemerkung in *Der Wille zum Wissen* ausgelegt hatte, das Abendland habe zwar eine *scientia sexualis* entwickelt, nie aber eine *ars erotica.* (WW, 74) Zum andern aber wurde Foucaults letzte »theoretische Verschiebung« nicht unwesentlich durch die Erfahrung einer veritablen Revolution angestoßen, deren Zeuge er wurde: des Aufstands gegen den Schah von Persien im Jahr 1978. Diesem Punkt wollen wir uns zuerst zuwenden.

Schiitische Spiritualität und das Auftauchen des Subjekts

Im Herbst 1978 reiste Michel Foucault zweimal nach Teheran und Qom: das erste Mal im September, nach dem »Schwarzen Freitag«, dem Massaker auf dem Djaleh-Platz, bei dem wohl gegen 4000 Menschen im Kugelhagel der Polizei starben, das zweite Mal im November, im schiitischen Trauermonat Moharram, als er die gewaltigen Demonstrationszüge erlebte, bei denen aus religiösen Forderungen politische Parolen wurden. Foucault arbeitete journalistisch und schrieb für die italienische Tageszeitung *Corriere della Sera* eine Reihe von Artikeln über seine Recherchen. In der Öffentlichkeit wurde ihm sehr schnell – und bis heute – der Vorwurf gemacht, mit seiner offenkundigen Begeisterung für die revolutionäre Kraft des schiitischen Islam, die die Volksmassen antrieb, habe er die Gefahr eines repressiven islamischen Regimes in flagranter Weise unterschätzt.[95] Der Vorwurf lässt sich allerdings nicht aufrechterhalten. Bei der Durchsicht aller Artikel Foucaults zum Iran sind ganz im Gegenteil seine ebenso frühen wie hellsichtigen Warnungen vor dem Umkippen der »Spiritualität« der Volksbewegung in eine reaktionäre islamische »Ordnung« nicht zu übersehen. (Sch III, 885) Zugleich aber bemerkte er in seiner Antwort auf Angriffe einer Iranerin im *Nouvel Observateur* gegen ihn beinahe prophetisch: »Das Problem des Islam als einer politischen Kraft ist für unsere Zeit und die kommenden Jahre von zentraler Bedeutung. Wer sich einigermaßen intelligent mit dieser Frage auseinandersetzen will, sollte unter keinen Umständen damit beginnen, Hass ins Spiel zu bringen.« (Sch III, 887)

Es gibt also keinen Grund, an Foucaults politischer Hellsichtigkeit zu zweifeln. Als nach der Rückkehr Khomeinis nach Teheran am 1. Februar 1979 sich die schlimmsten Befürchtungen bewahrheiteten und die Erschießungskommandos ausrückten, schrieb er in einem Artikel auf der ersten Seite von *Le Monde* jene Worte, die es wert sind, ausführlich zitiert zu werden, weil Foucault hier um den Preis theoretischer Inkonsistenz bekannte, was ihm wirklich wichtig war:

> »Menschen erheben sich, das ist eine Tatsache. Auf diesem Wege gelangt die Subjektivität (nicht die der großen Männer, sondern jedes beliebigen Menschen) in die Geschichte und haucht ihr Leben ein. Ein Strafgefangener setzt sein Leben gegen die allzu harte Strafe; ein Irrer will nicht mehr eingesperrt und seiner Rechte beraubt werden; ein Volk stellt sich gegen das Regime, das es unterdrückt. Dadurch wird der Gefangene nicht unschuldig, der Irre nicht gesund und das Volk nicht der versprochenen Zukunft teilhaftig. Und niemand muss solidarisch mit ihnen sein. Niemand muss glauben, diese wirren Stimmen sängen schöner als andere und sagten die letztgültige Wahrheit. Es genügt, dass sie da sind und alles sie zum Schweigen zu bringen versucht, damit es sinnvoll ist, sie anzuhören und verstehen zu wollen, was sie sagen. Eine Frage der Moral? Ganz sicher eine Frage der Realität. Daran ändern auch all die Enttäuschungen der Geschichte nichts. Weil es solche Stimmen gibt, hat die Zeit des Menschen nicht die Form der Evolution, sondern die der ›Geschichte‹.«

Schreibt so ein »Antihumanist«, als den ihn Sartre und die Marxisten denunzierten, ein angeblich mitleidloser Nietzscheaner, ein kalter Analytiker der Macht? Foucault fährt fort: »Das ist unlösbar mit einem anderen Prinzip verbunden, wonach die Macht, die ein Mensch über den anderen ausübt, stets gefährlich ist. [...] Die Regeln zur Begrenzung der Macht können gar nicht streng genug, die universellen Prinzipien, die ihr die Gelegenheit nehmen, deren sie sich bemächtigt, nicht strikt genug sein. Der Macht gilt es stets unüberschreitbare Gesetze und uneingeschränkte Rechte entgegenzusetzen.« (Sch III, 991) Woher nimmt Foucault diese »universellen Prinzipien«, diese »unüberschreitbaren Gesetze«? Sie sind aus seinen Texten nicht ableitbar, eher im Gegenteil. Sind sie die Frucht seiner Überlegungen zur liberalen Gouvernementalität? Er sagt es nicht, man weiß es nicht. Aber man braucht sie, »wenn man heute gegen das Abhacken von Händen ist und gestern gegen die Folter des Savak war« (Sch III, 990[96]).

Allein, das ist nicht der zentrale Punkt seiner Teheraner Erfahrungen. Foucault entdeckt einerseits eine persische Tradition der Gouvernementalität, zum andern und vor allem aber die schiitische Religion, »die über die Jahrhunderte niemals aufhörte, allem, was sich tief im Volk gegen die Macht des Staates zu wenden vermag, eine unwiderstehliche Kraft zu verleihen« (Sch III, 862). Es ist diese schiitische »politische Spiritualität« (Sch III, 870), die Foucault fasziniert und die er für wesentlich hält, denn sie ist »die Form, die der politische Kampf annimmt, wenn er breite Volksschichten erfasst. Aus tausenderlei Unzufriedenheit, Hass, Elend und Hoffnungslosigkeit macht sie eine *Kraft*.« (Sch III, 862) Foucault beobachtet eine Revolte, bei der in geradezu idealtypischer Weise das Volk »mit bloßen Händen« (Sch III, 897) der mit Maschinengewehren bewaffneten Staatsmacht gegenübersteht. Man kommt nicht umhin zu konstatieren: Hier sieht Foucault »die« Macht in Reinform, und ebenso die Menschen, die ihre ganze Existenz in den Widerstand gegen die Macht werfen. Ein Lehrstück:

»Die Schönheit und Würde dieser Ereignisse liegt in der Tatsache, dass es nur einen einzigen Konflikt gibt: zwischen dem ganzen Volk und der Macht mit ihren Waffen und ihrer Polizei. [...] In diesen Demonstrationen zeigt sich eine Verbindung aus kollektivem Handeln, religiösem Ritual und einem Akt öffentlichen Rechts. Es erinnert ein wenig an die griechische Tragödie, in der die gemeinsame Zeremonie und die Reaktualisierung der Rechtsprinzipien miteinander einhergingen. In den Straßen von Teheran wurde kollektiv und im Rahmen religiöser Riten ein politischer und staatsrechtlicher Akt vollzogen: die Absetzung des Herrschers.« (Sch III, 935)

In diesem finalen Konflikt zwischen der Macht und dem Volk nun liefert die Religion »das Vokabular, das Ritual, das zeitlose Drama, in dem man das geschichtliche Drama eines Volkes ansiedeln könnte, welches seine Existenz gegen die seines Herrschers setzt« (Sch III, 933). Ganz fremd waren diese religiösen Widerstandsformen Foucault zwar nicht. In den *Gouvernementalitäts*-Vorlesungen vom März 1978 hatte er gezeigt, dass im Christentum die Askese, die mystische Frömmigkeit und Spiritualität eine Art des Widerstandes gegen das kirchliche Pastorat darstellen konnten. (GG I, 292-311, 333) Doch dieses »Gegen-Verhalten« griff die Macht allein dadurch an, dass es deren Gesetz exzessiv anwendete und überbot. (GG I, 301) Ganz anders hingegen in der iranischen Revolution: Hier kommt das Vokabular des Widerstandes nicht aus dem Feld der Macht. In Foucaults Theoriehorizont gab es diese Möglichkeit bislang strenggenommen nicht: Wir erinnern uns, dass zum Beispiel die »infamen Menschen« des französischen 18. Jahrhunderts, deren Leben vielleicht nur ein einziges Mal vom »Blitz der Macht« erhellt wurde, dieses Leben »unterhalb jedes Diskurses« (IM, 16) führten, ohne dass daraus Widerstandspotentiale entstanden wären. Im Iran aber sieht Foucault neben der protestierenden Mittelschicht zu Tausenden auch »infame Menschen« aus den Teheraner Vorstädten auf der Straße – und sie sind voller »Spiritualität«, die ihrem Aufbegehren eine »Kraft« und eine »Form« gibt! Dieser »Geist geistloser Zustände«, wie er mit Marx sagt (Sch III, 937), ist als religiöse Spiritualität ein radikales »Außen«, und damit aber auch, in der vertrauten Perspektive des foucaultschen Denkens, schlicht »Wahnsinn«: Foucault gibt einem seiner Zeitungsartikel den Titel »Der iranische Wahnsinn« (die Redaktion setzte dann allerdings eine andere Überschrift), denn die Revolte der Iraner sei »keine Revolution im wörtlichen Sinne, sondern der Versuch, aufzustehen und sich aufzurichten. Es ist eine Erhebung von Menschen mit bloßen Händen. Sie wollen die gewaltige Last heben, die auf uns allen liegt, vor allem aber auf ihnen, auf diesen Ölarbeitern und Bauern an den Grenzen des Imperiums: die Last der Ordnung der ganzen Welt. Das ist vielleicht die erste große Erhebung gegen die weltumspannenden Systeme, die modernste und irrsinnigste Form der Revolte.« (Sch III, 897)

Allein, ob Wahnsinn oder Spiritualität, ist hier nicht entscheidend. Wichtig ist, dass ein solch radikales Außen ein Subjekt *jenseits* der Macht entstehen zu lassen scheint. Es ist ein neues Subjekt, das hier »aufsteht«, weil die Religion diesen Menschen ermöglicht, »ihr subjektives Dasein radikal zu verändern«. Für Foucault liegt der Schlüssel zur Erklärung der »revolutionären Kraft« der iranischen Massen in diesem neuen, spirituellen Selbstverhältnis: »[S]ie strebten durch den Islam nach einer Veränderung ihres subjektiven Daseins«, sie hatten den politisch-religiösen »Wille[n], ihr ganzes Dasein zu erneuern«. (Sch III, 937) Das ist, auch im Vergleich zu den Bemerkungen über die christliche Askese in der *Gouvernementalitäts*-Vorlesung, das neue Element in Foucaults Denken, das in diesen Texten über die schiitische Spiritualität auftaucht. Denn die Revolte in Persien zielt laut Foucault in erster Linie auf die Veränderung des Subjekts und seines Verhältnisses zu Gott und zur Welt: »Als die Iraner sich erhoben, sagten sie, und das ist vielleicht die Seele dieser Erhebung: Natürlich müssen wir das Regime wechseln und diesen Mann loswerden. [...] Aber vor allem müssen wir uns selbst verändern. Wir müssen unsere Lebensweise, unser Verhältnis zueinander, zu den Dingen, zur Ewigkeit, zu Gott usw. vollkommen verändern. Nur bei solch einer radikalen Veränderung unseres Erlebens wird es eine echte Revolution geben.« (Sch III, 936)

Das ist alles erstaunlich genug. Allein, wieso reiste Foucault überhaupt in den Iran, um dort diese Form von revolutionärer Spiritualität zu entdecken? Ein erst kürzlich auf Französisch publiziertes Interview gibt dazu den entscheidenden Hinweis. Foucault hatte dem Literaturwissenschaftler Farès Sassine im August 1979 ein Interview über sein iranisches Abenteuer gewährt, das in der arabischsprachigen Zeitschrift *An Nahar al' arabî wa addûwalî* erschienen ist und bislang kaum Beachtung gefunden hat. Foucault berichtet dort, dass er im Sommer 1978 *Das Prinzip Hoffnung* von Ernst Bloch gelesen hatte und von Blochs Verbindung von revolutionärer und messianischer Erwartung fasziniert war: »Et j'ai voulu aller voir. Et j'ai vraiment été voir ça comme un exemple, une épreuve de ce que j'étais en train de lire dans Ernst Bloch. Voilà. Donc, si vous voulez, le fait que j'ai été là-bas, avec un œil, si vous voulez, conditionné par ce problème du rapport révolution politique et espérance ou eschatologie religieuse.

Voilà.«[97]

Die Kirchenväter und die Entstehung des christlichen Gesetzes

Wenn Foucault sich von der »spirituellen« Kraft fasziniert zeigte, die in diesen Bezügen zur revolutionären Bewegung im Iran oder in der von Ernst Bloch erinnerten Tradition des messianischen Denkens anklingen, muss das zweifellos ein wenig paradox wirken. Denn im Grunde war sein Verhältnis zur Religion immer und in konsistenter Weise überaus kritisch gewesen: Religion bedeutete in Foucaults Augen die Unterwerfung des Subjektes unter ein göttliches Gesetz. Was das genau heißt und welches Gewicht dieser Gedanke für ihn hatte, wird vollkommen deutlich in dem erst 2018 erschienenen vierten Band seiner *Histoire de la sexualité* mit dem Titel *Les aveux de la chair*, die »Geständnisse des Fleisches« (GF). Das Buch wirkt so, als sei es erst nach den beiden Bänden zur Antike geschrieben worden – d.h. dem zweiten und dritten Band der Geschichte der Sexualität, die 1984 den Abschluss seines publizierten Werkes zu markieren schienen (ich komme darauf zurück) –, und zwar weil Foucault in *Les aveux de la chair* ständig die Frage diskutiert, was sich im Übergang von der Antike zum Christentum geändert habe. Doch es war umgekehrt, wie der Herausgeber Frédéric Gros vermerkt: Erst diese Frage führte ihn, ermuntert von Paul Veyne, am Ende der 1970er Jahre zur intensiveren Beschäftigung mit der Antike. Die Kirchenväter waren also gleichsam die Drehscheibe, auf der Foucaults berühmte dritte »Verschiebung« hin zu den Selbsttechniken bzw. zum Subjekt stattfand. Es lohnt sich daher, diese Drehscheibe etwas genauer in den Blick zu nehmen.

Foucault beginnt seine Untersuchung damit zu zeigen, wie seit dem 2. Jahrhundert namentlich in den Schriften des Clemens von Alexandria die mönchische Ethik der Selbstführung als das grundlegende Modell jeder christlicher Selbstführung entstand und wie sich in den folgenden zwei Jahrhunderten die Differenz zu antiken Formen des Selbstverhältnisses laufend verstärkte. Vollkommen neu war Foucault zufolge zum einen, dass das in der Antike allein diesseitig geregelte Selbstverhältnis nun einer Theologie unterworfen wurde, einer Gotteslehre, die bis zu Augustinus immer pessimistischer wurde, d.h. den Menschen und seine Sexualität immer mehr im Lichte des Sündenfalls gesehen habe. Zum andern: Während die Stoiker den freien römischen Mann lehrten, seine körperlichen Lüste und Begierden ganz seinem Willen untertan zu machen und dadurch Freiheit und Souveränität zu gewinnen, lehrten die Kirchenväter des frühen Christentums und insbesondere des sich ausbildenden Mönchstums, den eigenen Willen aufzugeben und sich ganz in die führende Hand eines älteren, erfahrenen Mönchs oder »Hirten« zu begeben.

Damit entstand, so Foucault, ein Selbstverhältnis, ein ständig prüfendes Wissen seiner selbst, eine unaufhörliche Arbeit an sich selbst mit dem Ziel, die Sünde in sich zu bekämpfen und sich zu reinigen. Das konnte nur in der Beichte, der regelmäßigen Offenbarung seiner selbst einem anderen gegenüber geschehen – und damit aber auch in der permanenten Erforschung seiner selbst als einer unendlichen Aufgabe: »[S]ich der Geheimnisse zu bemächtigen, und zwar auch der Geheimnisse, die sich hinter den Geheimnissen verbergen, um so tief wie möglich an die Wurzeln heranzugehen. Die Praktik des Prüfungs-Geständnisses muss der Falllinie folgen, die sie unbegrenzt zu dem Teil des Selbst bringt, der kaum wahrnehmbar ist.« (GF, 200)

Der christliche Logos sollte auf diese Weise nicht etwa den Geist vom Körper trennen, sondern Körper und Geist gleichermaßen vollständig durchdringen. Im Zentrum dieser Selbstführung habe das paradoxe Ziel gestanden, »nicht mehr zu wollen« (GF, 177). Insofern war das Selbstverhältnis auch als solches paradox, weil der prüfende Blick auf sich selbst nicht zum Ziel hatte, sich selbst, seine Subjektivität zu entdecken oder wiederherzustellen, sondern im Gegenteil, sie gänzlich aufzulösen, sein Ich endlos zu kasteien.

Die Haltung sich selbst gegenüber wird nun mit dem Versprechen der lebenslangen Keuschheit oder Jungfräulichkeit – der »virginité« – noch gesteigert, indem die Keuschheit nicht einfach nur als Verzicht auf den Sex verstanden werden könne, d.h. als etwas Negatives, sondern vielmehr als eine lebenslange »positive« Bewegung der Seele auf sich selbst, um jedes Begehren aus sich selbst »auszureißen«. In dieser Bewegung erreiche die Seele einen Zustand, der so rein und so nahe an der ehemals paradiesischen und der künftigen himmlischen Existenz sei, wie auf Erden überhaupt nur möglich, und daher auf die Unsterblichkeit vorbereite. Die »jungfräuliche« Beziehung auf den eigenen Sex – oder vielmehr Nicht-Sex – sei mehr als die bloße, schon in der Antike verbreitete (wenn auch elitäre) Enthaltsamkeit: Sie sei, in der Zeit des sich formierenden Mönchstums und des sich langsam etablierenden Christentums, eine gleichsam strategische Haltung, ein Modell für christliche Spiritualität und Selbstführung. Und wiederum paradoxerweise, so Foucault, kommen in dieser Praxis der Keuschheit dem Sex eine Bedeutung und ein Gewicht zu, wie er sie in der Antike nie gehabt habe: »Die zentrale Stellung des Sexes bei der okzidentalen Subjektivität zeichnet sich bereits bei der Entstehung der Mystik der Jungfräulichkeit klar ab.« (GF, 274)

Nun war allerdings klar, dass Keuschheit nicht das Modell für alle Christenmenschen sein konnte. In seiner ausführlichen Diskussion der Ehelehre des Heiligen Augustinus rekonstruiert Foucault die schon ältere Debatte der Kirchenväter um die Frage, wieso denn eigentlich Gott dem Menschen – Adam – in Gestalt der Eva eine »Gefährtin« zur Seite gestellt habe, ihm »zur

Hilfe« (Gen. 2). Um was zu tun? Die erste Antwort Augustins lautet, so Foucaults Darstellung, dass der Mensch damit als ein soziales Wesen geschaffen wurde, das eine *familia* und eine *societas* bilde; dass Menschen in Gesellschaften leben, sei Gottes Wille. Doch wie sollten sich diese Menschen vermehren, wie der Schöpfer ihnen aufgetragen habe? Augustinus stellte sich zwar vor, so Foucault, dass es im Paradies andere Wege der Vermehrung des Menschengeschlechts gegeben haben mag als die fleischliche Vereinigung, aber er schloss diese, im Gegensatz zu einigen seiner Vorgänger, nicht aus. Der Sex gehörte laut Augustin von Anfang an zur göttlichen Schöpfung (und daher anfänglich auch der Inzest, wie Foucault maliziös vermerkt). Es sei dies allerdings ein Sex ohne Begierde gewesen, so unschuldig wie das Bewegen der Finger einer Hand. Der Sündenfall habe daher nicht nur den Menschen dem Tod überantwortet, sondern, folgt man Augustinus bzw. Foucaults Darstellung, auch den Sex verändert. Das aufrührerische Begehren, vom Baum der Erkenntnis zu essen, und damit der Widerspruch des Menschen gegen seinen Schöpfer reproduziere sich seither in der »libido« (Augustinus), d.h. in einem Begehren, das dem bewussten Willen des Menschen immer wieder entgegensteht, sich gegen diesen erhebt. Dieser Sex ist sündig. Doch die Eheleute sollten sich dennoch, so Augustinus, gegenseitig ihre Körper zur Verfügung stellen, um ihr Begehren zu stillen, dabei vor allem aber gemeinsam lernen, dieses Begehren zu mäßigen, es letztlich am Modell eines Sexes ausrichten, der, wie im Paradies, ohne die sündig brennende »libido« funktioniere.

Foucault rekonstruiert diese Debatten und theologischen Spekulationen natürlich nicht ohne ein systematisches Interesse. Er erinnert daran, dass das mönchische Leben und das Leben jener, die sich der Virginität verschrieben hätten, eine ständige, umfassende Selbstsorge und durch die Beichte abgestützte

Selbstbeobachtung erfordern. Wohl sei es dabei, und anders als in der Antike, nicht um die Festigung des eigenen Willens gegangen, sondern um die Überwindung des Willens im Gehorsam einem Hirten gegenüber. Dennoch aber standen im Zentrum dieser Praktiken Techniken des Selbst, die den Eheleuten in diesem Ausmaß bei weitem nicht zur Verfügung standen. Anders – oder noch viel deutlicher – als dies in den Selbsttechniken der Mönche der Fall war, wurden die Gläubigen in der Ehe daher, so Foucault entscheidendes Argument, Verhaltensregeln und »Gesetzen« unterworfen. Deren Einhaltung wurde in der Beichte zwar überprüft, hing aber nicht oder weit weniger von der Technik der Selbstprüfung ab, sondern in ganz neuartiger Weise vom Gehorsam einem Gesetz gegenüber: Es habe sich in der Ehe- und Sexualitätslehre des Augustin in neuartiger Weise darum gehandelt, »die Praktiken, die Regeln, Vorschriften und Empfehlungen, die bislang vor allem in den Formen der geistigen Askese und in den Techniken der Reinigung der Seele reflektiert wurden, in juristischen Formen zu denken« (GF, 468) – »oder«, so Foucault mit Blick auf die zeitgenössische Theorielandschaft in Frankreich, »wie wir es in einem anderen Vokabular sagen würden: gleichzeitig und in einer einzigen Form das Subjekt des Begehrens und das Subjekt des Rechts zu denken« (GF, 469). Man erinnert sich: Im ersten Band seiner *Histoire de la sexualité* von 1976 führte Foucault eine schneidende Auseinandersetzung mit dem Konzept des Begehrens, wie es in der (vor allem lacanschen) Psychoanalyse entwickelt wurde: Das Subjekt ist bei Lacan ein Subjekt des Begehrens insofern, als es dem Gesetz unterworfen ist – und Foucault assoziierte dieses Gesetz wie gezeigt mit dem König, dem Tod, dem Blut und dem Symbolischen (vgl. Kap. 6).

Man versteht erst jetzt, mit diesem vierten Band der *Histoire de la sexualité*, im vollen Umfang, wie sich Foucaults Denken seit 1977 entwickelt hat. Zum einen schließt *Les aveux de la chair* an den alten Gedanken des Einleitungsbandes vom Dezember 1976 an und führt ihn zu Ende: Das abendländische Subjekt des Begehrens als ein dem Gesetz Unterworfenes, wie es bei Lacan ein letztes Mal theoretisch begründet wurde, entstammt der Ehelehre des Heiligen Augustinus und hat zusammen mit der Pflicht zur Beichte das christliche wie auch das ihm nachfolgende psychoanalytische Denken geprägt. Das allein ist allerdings noch keine wirkliche Neuigkeit. Neu oder zumindest sehr viel klarer ist hingegen, dass Foucault mit den Selbstverhältnissen vor allem der antiken Art einen »contrepoint« (Frédéric Gros) gegen die christlichen und später psychoanalytischen Formen der Subjektivierung durch ein »Gesetz« gefunden hatte. Wenn Foucault je etwas zuwider war, dann war es diese Vorstellung der Unterwerfung unter ein Gesetz. Im vierten Band seiner *Histoire de la sexualité* rekonstruiert er die Genese jenes Gesetzes des Begehrens, dem gemäß Lacan auch das moderne Subjekt unterworfen sei, in der augustinischen Ehe- und Sexualitätslehre. Mit ihr aber habe sich die Spur jener antiken Selbsttechniken verloren, die laut Foucault, und wie wir im Folgenden nun sehen werden, ohne Gesetz und ohne Transzendenz auskamen, ohne göttliche Begründung und ohne den Zwang, ständig die Wahrheit über sich selbst aussagen zu müssen.

Die Technologien des Selbst und die Sorge um sich

Doch zuerst noch einmal zurück ins Jahr 1978 und nach Teheran, wo Foucault im Widerstand der Hundertausenden jenes Subjekt entdeckte, das sich mit all seiner Kraft gegen das »Gesetz« auflehnte.[98] Es wirkte zwar noch ein wenig wie vom Himmel gefallen, war nicht so recht in seinen bisherigen Denkhorizont einzufügen, aber Foucault konnte deutlicher als je zuvor zeigen, dass sein Mitgefühl für die »infamen Menschen« nicht bloß einem ästhetischen »Schauer« (IM, 12) entsprang. Seine iranische Erfahrung war allerdings nicht der einzige Anstoß auf dem Weg zu seiner »theoretischen Verschiebung« hin zu der Frage nach dem Subjekt, die ihn zunehmend fesselte. Eine andere Fährte, wie gesagt, hatte er schon in *Der Wille zum Wissen* ausgelegt, als er konstatierte, dass der Westen wohl eine *scientia sexualis* »betreibt«, aber keine *ars erotica* besitzt. (WW, 75) Von der *ars erotica*, wie sie sich »China, Japan, Indien, Rom, die arabisch-islamischen Gesellschaften [...] gegeben haben«, sagte er, sie sei eine »Kunst«, werde »als Praktik begriffen und als Erfahrung gesammelt«; sie werde auf esoterische Weise von einem Lehrer an seinen Schüler weitergegeben, sei eine »Lehrmeisterkunst«, die zu einer »Wandlung des von ihr Auserwählten führe: absolute Körperbeherrschung, einzigartige Wollust, Vergessen der Zeit und der Grenzen, Elixier des Lebens, Bannung des Todes und seiner Drohungen«. (WW, 74 f.) Im April 1978 nahm er diesen Gedanken in einem Vortrag in Tokio erstmals wieder auf: Die *ars erotica* sei »eine Kunst der Produktion einer Art von Lust, die man innerhalb der sexuellen Beziehung oder mit den Geschlechtsorganen so intensiv oder so stark oder so dauerhaft wie möglich machen möchte. Man findet in vielen östlichen Gesellschaften wie auch in Rom und im antiken Griechenland eine ganze Reihe von zahlreichen Diskursen über diese Möglichkeit, über die Untersuchung von Methoden, durch die man die sexuelle Lust intensivieren kann.« (Sch III, 701[99])

Das sind Motive, die jenen spirituellen Selbstverhältnissen, wie Foucault sie im Iran zu erkennen glaubte, auffallend ähnlich sind. Weisen nicht all diese Fälle darauf hin, dass das Subjekt sich in ein bestimmtes Verhältnis zu sich selbst zu setzen vermag, dass es bewusst handeln, sein Leben gestalten und sich verändern kann? Zeigen sie nicht, dass das Subjekt nicht bloß die Freiheit hat, zwischen dem Gesetz, der Macht oder dem »Außen«, dem Wahnsinn zu wählen – bzw. dass es ein »Außen« gibt, das nicht Wahnsinn ist? Es dauerte allerdings noch einige Zeit, bis sich diese veränderte Sichtweise in Foucaults Arbeiten manifestierte. Erst in seiner unter dem Pariser Publikum Aufsehen erregenden und umstrittenen Vorlesungsreihe *Hermeneutik des Subjekts* vom Frühjahr 1982 nahm er diese Motive, Erfahrungen und Fragen öffentlich auf, um sie zu einer neuartigen Darstellung der Geschichte des abendländischen Subjekts zu verflechten. Frédéric Gros zufolge präsentierte er dabei ein fast fertiges Buch, das er jedoch nicht mehr publizieren sollte, weil ihm der Tod zuvorkam.[100] Denn als er spürte, dass ihm nicht mehr viel Zeit blieb, wollte er zuerst das nur halb durchgeführte Projekt einer Geschichte der Sexualität mit den beiden neu konzipierten Bänden *Der Gebrauch der Lüste* und *Die Sorge um sich* abschließen.[101] Doch diese beschäftigen sich nur in eingeschränkter, d.h. auf die sexuellen Verhaltensweisen bezogener Weise mit dem Subjekt und widmen, trotz des Titels des letzten Bandes, der Sorge um sich nur begrenzte Aufmerksamkeit. Erst die zwischen 2001 und 2009 publizierten Vorlesungen *Hermeneutik des Subjekts* (1981/82), *Die Regierung des Selbst und der anderen* (1982/83) und *Der Mut zur Wahrheit* (1983/84) zeigen daher die letzte Wende in Foucaults Denken in vollem Umfang: Im Konzept der Selbsttechniken »sah Foucault am Ende seines Lebens die theoretische Krönung seines Schaffens, so etwas wie dessen Vollendungsprinzip«[102]. Sichtbar wird hier ein philosophisches Projekt, das die alt-neue Frage nach dem Subjekt in einem tatsächlich neuen, zugleich aber auch fremdartigen Licht erscheinen lässt – ein Licht, das gewissermaßen vom Orient her leuchtet, um die Geschichte der abendländischen Subjektivität neu zu konturieren. »Wenn es eine Philosophie der Zukunft gibt«, sagte Foucault schon im April 1978 in einem Gespräch mit japanischen Zen-Meistern, »dann muss sie außerhalb Europas entstehen, oder sie muss als Folge von Begegnungen und Erschütterungen zwischen Europa und Nicht-Europa entstehen.« (Sch III, 781). Genau in diesem Geiste unternahm er seine Neu-Lektüre von Texten der griechischen Antike.

Zugleich aber stellte sich für Foucault nach wie vor die Frage der Macht. In »The Subject and Power«, geschrieben 1982 in Berkeley, stellt er fest, die sozialen Kämpfe der Gegenwart würden sich zunehmend darum drehen, welche Art von Subjekt man zu sein habe. Es seien dies Kämpfe gegen eine Macht, »welche das Individuum in Kategorien einteilt, ihm seine Individualität aufprägt, [...] es an seine Identität fesselt, ihm ein Gesetz der Wahrheit auferlegt« – kurz: »Es ist eine Macht, die aus Individuen Subjekte macht.« Zumindest in einer anderen Akzentsetzung gegenüber den in der *Gouvernementalitäts*-Vorlesung vertretenen Positionen nennt er die Machtform moderner Gesellschaften nun wieder »totalisierend und individualisierend« – eine Formulierung, die dem Element der *Freiheit* der Individuen im Liberalismus nicht Rechnung zu tragen scheint – und formuliert daher programmatisch: »Wir müssen neue Formen der Subjektivität zustande bringen, indem wir die Art von Individualität, die man uns jahrhundertelang auferlegt hat, zurückweisen.«[103] Das war der politische, machtkritische Impuls, der Foucaults Projekt einer Genealogie der Subjektivierungsweisen bis zu seinem Tod angetrieben hat. Entsprechend lauteten seine Fragen: Was sind die Wurzeln jenes Subjekts, das wir selbst sind? Gibt es verdrängte historische Alternativen zu den christlichen und später psychoanalytischen Formen der Subjektivierung, die darauf beruhen, sich im Geständnis einem Anderen und einer allgemeinen Regel, einer Norm zu unterwerfen? Gibt es eine Subjektivierung jenseits des Gesetzes, eine »Form der Selbstsubjektivierung (auto-subjectivation)« (HS, 270), für die die Sorge um sich der Operationsmodus wäre?

Im Zentrum der Vorlesung *Hermeneutik des Subjekts* steht das Verhältnis des Subjekts zur Wahrheit (ein Problem, das im 20. Jahrhundert nur zwei Denker aufgeworfen hätten: Heidegger und Lacan [HS, 240]). Während Foucault in all seinen Studien über den Wahnsinn, das Verbrechen oder die Sexualität untersuchte, wie das Subjekt zu einer bestimmten Wahrheit gezwungen wird bzw. wie »wahre« Aussagen über das Subjekt zustande kommen, stellt er nun die Frage, wie das Subjekt selbst sich in ein Verhältnis zur Wahrheit setzen kann. Dabei unterscheidet er sehr grundsätzlich zwei abendländische Varianten, die, wie schon so oft, durch den »cartesianischen Moment« (HS, 31) geschieden werden, wie Foucault »ein wenig spaßeshalber« sagt, »obgleich es gar nicht zum Lachen ist« (HS, 97): Seit Descartes – und dann auch seit Kant – werde dem Subjekt als Vernunftwesen per se die Möglichkeit zugeschrieben, die Wahrheit zu erkennen. In allen anderen Kulturen jedoch, in der griechischen und römischen Antike und sogar noch im Christentum, sei es immer darum gegangen, dass das Subjekt sich in einer bestimmten Weise wandle, um Zugang zur Wahrheit zu gewinnen, die zugleich sein Heil bedeute. Mit Descartes aber sei dieser Wandlungsprozess des Subjektes, diese Forderung, »dass sich das Subjekt verändert, wandelt, einen Weg zurücklegt« (HS, 32), dieses Sich-Ausrichten auf eine (höhere) Wahrheit, historisch verdrängt worden. In einer langen Passage am Schluss der Vorlesung vom 24. Februar 1982 nennt Foucault den Eröffnungs-Monolog von Goethes *Faust* daher die »letzte Formulierung der großen Sehnsucht nach einem spirituellen Wissen«, das »mit der Aufklärung verschwindet«, und die »traurig[e] Begrüssung der Geburt eines Erkenntniswesens«. (HS, 382 f.[104]) Diesem Verschwinden konnten sich nur Gegenwissenschaften (OD, 454) entziehen: Sowohl der Marxismus wie die Psychoanalyse stellen »die Frage nach dem Sein des Subjekts« (HS, 50). Während allerdings der Marxismus diese Frage auf »Probleme der Zugehörigkeit (zu einer Gruppe, einer Schule, einer Partei, einer Klasse usw.) übertragen« habe, rühre »die Bedeutung und die Kraft der Lacanschen Untersuchungen daher, dass Lacan [...] die Frage der Beziehung zwischen Subjekt und Wahrheit wieder ins Zentrum der psychoanalytischen Problematik stellen wollte«. Lacan habe »versucht, die Frage zu stellen, die historisch exakt die spirituelle ist: die Frage nach dem Preis, den das Subjekt dafür zu zahlen hat, dass es die Wahrheit sagt, und die Frage nach der Wirkung des Aussprechens der Wahrheit auf das Subjekt, die Wirkung der Tatsache, dass es die Wahrheit über sich selbst gesagt hat und sagen kann«. (HS, 51 f.[105])

Auch wenn Foucault sich längst viel zu weit von Lacan entfernt hat, als dass die Psychoanalyse für ihn noch eine Bedeutung haben könnte – seine ganze Vorlesung kann im Gegenteil wiederum als Gegenentwurf zur psychoanalytischen Theorie der Subjektivierung gelesen werden (vgl. Kap. 8) –, so ist doch der Einsetzpunkt ein gemeinsamer: die von der Moderne verdrängte »Konversion« (HS, 227) des Subjekts im Hinblick auf die Wahrheit. Foucault nennt dieses Verdrängte nun ganz allgemein »Spiritualität«[106]: das Einnehmen einer bestimmten geistigen Haltung, meist in Verbindung mit nicht selten körperlichen Übungen, Reinigungspraktiken oder asketischen Prüfungen (im Christentum dann allerdings in Verbindung mit dem Sündenbekenntnis, was den Unterschied ums Ganze darstellt und letztlich zur Psychoanalyse führt, wie Foucault nicht müde wird zu betonen) – Praktiken der Wandlung des Subjekts jedenfalls, das ein neues Verhältnis zu sich selbst einnehmen muss, weil es »von der Wahrheit Erleuchtung und Läuterung erwarte[t]« (HS, 47). Diese spirituellen Praktiken sind »Suchverfahren«, die für das Subjekt »den Preis darstellen, den es für den Zugang zur Wahrheit zu zahlen hat«. (HS, 32[107]) Sie begründen eine Haltung, die Foucault als »Ethik des Selbst« bezeichnet und die zu einer »Ästhetik des Selbst« führen. (HS, 313) Dabei geht es explizit nicht um »eine Art moralischen Dandyismus« à la Baudelaire (HS, 29), sondern – mit Kierkegaard[108] – um die ernste Frage einer »Konversion« des Subjekts. Weil dies in der Antike und im Christentum allerdings immer eine Frage nach der »Seele« bzw. dem »Seelenheil« des Subjekts war (HS, 120, 132), erscheint es Foucault zweifelhaft, ob eine solche »Ethik des Selbst« auch heute noch möglich sei, auch wenn für ihn genau daran alles hängt. Denn es wäre »eine dringende, grundlegende und politisch unabdingbare Aufgabe, eine Ethik des Selbst zu begründen, wenn es denn wahr ist, dass es keinen anderen, ersten und letzten Punkt des Widerstandes gegen die politische Macht gibt als die Beziehung seiner zu sich selbst« (HS, 313). Das ist der Wetteinsatz, mit dem Foucault die antiken Selbstpraktiken untersucht: den archimedischen Punkt finden, von dem aus sich Widerstand gegen die Macht begründen lässt – ein Punkt, der auch schon im Konzept des freien Individuums in der liberalen Gouvernementalität aufscheint, dort allerdings in ziemlich zweideutiger Weise und weit davon entfernt, das Subjekt jenseits der Macht zu setzen. Genau das aber scheint ihm, soweit es das Abendland und damit »uns« betrifft, einzig von den antiken Selbstpraktiken her denkbar zu sein.

Foucault geht dabei von der These aus, dass der Spruch des Delphischen Orakels *gnothi seauton* (»Erkenne dich selbst«) in der Tradition der abendländischen Philosophie, vor allem aber seit Descartes, als reine Selbsterkenntnis aufgefasst wurde, die damit die Achse des Subjektseins darstellt: Das Subjekt soll die Differenz zwischen sich und dem, was es sein soll, erkennen. In

Wirklichkeit aber sei dieser Orakelspruch nur zu verstehen, wenn man ihn in den Rahmen der Selbstsorge, der *epimeleia heautou* (»Sorge um sich selbst«) einbette (HS, 31, 95f.; SuS, 62): Das Subjekt kann sich nur selbst erkennen, wenn es sich durch die *techne tou biou* – »eine Lebenskunst, eine Existenztechnik« (HS, 544) –, d.h. durch ein Set von Selbstpraktiken als bewusstes und vor allem als bewusst handelndes selbst konstituiert. (SuS 55-75) Im unveröffentlichten ersten Entwurf für einen Vortrag, den er 1981 in New York hielt, schreibt Foucault dazu: »Für Heidegger hat von der abendländischen *techne* an die Objekterkenntnis die Seinsvergessenheit« – einfach gesagt: das Vergessen des eigentlichen Seins des Subjekts – »besiegelt. Kehren wir die Frage um und fragen: Auf der Grundlage welcher *technai* haben sich das abendländische Subjekt und die für es charakteristischen Spiele von Wahrheit und Irrtum, von Freiheit und Zwang herausgebildet?« (HS, 638[109]) Während in der Perspektive Heideggers die Beherrschung von Techniken uns die Welt als Objekt vermittelt und daher, so die Anspielung auf Heidegger in der *Hermeneutik*-Vorlesung, »die Welt als durch eine *techne* manipuliert aufgefasst wurde« (HS, 592), untersucht Foucault gleichsam mit einem heideggerschen Instrumentarium (vgl. HS, 240), aber gegen Heideggers Seins-Metaphysik gewendet, wie die Selbsttechniken Formen von Subjektivität hervorbringen. Aus dieser *techne*-zentrierten bzw. handlungspraktischen Perspektive heraus kann er dann sagen, dass es darum gehe, »wenn Sie so wollen, das Subjekt in seiner Unhintergehbarkeit« – nicht aber: Gegebenheit – »hervortreten zu lassen« (HS, 81). Philosophisch ist hier also weit mehr im Spiel, als nur einen Ansatzpunkt für den Widerstand gegen die Macht zu finden. Es geht ganz fundamental um die Frage, wie das Subjekt zu denken ist, nachdem sich der Denkansatz des Humanismus in Phänomenologie und Marxismus als Sackgasse erwiesen hat.

Im erwähnten Vortragsentwurf formuliert Foucault daher mit seltener Klarheit, auch mit Blick auf seinen eigenen Denkweg: »Es gab drei Wege, um [aus dieser Sackgasse] herauszufinden: entweder mittels einer objektiven Erkenntnistheorie; die war sicher in der analytischen Philosophie oder dem Positivismus zu suchen; oder durch eine neue Analyse der signifikanten Systeme; hier waren die Linguistik, die Soziologie, die Psychoanalyse usw. die Entstehungsorte dessen, was Strukturalismus genannt wird; oder indem man versucht, das Subjekt wieder im historischen Bereich jener Praktiken und Prozesse anzusiedeln, in denen es nie aufgehört hat, sich zu wandeln.« (HS, 640) Dies ist sein Projekt; er fühlte sich dabei »den sogenannten Mentalitätshistorikern praktisch verwandt, während ich bei einem Philosophen wie Nietzsche, der die Frage nach der Geschichtlichkeit des Subjekts gestellt hat, theoretisch in der Schuld stehe« (HS, 640).

Foucault sucht daher »nach Immanenzformen des Subjekts« (HS, 640), indem er in der *Hermeneutik*-Vorlesung und in den beiden letzten Bänden von *Sexualität und Wahrheit* vor allem zwei Momente und zwei Formen der antiken Selbstkultur analysiert, die ihm wesentlich erscheinen: Die »Technologien des Selbst«, wie er sie im *Alkibiades* von Platon ausgebildet sieht, und die sokratische Kultur der »Sorge um sich«, wie sie sich dann später auch in der römischen Kaiserzeit, d.h. im 1. und 2. Jahrhundert vor allem in Senecas Stoizismus findet. Beides sind übrigens Techniken bzw. Praktiken, die durch den insgesamt etwas rätselhaften Titel einer »Hermeneutik« des Subjekts kaum angemessen bezeichnet werden können (der Begriff findet sich daher in seinen beiden letzten Bänden zur Antike [GL und SuS] nicht mehr). Denn die Selbstpraktik etwa im *Alkibiades* ist kein hermeneutisches Verstehen eines wie auch immer gedachten Sinns oder schon gegebenen Seins des Subjekts, sondern eine

Technologie: Sokrates hilft dem ungefestigten Jüngling Alkibiades, sich bewusst zu werden, was er alles nicht weiß über sich selbst, und wie er an sich arbeiten muss, um Selbstbeherrschung zu erlangen. (HS, 78-88) Denn eine solche Regierung seiner selbst ist für die aristokratischen jungen Männer Athens die Voraussetzung für die Regierung der Stadt, zu der sie kraft ihrer sozialen Herkunft auserwählt sind. (HS, 112) Die Technologie des Selbst ist eine zielgerichtete, gleichsam strategische, wenn auch für Regierende unhintergehbare Praxis, wie sie zugleich auch eine elitäre, aristokratische Exklusivität darstellt, die die nötige Muße und Freiheit voraussetzt. Foucault argumentiert, dass sie erst in der Stoa und vor allem bei Seneca zu etwas wird, das nicht mehr nur eine Selbsttechnik für Herrschende darstellt und sich auch nicht auf ihre strategische Zwecksetzung reduzieren lässt. Das Selbst ist nun das Ziel an sich; die Sorge um sich »dehnt sich auf das ganze Leben aus« (HS, 117) und wird zu einer umfassenden Lebenskunst, zu einem Set von praktischen Lebensregeln und Übungen für schwierige Lebenssituationen bis hin zum Tod. Die Metaphern bzw. der Operator dieses Selbstbezuges und dieser Praxis der Selbstsubjektivierung sind der »Athlet«, die »Übung« und die »Prüfung« (HS, 536): Namentlich in der »Prüfung« erweist sich das Selbst als stark und selbstbeherrscht, in ihr konstituiert es sich selbst. »Wir stehen hier«, so Foucault zusammenfassend, »der berühmten Bogenschießübung sehr viel näher, die, wie Sie wissen, bei den Japanern so große Bedeutung hat. Daran ist hier viel eher zu denken als etwa an eine Entzifferung seiner selbst, wie sie dann in den monastischen Praktiken zu finden ist« (HS, 280) – monastische Übungen, die der Exegese des Subjekts und dem Verzicht auf das eigene Ich dienten.

Dieses antike Subjekt vermag drei Dinge. Erstens kann es, so vor allem bei Seneca, in zugleich weiser wie bescheidener Einsicht mit den Mitteln der die Natur erforschenden Vernunft seinen beschränkten, ja flüchtigen Platz im Universum erkennen. (HS, 345) Zweitens vermag das Subjekt, das »zu sich selbst umkehrt« (HS, 308), wahrhaftig zu reden, d.h. freimütig und ungekünstelt die Wahrheit auszusprechen. In den Vorlesungen der Jahre 1982-1984 gewinnt dieses Wahr-Sprechen, das die Griechen *parrhesìa* nannten, für Foucault eine zentrale Bedeutung. Er versteht darunter die ethische Haltung, das Risiko auf sich zu nehmen, die Wahrheit zu sagen, und sei's um den Preis des eigenen Todes, so wie Platon, der den Mut hatte, dem Tyrannen von Syrakus zu sagen, dass er ein Tyrann sei (RSA, 72-84). Die Wahrheit stellt sich hier also nicht als epistemologisches Problem, sondern als ethisch-moralisches: als Frage, ob man den Mut habe, persönlich für seine Überzeugung, für die Wahrheit einzustehen. Das ist, so Foucault, die eigentliche ethische Wahl des Subjekts und die *parrhesìa* daher »die entscheidende Verbindung zwischen der Freiheit und der Wahrheit«: sie ist »eine Ausübung von Freiheit«, ja »die höchste Ausübung der Freiheit« (RSA, 95). In der *parrhesìa* realisiert sich die Ethik damit nicht als abstrakte Moral oder abgeleitet von einem religiösen Bekenntnis, sondern als »Praktiken [...], *in denen das Individuum sich als moralisches Subjekt seines Verhaltens konstituiert*« (MW, 95). Diese Wahrheit also verändert das Subjekt, sie »muss das Subjekt in Mitleidenschaft ziehen«, aber – und das ist entscheidend – das Subjekt wird »auf gar keinen Fall Gegenstand einer wahren Rede« (HS, 305). Es gibt in der *parrhesìa* keine Exegese des Subjekts, weil es keine allgemeine Wahrheit geben kann, der es sich zu unterwerfen hätte. Daher braucht das antike Subjekt drittens auch keine Instanz, die ihm sagt, was es zu tun hat. Diese Instanz ist es selbst, und ihr Instrument sind die Lebensregeln, die es sich bei einem Lehrer, einem Meister aneignet: »Die *techne tou biou* füllt, glaube ich, in der klassischen griechischen Kultur jene Leerstelle aus, die weder der Staat, noch das Gesetz, noch die Religion hinsichtlich der Lebensorganisation auszufüllen in der Lage sind.« (HS, 544)

Auf diese Weise also wäre ein Subjekt jenseits des Gesetzes, jenseits der Macht, aber auch jenseits des Wahnsinns zu denken, zugleich aber auch ein Subjekt, das frei ist und den Mut hat, für die Wahrheit einzustehen. Das zeigen zu können war es vor allem, worauf Michel Foucault in seinem ganzen, allein im Tod abgebrochenen Werk hingearbeitet hat.

8. König Ödipus. Michel Foucault und das Gesetz

Eine Einführung zu Michel Foucault kann nur die wichtigsten Linien seines Denkens und die zentralen Konzepte benennen; sie muss die Gelenkstellen seines beweglichen, auf Revisionen und nicht auf systematische Abgeschlossenheit ausgerichteten, zugleich auch unfertigen Werks kenntlich machen. Ich habe nicht versucht, Foucault im Lichte seiner Rezeption zu diskutieren, und es war auch nicht möglich zu zeigen, wie Konzepte, die von Foucault gleichsam als Halbfertigprodukte in seiner Werkstatt liegen geblieben sind, heute weiterentwickelt werden. Ein Aspekt seines Denkens scheint mir allerdings so wesentlich zu sein, dass ich ihn hier aus einer Fülle von möglichen Anknüpfungs- und Kritikpunkten herausgreife: das Verhältnis von Foucaults genealogischem Ansatz zum nicht nur psychoanalytischen Konzept des Gesetzes oder allgemeiner gesagt: zu symbolischen Ordnungen. Ich will nicht in das Lied jener einstimmen, die über Foucaults angeblich fehlende Moral und seine »antihumanistische« Kälte herziehen, um sich so ihres eigenen vorzüglichen Humanismus zu versichern. Doch ich will zeigen, was ich an Foucaults genealogischem Denken für problematisch halte.

Ich gehe dabei von der Figur – im mythologischen wie im theoretischen Sinn – des König Ödipus aus, über die Foucault immer wieder gesprochen hat: In *Wahnsinn und Gesellschaft* argumentierte er, dass die von Freud im Unbewussten seiner Patienten entdeckte psychische Grundstruktur von frühkindlichem Begehren der Mutter und Tötungswunsch gegenüber dem Vater alles andere als »mythisch« und ewig wahr sei. Freud habe ihr zwar »in einem neuen Mythos die Bedeutung des Schicksals [gegeben], das die abendländische Kultur und vielleicht jede Zivilisation durchfurchen soll« (WG, 512), in Wahrheit aber sei sie nichts anderes als die Kopie einer vergessenen Praxis patriarchalischer Anstaltsführung durch Pinel und Tuke (vgl. Kap. 1). Im März 1972 kam Foucault wieder auf Ödipus zurück, als er in Buffalo ein Seminar unter anderem über »*König Ödipus* von Sophokles« anbot, und ein Jahr später hielt er in Rio de Janeiro einen ganzen Vortrag zum Thema Ödipus. 1976 attackierte er in *Der Wille zum Wissen* den Begriff des Gesetzes, den die Psychoanalyse direkt mit dem Ödipus-Mythos in Verbindung bringt, und stellte ihm den Begriff der Norm entgegen (vgl. Kap. 6). 1980 eröffnete er die Vorlesungsreihe *Die Regierung der Lebenden*[110] mit einer langen Untersuchung zu *König Ödipus*, und in *Hermeneutik des Subjekts* (1981/82) wie auch in *Die Regierung des Selbst und der anderen* (1982/83) kam er wiederum ausführlich auf Ödipus zu sprechen.

Foucault begann seinen Vortrag in Rio de Janeiro mit einem kurzen, zustimmenden Referat der Thesen des kurz zuvor erschienenen *Anti-Ödipus* von Gilles Deleuze und Felix Guattari, für die der Ödipus-Mythos eine in die bürgerliche Familie eingelassene und von der Psychoanalyse als Repressionsinstrument endlos wiederholte Erzählung ist, die die Funktion hat, den Wunsch auf die Strukturen der Familie zu kanalisieren und ihm überhaupt eine hierarchische und gesetzesmäßige Struktur zu geben.[111] Foucault untersuchte dann seinerseits, mit welchen diskursiven Praktiken in der Ödipusgeschichte die Wahrheit festgestellt wird, dass König Ödipus seinen Vater ermordet und seine Mutter geheiratet und mit ihr Kinder gezeugt hat. Entscheidend bei dieser Wahrheitssuche ist für Foucault die Frage der Macht. Er argumentiert, im Stück *König Ödipus* gehe es um die Königsmacht des Ödipus, um die Frage, ob er die Macht behalten könne, obwohl die Wahrheit seiner Verfehlungen an den Tag kommt. Das Stück handle von der Verbindung von Wissen und Macht: Ödipus sei ein Mann des Wissens, des Sehens, der offenen Augen, der daher auch das Rätsel der Sphinx löste und sich dann zum Tyrannen von Theben aufschwang. Die Ödipusgeschichte, die das Scheitern des Ödipus, dessen, der die Macht hat, zeigt, sei seither ein abendländischer Mythos. *Dieser* Mythos besage, dass die Macht und das Wissen einander fremd seien – und diesen Mythos gelte es jetzt im Anschluss an Nietzsche aufzulösen. (WF, 51) Alles andere aber, nämlich jener Mythos, den Freud erfunden habe, interessierte Foucault nicht nur nicht, sondern war das, was er in seinem ganzen Werk bekämpfte. Das Drama von Sophokles fungierte dabei als das Lehrstück, mit welchem er seine Ablehnung der psychoanalytischen Theorie des Gesetzes und seinen alternativen Ansatz einer genealogischen Analytik der Macht gemeinsam vorführen konnte.

Foucaults genealogisches Denken ist aus der Gegnerschaft zum freudschen Ödipus-Mythos und zum Konzept des Gesetzes entstanden, wie Jacques Lacan es erstmals in dieser Breite in seinem berühmten »Bericht von Rom« 1953 mit dem Titel »Funktion und Feld des Sprechens und der Sprache in der Psychoanalyse« vortrug: »Unkenntnis der Gesetze schützt nicht vor Bestrafung«, heißt es da. »Übersetzt aus dem Humor des Gesetzbuches drückt diese Formel trotzdem eine Wahrheit aus, auf der unsere Erfahrung beruht und die sie bestätigt. Denn niemand lebt wirklich in Unkenntnis der Gesetze, weil das Gesetz des Menschen das Gesetz der Sprache ist [...].«[112] Diesen

Gesetzesbegriff verknüpfte Lacan mit dem freudschen Ödipuskomplex, der nicht nur die »Grenzen [...] der Subjektivität« abstecke, sondern »mit einer sprachlichen Ordnung identisch« sei.[113] Und daher gelte umgekehrt auch: »Im *Namen des Vaters* müssen wir die Grundlage der Symbolfunktion erkennen, die seit Anbruch der historischen Zeit seine Person mit der Figur des Gesetzes identifiziert.«[114] Wir haben gesehen, dass Foucault in *Der Wille zum Wissen* diesem Konzept des Gesetzes die »Norm« entgegenhielt (vgl. Kap. 6); dennoch erwies er der Psychoanalyse seine Reverenz: »In Reaktion auf den zeitgenössischen Aufstieg des Rassismus bemühte sich Freud, der Sexualität das Gesetz zugrunde zu legen – das Gesetz der Allianz, das Gesetz der verbotenen Blutschande, das Gesetz des Vater-Souveräns.« Freud habe »die Thematik der Sexualität wieder in das System des Gesetzes, der symbolischen Ordnung und der Souveränität« eingeschrieben. »Dem verdankt es die Psychoanalyse, dass sie sich« – dies nun die Reverenz – »in theoretischer und praktischer Gegnerschaft zum Faschismus befand«: Sie hielt dem biologistischen Degenerations- und Rassekonzept die Idee einer symbolischen Ordnung als Grundlage der Gesellschaft entgegen. Die Gegnerschaft zum Faschismus ist keine geringe Sache, dennoch fährt Foucault fort: »Aber diese Position der Psychoanalyse war an eine bestimmte historische Konjunktur gebunden. Und nichts vermag zu verhindern, dass das Denken der Ordnung des Sexuellen in den Begriffen des Gesetzes, des Todes, des Blutes und der Souveränität [...] letztlich nur eine nostalgische Rückwendung in die Geschichte ist.« (WW, 179)

Der Einsatz, mit dem hier gespielt wird, ist hoch: Wie kann man den modernen Normalisierungsmächten bis hin zum Faschismus widerstehen, ohne sich auf das Gesetz des Ödipus-Mythos zu beziehen – im Denken von Freud über Lévi-Strauss bis Lacan jener Nullpunkt aller Kultur, der Menschen als Sprachwesen einander gleichsetzt und sie gegen jeden biologischen Determinismus schützt? In *Der Wille zum Wissen* lautete Foucaults Antwort bündig, der Ankerpunkt des Widerstandes, der »Stützpunkt des Gegenangriffs«, seien »die Körper und die Lüste« (WW, 187). Doch diese Antwort ist falsch: Niemand wehrt sich gegen die Macht, indem er sich unter dem Zeichen eines unvermittelten »Vitalismus«, wie Gilles Deleuze kritisch sagte, auf seinen Körper und seine Lüste beruft. Das hat Foucault im Iran gesehen, und spätestens in seiner Vorlesungsreihe *Hermeneutik des Subjekts* machte er den Selbstbezug des Subjekts, die Sorge um sich, zum Gegenprinzip der Macht. Gleichzeitig drehte sich diese ganze Vorlesung um nichts anderes als um die Frage, ob es »Immanenzformen« der Subjektivität jenseits des Gesetzes gebe, wobei Foucault auf das Modell des »Athleten«, der »Übungen« und »Prüfungen« des Subjekts stieß (vgl. Kap. 7). Auch Ödipus ist für ihn eine Gestalt, die sich solchen Prüfungen unterwirft bzw. von den Göttern Prüfungen unterworfen wird, dabei zwar scheitert, weil er nicht anders als scheitern konnte, am Schluss aber als selbstbestimmtes, ja autonomes Subjekt aus diesen Prüfungen hervorgeht: »Zwar habe ich meinem Land die Pest gebracht, aber jetzt bringe ich über die Erde, in der ich ruhen werde, Gelassenheit, Seelenruhe und Allmacht. Eine Kraftprobe also«, so Foucault, »bei der es einen Besiegten (Ödipus) gibt, bei der allerdings der Mensch nach erlittener Niederlage seine Macht wiedererlangt und sich mit den Göttern versöhnt, die ihn von jetzt an beschützen.« (HS, 541)

Es ist durchaus keine triviale Frage, wie man die Haltung des Ödipus beurteilt. Man könnte sagen, Ödipus gewinnt eine späte Einsicht: Er erkennt das Schicksalhafte seiner Handlungen und seines Begehrens, für das er »unschuldig« war, weil er, so nun die psychoanalytische Lektüre, gar nicht anders konnte, als seine Mutter zu begehren und seinen Vater töten zu wollen. Und vor allem, so ließe sich sagen: Am Ende seines Lebens gewinnt er Gelassenheit und Seelenruhe, weil er als Geschlagener, als dem Gesetz endlich Unterworfener, sich wieder in die göttliche Ordnung einfügt. Es ist klar, dass Foucault die Geschichte ganz anders liest: Ödipus ist unschuldig, die Götter haben ihn einer Prüfung unterworfen, ja ein Spiel mit ihm gespielt, aber er hat die Kraftprobe bestanden und wird zu einem autonomen oder, wie Foucault sagt, allmächtigen Subjekt, das sich mit den Göttern versöhnen kann, von jedem Gesetz aber unabhängig bleibt.

Allein, ist das Argument plausibel, dass es nicht nur Subjektivierungsweisen jenseits und unabhängig des Gesetzes gibt, sondern auch, dass damit jeder theoretisch-konzeptionelle Bezug der Gesellschaftsanalyse auf eine symbolische Ordnung suspendiert werden kann, wie Foucault angesichts von Freuds »nostalgischer Rückwendung in die Geschichte« behauptet? Um diese Frage zu beantworten, ist nochmals auf die Ödipus-Geschichte zurückzukommen. Deren ganze Handlungsdynamik ergibt nur Sinn, wenn man akzeptiert, dass hier Götter agieren und Ödipus zuerst einem Schicksal unterwerfen, für das sie ihn dann bestrafen, und dass der Geschlagene sich am Schluss wieder in die göttliche Ordnung einfügt. Alle Beispiele für die antiken Selbstpraktiken, die Foucault zitiert, bewegen sich ganz selbstverständlich in diesem Horizont einer religiösen Ordnung – etwa, dass das Subjekt seine Seele als Teil des Göttlichen zu erkennen habe etc. Daher kommt er auch nicht umhin, diese Suche des Subjekts nach der Wahrheit »Spiritualität« zu nennen. Wie aber lassen sich Spiritualität und die unzähligen Belege für ein religiöses Symbolisches in der *Hermeneutik*-Vorlesung mit Foucaults Denken verbinden? Die Antwort ist klar: Er versucht, gleichsam den mundanen Aspekt dieser Praktiken zu isolieren, um sie als vollkommen immanente Techniken einer autonomen Subjektkonstituierung denken zu können. Im Gespräch, das Foucault 1978 in einem buddhistischen Zen-Kloster in Japan mit einigen Bonzen führte und das sich um die Frage drehte, was der Westen von Japan lernen könnte, sagte er gegen Schluss: »Wir haben nicht viel Zeit. Ich möchte Ihnen nur eine Frage stellen.« Was fragt Foucault einen Zen-Meister, wenn er gleichsam noch eine letzte Frage frei hat? Nun: »Ist es möglich, die Zen-Praxis von der Gesamtheit der Religion und der Praxis des Buddhismus zu trennen?« (Sch III, 779) Das ist wohl der Schlüssel zum Verständnis des Konzepts der Sorge um sich. Denn genau diese Trennung von Religion und Selbsttechniken taucht in der *Hermeneutik*-Vorlesung als das etwas verborgene, dennoch zentrale Argument auf: dass das Christentum die antiken Selbstpraktiken übernommen habe, weil es sich eben um bloße Techniken handle, die man von einem symbolischen System ins andere transferieren konnte. (HS, 511-513) Daraus leitete Foucault sein Vertrauen in die Möglichkeit ab, eine abendländische Tradition von Techniken der Selbstkonstituierung zu rekonstruieren, die nicht auf ein Symbolisches bezogen sind.

Ich halte die konsequente und durchgängige genealogische Dekonstruktion von Gesetzen, Normen und Werten, die sich mit der Aura des Ewig-Wahren umgeben, für historiographisch außerordentlich fruchtbar. Die Annahme hingegen, man könne auf jeden Bezug auf ein Symbolisches verzichten, erscheint mir philosophisch ebenso problematisch, wie die Vorstellung empirisch falsch ist, es habe je menschliche Gemeinschaften ohne Symbolisches und damit ohne ein wie auch immer geartetes Gesetz gegeben. Das lässt sich an einem Beispiel aus den Vorträgen in Rio de Janeiro von 1973 plausibel machen. Es geht um die Genese des Rechts. Foucault argumentiert, dass im archaischen Griechenland, im germanischen wie auch im frühen feudalen Recht in Streitfällen kein »Dritter« – kein Richter, kein Repräsentant des Gesetzes und/oder der Macht – den Fall entschieden hat, sondern eine »Probe«: ein Kampf, eine Feuerprobe etc. Diese Formen lägen gleichsam ›vor‹ dem Gesetz; der ritualisierte Kampf in der Probe sei selbst ein »Rechtsoperator« gewesen, habe Recht generiert, und die Rechtsinstitution des Dritten im Mittelalter (also formalisiertes Gesetz, Gericht und Strafe) sei erst mit der Akkumulation von Macht durch den mächtigsten Feudalherren entstanden, der von sich behaupten konnte, ein Verbrechen habe nicht nur das Opfer verletzt, sondern auch die Sphäre des Herrschers. (WF, 55-61) Die juridische Struktur, die die zwei Kämpfenden einem formalisierten Dritten gegenüberstellt, sei eine historische und müsse auf ihre verborgene, ursprüngliche Geschichte der Kämpfe und der Macht befragt werden.

Die Annahme, hier sei kein Gesetz im Spiel, ist allerdings kaum plausibel: Denn bei einer Probe fungiert zwar kein personifizierter Dritter, weder ein offizieller, beauftragter Zeuge noch ein Herrscher als derjenige, der entscheidet, wohl aber ein *fiktiver*, eben ein symbolischer Dritter. Indem die beiden Streitenden sich einer mehr oder weniger ritualisierten Probe unterwerfen – und nicht einfach nur gegeneinander kämpfen –, vertrauen sie ebenso wie die Gemeinschaft, die sich von diesem Streitfall betroffen fühlt, auf ein Größeres, ein möglicherweise Göttliches, jedenfalls eine ihnen übergeordnete Gerechtigkeit, die sich im Ausgang der Probe *manifestiert.* Der Glaube an das Gesetz erweist sich nirgends stärker als im Glauben an die Aussagekraft der Probe, weil hier jedes direkte Machtverhältnis und jeder konkrete Respekt vor einem Herrscher entfällt.

Daher erscheint auch Foucaults Entgegensetzung von Gesetz und Norm zur Analyse der Moderne wenig überzeugend. Die Moderne wandte sich nicht vom göttlichen Gesetz ab, um sich bloßen, jederzeit flexiblen Normen zuzuwenden, die ein reines Strategem von Kämpfenden wären, sondern errichtete zuerst den Glauben an das Naturrecht, der sich im 19. Jahrhundert zum Glauben an das »Naturgesetz« wandelte, etwa an den »unerbittlichen« Kampf ums Überleben, oder schlicht an »Darwin«. Das war das Gesetz, an das in exzessiver Weise vor allem der Faschismus glaubte; Hitler selbst hat immer davon gesprochen, dass er diesem Gesetz nachleben müsse. Das ist ernst zu nehmen, weil Freud, wie Foucault richtig erkannte, nichts anderes getan hatte, als diesem biologistischen Gesetz sein zugleich naturrechtliches wie kulturalistisches Gesetz des Ödipus entgegenzuhalten, das man seit Lévi-Strauss als Basis-Struktur von menschlichen Gesellschaften lesen kann. Lacan hat im Anschluss daran die Sprache selbst als Modell wie zugleich auch als eigentlichen Grund für diesen entscheidenden Übergang von der Natur zur Kultur bezeichnet. Gemeinschaften von sprechenden Tieren können gar nicht anders, als sich einem Gesetz zu unterwerfen – auch wenn sie es verletzen. Dass der genealogische Ursprung des Namens-des-Vaters genau jene Macht ist, die das Kind noch vor jeder Sprache lieben muss, wenn es leben will[115], ändert daran nichts, sondern bestätigt sich vielmehr im Umstand, dass Subjekte nur um den Preis der Psychose aus diesem Rahmen ausbrechen können, wie Foucault im Zusammenhang mit Hölderlin einst sagte (vgl. Kap. 2). Die Errungenschaft seines späten Konzepts der Selbstverhältnisse besteht zwar darin, in anderer Weise als die Psychoanalyse zu zeigen, dass das Subjekt nie einfach »gegeben« ist, sondern sich immer im Raum der Geschichte *konstituiert* (vgl. Kap. 7). Seine These allerdings, dass Subjekte sich in einer bestimmten abendländischen Tradition *selbst* konstituiert hätten, also ohne Bezug auf ein wie auch immer geartetes Symbolisches und jenseits des Gesetzes, konnte nicht anders als scheitern.

Symbolische Systeme rahmen nicht nur die Subjektkonstitution ein, sondern auch die Kämpfe um Macht und Einfluss, denen sie einen Ort, eine Struktur und vielleicht eine Bedeutung geben. Wir verstehen mit Foucault zwar viel besser, dass diese symbolischen Ordnungen selbst Objekt von Kämpfen sind und darin oft tiefgreifend modifiziert werden; es gibt keinen Grund, an seiner illusionslosen Diagnose zu zweifeln, dass die Kämpfenden letztlich danach trachten, die jeweils geltenden »Regeln« zu ihrem Vorteil zu ändern. Doch ob dies kühle, strategische »Interpreten« sind, wie Foucault mit Nietzsche sagte (vgl. Kap. 4), oder Besessene in der gewalttätigen Raserei der Kriege, ändert nichts daran, dass sie nie vollständig außerhalb des Symbolischen agieren.[116] Sie kennen das Gesetz und bewegen sich in seinen Lücken, in seinen Verwerfungen und an seinen Rändern, die immer wieder wie eine blutige Naht offen zutage liegen. Diese Ränder sind der Ort der Verletzung des Gesetzes, nicht aber dessen Wurzel, gar dessen *einziger* Ursprung. In diesem Sinne wäre zu sagen, dass Gesellschaften und Subjekte weder auf Machtkämpfe noch auf das Symbolische zurückgeführt werden können, sondern gemäß der unauflöslichen und paradoxen Verbindung von Recht und Zwang, die Walter Benjamin im deutschen Begriff der »Gewalt« erkannte, immer auf beides zugleich – auf die Kämpfe um Macht und auf das Gesetz, auf den Krieg und auf das Symbolische.

Anmerkungen

1 Roger-Pol Droit: Michel Foucault, entretiens, Paris 2004, S. 92.

2 David Halperin: Saint Foucault: Towards a Gay Hagiography, Oxford 1995, S. 6.

3 Hans-Ulrich Wehler: Die Herausforderung der Kulturgeschichte, München 1998, S. 91.

4 Luc Ferry/Alain Renaut: Antihumanistisches Denken. Gegen die französischen Meisterphilosophen, München 1987.

5 Martin Stingelin (Hg.): Biopolitik und Rassismus, Frankfurt/M. 2003.

6 Ulrich Bröckling, Susanne Krasmann, Thomas Lemke (Hg.): Gouvernementalität der Gegenwart. Studien zur Ökonomisierung des Sozialen, Frankfurt/M. 2000.

7 Wilhelm Schmid: Auf der Suche nach einer neuen Lebenskunst. Die Frage nach dem Grund und die Neubegründung der Ethik bei Foucault, Frankfurt/M. 2000.

8 Clemens Kammler/Rolf Parr/Ulrich Johannes Schneider (Hg.): Foucault-Handbuch. Leben – Werk – Wirkung, Stuttgart 2008; Axel Honneth/Martin Saar (Hg.): Michel Foucault. Zwischenbilanz einer Rezeption – Frankfurter Foucault-Konferenz 2001, Frankfurt/M. 2003.

9 Michel Foucault: *Maladie mentale et personnalité*, Paris 1954, S. 2 und 104.

10 Jacques Derrida: »Cogito und die Geschichte des Wahnsinns«, in: ders.: Die Schrift und die Differenz, Frankfurt/M. 1994, S. 53-101, Zitat S. 70.

11 Übersetzung modifiziert, Ph.S.

12 Ulrich Brieler: Die Unerbittlichkeit der Historizität. Foucault als Historiker, Köln 1998.

13 Jacques Lacan: »Funktion und Feld des Sprechens und der Sprache in der Psychoanalyse (Bericht auf dem Kongress von Rom 1953)«,

in: ders.: Schriften, hg. von N. Haas und H.J. Metzger, Berlin 1991, Bd. 1, S. 71-171, Zitat S. 119.

14 Lacan, »Funktion und Feld des Sprechens ...«, S. 121.

15 Ebd., S. 153-157.

16 Ich zitiere aus der neuen, vollständigen und selbständig erschienenen Übersetzung des Schlusskapitels von *Wahnsinn und Gesellschaft.*

17 Derrida, »Cogito ...«, S. 67.

18 Ebd., S. 63 (Hervorhebung im Original).

19 »Mein Körper, dieses Papier, dieses Feuer«, in: Sch I, S. 300-330.

20 Vgl. zu dieser Definition von »œuvre«: »Der Wahnsinn, die Abwesenheit eines Werks«, in: Sch I, S. 539-550, und Derrida, »Cogito ...«, S. 87.

21 Derrida, »Cogito ...«, S. 66-67.

22 Vgl. Claude Quétel: »Faut-il critiquer Foucault?«, in: Elisabeth Roudinesco et al. (Hg.): Penser la folie: Essais sur Michel Foucault, Paris 1992, S. 86f.; Claude Quétel / Jacques Postel: Nouvelle Histoire de la Psychiatrie, Paris 1994, S. 107 ff.; Roy Porter: »Foucault's great confinement«, in: Arthur Still/Irving Velody (Hg.): Rewriting the history of madness: studies in Foucault's *Histoire de la folie*, London (etc.) 1992, S. 119 ff.; H.C. Erik Midelfort, »Madness and Civilization in Early Modern Europe: A Reappraisal of Michel Foucault«, in: Peter Burke: Critical Essays on Michel Foucault (Critical Thought Series: 2), Aldershot 1992, S. 36 f.; Mark Erickson: »Michel Foucault's Madness and Civilization: A selective bibliography with critical notations«, in: Still/Velody (Hg.), Rewriting, S. 185-217.

23 Vgl. Eric J. Engstrom/Matthias M. Weber/Paul Hoff (Hg.): Knowledge and power: perspectives in the history of psychiatry, München 1996. (hier insb.: Preface)

24 Roudinesco et al. (Hg.), Penser la folie. Essais sur Michel Foucault, Paris 1992.

25Vgl. Eribon, Biographie, S. 226, während die Zeittafel in den Schriften, Bd. 1, die (offiziellen) Veröffentlichungsmonate April bzw. Mai nennt (Sch I, 35).

26 Zitiert nach Eribon, Biographie, S. 227 f., vgl. DE IV, 599 (Nr. 343).

27 Michel Foucault: *Naissance de la clinique*. Une archéologie du regard medical, Paris 1963, S. XIII.

28 Lacan, »Das Drängen des Buchstabens ...«, S. 24.

29 Ebd., S. 31; vgl. Elisabeth Roudinesco: Jacques Lacan. Bericht über ein Leben, Geschichte eines Denksystems, Köln 1996, z.B. S. 184, 191-214, 260.
30 Lacan, »Funktion und Feld des Sprechens ...«, S. 112, 113-114.
31 Übersetzung angepasst, Ph. S.
32 Hervorhebung durch mich, Ph. S.
33 Thomas Hoyt Broman: The transformation of German academic medicine, 1750-1820, Cambridge 1996.
34 Foucault, Naissance, S. XIII.
35 Georges Canguilhem: Das Normale und das Pathologische, Frankfurt/M. 1977 (Paris 1943/1972).
36 Hervorhebung durch mich, Ph. S.
37 Lacan, »Funktion und Feld des Sprechens ...«, S. 118-119.
38 Lacan, »Das Drängen des Buchstabens ...«, S. 36.
39 Derrida, »Cogito ...«, S. 99.
40 Ulrich Raulff: »Der Souverän des Sichtbaren. Foucault und die Künste – eine Tour d'horizon«, in: Peter Gente (Hg.): Foucault und die Künste, Frankfurt/M. 2004, S. 9-22, Zitat S. 11.
41 Eigene Übersetzung nach Foucault, Naissance, S. XIII.
42 Hubert L. Dreyfus/Paul Rabinow: Michel Foucault. Jenseits von Strukturalismus und Hermeneutik, Frankfurt/M. 1987.
43 Foucault, Naissance, S. XIII (Hervorhebung durch mich, Ph. S.).
44 Den Freunden der psychologischen Geschichtsbetrachtung sei zwar zugestanden, dass Foucaults Vater Anatom und Chirurg war, aber wir argumentieren hier nicht psychologisch, sondern auf der Ebene der Texte.
45 In einem Gespräch, das Michel Foucault 1968 mit Claude Bonnefoy geführt hat und das erst 2011 veröffentlicht wurde (*Das giftige Herz der Dinge* [GHD), führt Foucault sein Schreiben und die Art seiner Analysen unmittelbar auf das Vorbild der Chirurgie und der Anatomie zurück – und nicht zuletzt auch auf die Tatsache, dass sein Vater Chirurg war.
46 Auf Deutsch mit dem von Foucault eigentlich bevorzugten, auf Französisch aber schon besetzten Titel *Die Ordnung der Dinge*.
47 Die Fassung in *Les mots et les choses* bzw. in OD ist gekürzt; der Text liegt auf Deutsch erstmals vollständig vor in Sch I, S. 603-621.
48 »Jean-Paul Sartre répond«, in: L'Arc, N° 30, 1966.

49 Lacan, »Das Drängen des Buchstabens ...«, in: Schriften, Bd. II, S. 43, erstmals publiziert in La Psychanalyse, N° 3, 1958.
50 Foucault bezieht sich hier implizit auf Nietzsches posthumen Text »Über Wahrheit und Lüge im aussermoralischen Sinn«, wo es heißt, dass der Mensch in Unkenntnis der Realität seines Körpers »gleichsam auf dem Rücken eines Tigers in Träumen häng[t]«. (Friedrich Nietzsche: »Ueber Wahrheit und Lüge im aussermoralischen Sinne [1873]«, in: Sämtliche Werke, Kritische Studienausgabe, hg. von G. Colli u. M. Montinari, München/Berlin/New York 1980, Bd. 1, S. 873-890, Zitat S. 877).
51 Hervorhebung durch mich, Ph. S.
52 Vgl. dazu die Zusammenstellung aller meist impliziten Verweise Foucaults auf Heidegger in MP, S. 368-369.
53 Vgl. dazu ausführlich Philipp Sarasin: Darwin und Foucault. Genealogie und Geschichte im Zeitalter der Biologie, Frankfurt/M. 2009, Kap. 10.
54 Hervorhebung durch mich, Ph. S.
55 Siehe dort in der Fußnote die entsprechenden Nachweise.
56 Ein Zitat aus Jorge Luis Borges: »Die analytische Sprache John Wilkins'«, in: ders.: Das Eine und die Vielen. Essays zur Literatur, München 1966, S. 212.
57 Vgl. dazu im Anschluss an Foucault Giorgio Agamben: Homo sacer. Die souveräne Macht und das nackte Leben, Frankfurt/M. 2002.
58 Hans-Jörg Rheinberger: Experimentalsysteme und epistemische Dinge. Eine Geschichte der Proteinsynthese im Reagenzglas, Göttingen 2001.
59 Michel Foucault: *L'Archéologie du Savoir*, Paris 1969, S. 67.
60 Vgl. Andrea Hemminger: Kritik und Geschichte. Foucault - ein Erbe Kants?, Wien/Berlin 2004.
61 David Hyder: »Foucault, Cavaillès, and Husserl on the Historical Epistemology of the Sciences«, in: Perspectives on Science, Jg. 11, Nr. 1, S. 107-129, insb. S. 125-128.
62 Vgl. Hans-Georg Gadamer: Wahrheit und Methode, Tübingen 1975, S. 324 f.
63 Paul Veyne: »Michel Foucaults Denken«, in: Honneth/Saar (Hg.), Zwischenbilanz einer Rezeption, S. 27-51, S. 35.
64 Hervorhebung durch mich, Ph. S.
65 Jacques Derrida: Grammatologie, Frankfurt/M. 1990 (Paris 1967), S. 17.

66 Übersetzung angepasst, Ph. S. (»le jeu hasardeux des dominations«, DE II, 143)
67 Übersetzung angepasst, Ph.S.
68 Übersetzung angepasst, Ph.S.
69 Didier Eribon, Zeitgenossen, S. 58 ff.
70 Roger-Pol Droit: Michel Foucault, entretiens, Paris 2004, S. 120.
71 Ebd., S. 127, 135.
72 Ebd., S. 125.
73 Michelle Perrot (Hg.): L'impossible prison. Recherches sur le système pénitentiaire au XIXe siècle. Débat avec Michel Foucault, Paris 1980. Vgl. zur Rezeptionsgeschichte auch Remi Lenoir/Myriam Tsikounas (Hg.): Michel Foucault, *Surveiller et punir*: la prison vingt ans après, Paris 1996.
74 Vgl. Michel de Certeau: Die Kunst des Handelns, Berlin 1988, Einleitung.
75 Hervorhebung durch mich, Ph.S.
76 Immanuel Kant, Erste Einleitung in die Kritik der Urteilskraft, Hamburg 1990, S. 15.
77 Vgl. Michel Foucault: *Surveiller et punir. La naissance de la prison*, Paris 1975, S. 225f.
78 Remi Lenoir: »Michel Foucault: le mal entendu, entretien avec Michelle Perrot«, in: ders./Tsikounas (Hg.), Michel Foucault, *Surveiller et punir*, S. 153.
79 »Sade, Offizier des Sex«, und nicht, wie in der Übersetzung in den Schriften »... des Geschlechts« (Sch II, 1018); vgl. auch WW, 14, Anm. des Übersetzers.
80 Vgl. dazu Judith Butler: Das Unbehagen der Geschlechter, Frankfurt/M. 1991 (Gender Trouble, 1990).
81 Übersetzung angepasst, Ph.S.
82 Droit, Michel Foucault, entretiens, S. 118.
83 Vgl. dazu ausführlich Sarasin, Darwin und Foucault, Kap. 6 und 7.
84 Ann Laura Stoler: Race and the Education of Desire. Foucault's History of Sexuality and the colonial Order of Things, London 1995.
85 Margaret A. McLaren: Feminism, Foucault, and embodied subjectivity, Albany/N.Y. 2002.
86 Hervorhebung im Original.

87 Vgl. dazu Philipp Sarasin: Reizbare Maschinen. Eine Geschichte des Körpers, 1765-1914, Frankfurt/M. 2001.
88 Michel Sennelart: »Situierung der Vorlesungen«, in: GG II, S. 527-571, insb. S. 557.
89 Deleuze, Foucault, S. 129 (Übersetzung angepasst, Ph.S.).
90 Vgl. dazu Sarasin, Darwin und Foucault, Kap. 10.
91 Hervorhebung durch mich, Ph.S.
92 Hervorhebung durch mich, Ph.S.
93 Hervorhebung durch mich, Ph.S.
94 Übersetzung angepasst, Ph. S.
95 Vgl. dazu Eribon, Foucault, S. 411-418.
96 Der Savak war der gefürchtete Geheimdienst des Schahs.
97 Michel Foucault, in: Farès Sassine: »Entretien inédit avec Michel Foucault 1979«, auf http://fares-sassine.blogspot.de/2014/08/entretien-inedit-avec-michel-foucault.html [11.4.2016] sowie http://fares-sassine.blogspot.de/2014_08_01_archive.html [11.4.2016]. Für den wertvollen Hinweis danke ich Sarah Weibel, Zürich.
98 Vgl. Michel Sennelart: »Situierung der Vorlesungen«, GG II, S. 461.
99 Vgl. dazu allerdings kritisch Wendy Doniger und Sudhir Kakar, »Einleitung«, in: Vatsyayana: Kamasutra, neu übersetzt und kommentiert und mit einer ausführlichen Einleitung von Wendy Doniger und Sudhir Kakar, Berlin 2004 (Oxford 2002), S. 17.
100 Frédéric Gros, »Situierung der Vorlesungen«, HS, 627.
101 1976 plante Foucault nach WW folgende Bände für das Gesamtprojekt: 2. La Chair et le corps, 3. La Croissade des enfants, 4. La Femme, la mère et l'hystèrique, 5. Les Pervers, 6. Population et races, änderte seinen Plan dann aber zugunsten seiner Auseinandersetzung mit den antiken Selbsttechniken (Gros, »Situierung der Vorlesungen«, HS, 617).
102 Gros, »Situierung der Vorlesungen«, HS, 627.
103 Michel Foucault: »Das Subjekt und die Macht«, in: Dreyfus/Rabinow, Michel Foucault, S. 243-261, Zitate S. 246f. (DE IV, Nr. 306).
104 Übersetzung angepasst, Ph.S.
105 Übersetzung angepasst, Ph.S.
106 Ulrike Bokelmann, die Übersetzerin von *Hermeneutik des Subjekts*, hat sich dafür entschieden, »spiritualité« und »spirituel« mit »Geistigkeit« und »geistig« zu übersetzen (HS, 25, A.d.Ü.), was eine unglückliche Wahl ist. Foucault meinte eindeutig Spiritualität, d.h., er

wollte den Begriff, den er seit Teheran verwendete, nicht zwingend von allen religiösen oder transzendenten Konnotationen freihalten.

107 Vgl. dazu das Buch des für Foucaults Lektüre der antiken Texte wichtigen Pierre Hadot, mit Arnold Davidson (Hg.): Philosophy as a Way of Life: Spiritual Exercises from Socrates to Foucault, London 1995.

108 Foucault war Frédéric Gros zufolge »ein unermüdlicher Leser von Kierkegaard, der für ihn von ebenso entscheidender wie geheimer Bedeutung war, auch wenn er diesen Autor praktisch nie erwähnt«. (HS, 43, Fn. 46).

109 Das Folgende ist zitiert in Gros, »Situierung der Vorlesungen«, in: HS.

110 Bei Drucklegung des Manuskripts dieses Buches noch unediert.

111 Vgl. Gilles Deleuze/Félix Guattari: Anti-Ödipus. Kapitalismus und Schizophrenie I, Frankfurt/M. 1988.

112 Lacan, »Funktion und Feld der Sprache ...«, S. 112.

113 Ebd., S. 118.

114 Ebd., S. 119.

115 Judith Butler: Psyche der Macht. Das Subjekt der Unterwerfung, Frankfurt/M. 2001.

116 Vgl. Carolin Emcke: Von den Kriegen. Briefe an Freunde, Frankfurt/M. 2004.

Siglenverzeichnis der zitierten Quellen und Werke von Michel Foucault

AN	Die Anormalen. Vorlesungen am Collège de France (1974-1975), Frankfurt/M. 2003.
AW	Archäologie des Wissens, Frankfurt/M. 1995.
AZ	Der anthropologische Zirkel, Berlin 2003 (=Schlusskapitel von Histoire de la folie, 1961).
EKA	Einführung in Kants *Anthropologie*, Berlin 2010.
FK	(zusammen mit Arlette Farge), Familiäre Konflikte. Die »lettres de cachet«, Frankfurt/M. 1989.
FR	(Hg.), Der Fall Rivière. Materialien zum Verhältnis von Psychiatrie und Strafjustiz, Frankfurt/M. 1975.
GF	Die Geständnisse des Fleisches, Berlin 2019 (=Sexualität und Wahrheit, Bd. 4).
GG I-II	Geschichte der Gouvernementalität, Bd. I: Sicherheit, Territorium, Bevölkerung; Bd. II: Die Geburt der Biopolitik. Vorlesung am Collège de France 1977-1978, hg. von Michel Sennelart, Frankfurt/M. 2004.
GHD	Das giftige Herz der Dinge. Gespräch mit Claude Bonnefoy, Berlin/Zürich 2012 (Paris 2011).
GK	Die Geburt der Klinik. Eine Archäologie des ärztlichen Blicks, Frankfurt/M. 1991.
GL	Der Gebrauch der Lüste, Frankfurt/M. 1986 (=Sexualität und Wahrheit, Bd. 2).
HS	Hermeneutik des Subjekts. Vorlesung am Collège de France (1981/82), Frankfurt/M. 2004.
IM	Das Leben der infamen Menschen, Berlin 2001.
ME	Der Mensch ist ein Erfahrungstier. Gespräch mit Ducio Trombadori, Frankfurt/M. 1996.

MP Die Macht der Psychiatrie. Vorlesungen am Collège de France 1973-1974, hg. von Jacques Lagrange, Frankfurt/M. 2005.

MW Der Mut zur Wahrheit. Die Regierung des Selbst und der anderen II. Vorlesungen am Collège de France 1983/84, hg. von Frédéric Gros, Frankfurt/M. 2010.

OD Die Ordnung der Dinge. Eine Archäologie der Humanwissenschaften, Frankfurt/M. 1978. (=Les mots et les choses, Paris 1966).

ODis Die Ordnung des Diskurses. Inauguralvorlesung am Collège de France – 2. Dezember 1970, Frankfurt/M. 1991.

PA Problèmes de l'anthropologie, Cours donné à l'École Normale 1954-1955; Photocopie de feuillets manuscrits allographes, 66 feuillets (IMEC Abbé d'Ardenne, Caen, Fonds Michel Foucault, FCL 3.08 [=Vorlesungsmitschrift von Jaques Lagrange]).

RR Raymond Roussel, Frankfurt/M. 1989.

RSA Die Regierung des Selbst und der anderen. Vorlesungen am Collège de France 1982/83, hg. von Frédéric Gros, Frankfurt/M. 2009.

Sch I-IV Schriften in vier Bänden (Dits et écrits), hg. von Daniel Defert und François Ewald, Frankfurt/M. 2001-2005.

SuS Die Sorge um sich, Frankfurt/M. 1986 (=Sexualität und Wahrheit, Bd. 3).

ÜS Überwachen und Strafen. Die Geburt des Gefängnisses, Frankfurt/M. 1976.

VG In Verteidigung der Gesellschaft. Vorlesungen am Collège de France (1975-76), Frankfurt/M. 1999.

WF Die Wahrheit und die juristischen Formen. Mit einem Nachwort von Martin Saar, Frankfurt/M. 2003.

WG Wahnsinn und Gesellschaft. Eine Geschichte des Wahns im Zeitalter der Vernunft, Frankfurt/M. 1973.

WK Was ist Kritik?, Berlin 1992.

WW Der Wille zum Wissen, Frankfurt/M. 1977 (=Sexualität und Wahrheit, Bd. 1).

Weiterführende Literatur

Bogdal, Klaus-Michael, Achim Geisenhanslüke (Hg.): Die Abwesenheit des Werks. Nach Foucault, Heidelberg 2006.

Bou Ali, Nadia, Goel, Rohit (Hg.): Lacan contra Foucault. Subjectivity, sex, and politics, London 2018.

Braunstein, Jean-François et al. (Hg.): Foucault(s), Paris 2017.

Brieler, Ulrich: Die Unerbittlichkeit der Historizität. Foucault als Historiker, Köln 1998.

Carrette, Jeremy R.: Foucault and religion: spiritual corporality and political spirituality, London 2000.

Dean, Mitchell, Zamora, Daniel: Le dernier homme et la fin de la révolution: Foucualt après Mai 68, Montréal 2019.

Deleuze, Gilles: Foucault, Frankfurt/M. 1992.

Detel, Wolfgang: Macht, Moral, Wissen: Foucault und die klassische Antike, Frankfurt/M. 1998.

Downing, Lisa (Hg.): After Foucault. Culture, theory, and criticism in the twenty-first century, Cambridge 2018.

Dreyfus, Hubert L./Paul Rabinow: Michel Foucault. Jenseits von Strukturalismus und Hermeneutik, Frankfurt/M. 1987.

Elden, Stuart: Mapping the present: Heidegger, Foucault, and the project of a spatial history, London 2001.

Elden, Stuart: Foucault's Last Decade, Cambridge 2016.

Elden, Stuart: Foucault. The birth of power, Cambridge 2017.

Eribon, Didier: Michel Foucault. Eine Biographie, Frankfurt/M. 1991.

Ders.: Foucault und seine Zeitgenossen, München 1998.

Ernst, Wolfgang: M.edium F.oucault. Weimarer Vorlesungen über Archive, Archäologie, Monumente und Medien, Weimar 2000.

Ewald, François/Bernhard Waldenfels (Hg.): Spiele der Wahrheit. Michel Foucaults Denken, Frankfurt/M. 1991.

Fisch, Michael: Werke und Freuden. Michel Foucault – eine Biographie, Bielefeld 2011.

Geisenhanslüke, Achim: Foucault und die Literatur. Eine diskurskritische Untersuchung, Opladen 1997.

Gente, Peter (Hg.): Foucault und die Künste, Frankfurt/M. 2004.

Goldstein, Jan (Hg.): Foucault and the Writing of History, Cambridge/Mass. 1994.

Gros, Frédéric/Carlos Lévy (Hg.): Foucault et la Philosophie antique, Paris 2003.

Gutting, Gary (Hg.): The Cambridge companion to Foucault, Cambridge/Mass. 1994.

Hemminger, Andrea: Kritik und Geschichte. Foucault – ein Erbe Kants?, Wien/Berlin 2004.

Kammler, Clemens/Rolf Parr/Ulrich Johannes Schneider (Hg.): Foucault-Handbuch. Leben - Werk - Wirkung, Stuttgart 2008.

Kammler, Clemens/Rolf Parr (Hg.): Foucault in den Kulturwissenschaften. Eine Bestandsaufnahme, Heidelberg 2007.

Klawitter, Arne: Die »fiebernde Bibliothek«. Foucaults Sprachontologie und seine diskursanalytische Konzeption moderner Literatur, Heidelberg 2003.

Krasmann, Susanne/Michael Volkmer (Hg.): Michel Foucaults »Geschichte der Gouvernementalität« in den Sozialwissenschaften. Internationale Beiträge, Bielefeld 2007.

Lagasnerie, Geoffroy de: Michel Foucaults letzte Lektion. Über Neoliberalismus, Theorie und Politik, Wien 2018.

Lazreg, Marnia: Foucault's Orient. The conundrum of cultural difference, from Tunisia to Japan, New York 2017.

Lemke, Thomas: Eine Kritik der politischen Vernunft: Foucaults Analyse der modernen Gouvernementalität, Berlin 1997.

Marchart, Oliver, Martinsen, Renate (Hg.): Foucault und das Politische. Transdisziplinäre Impulse für die politische Theorie der Gegenwart. Wiesbaden 2019.

McKinlay, Alan/Ken Starkey (Hg.): Foucault, management and organization theory: from panopticon to technologies of self, London 1998.

McLaren, Margaret A.: Feminism, Foucault, and embodied subjectivity, Albany/N.Y. 2002.

Miller, James: Die Leidenschaft des Michel Foucault, Köln 1995 (The Passion of Michel Foucault, 1993).
Neubauer, John (Hg.): Cultural history after Foucault, New York 1999.
Rainsborough, Marita, Foucault heute. Neue Perspektiven in Philosophie und Kulturwissenschaft, Bielefeld 2018.
Redell, Petra Carlsson: Foucault, art, and radical theology. The mystery of things, London 2019
Revel, Judith: Dictionnaire Foucault, Paris 2008.
Ricken, Norbert/Markus Rieger-Ladich (Hg.): Michel Foucault: Pädagogische Lektüren, Wiesbaden 2004.
Roudinesco, Elisabeth (Hg.): Penser la folie. Essais sur Michel Foucault, Paris 1992.
Ruoff, Michael: Foucault-Lexikon. Entwicklung – Kernbegriffe – Zusammenhänge, Paderborn 2018 (4., aktualisierte und erweiterte Auflage).
Saar, Martin: Genealogie als Kritik. Geschichte und Theorie des Subjekts nach Nietzsche und Foucault, Frankfurt/M. 2007.
Sarasin, Philipp: Geschichtswissenschaft und Diskursanalyse, Frankfurt/M. 2003.
Sarasin, Philipp: Darwin und Foucault. Genealogie und Geschichte im Zeitalter der Biologie, Frankfurt/M. 2009.
Schneider, Ulrich Johannes: Michel Foucault, Darmstadt 2004.
Stingelin, Martin (Hg.): Biopolitik und Rassismus, Frankfurt/M. 2003.
Stoler, Ann Laura: Race and the Education of Desire. Foucault's History of Sexuality and the colonial Order of Things, London 1995.
Taylor, Chloë, The Routledge guidebook to Foucault's »The history of sexuality«, London 2017.
Veyne, Paul: Foucault: Die Revolutionierung der Geschichte, Frankfurt/M. 1992.
Veyne, Paul: Foucault. Der Philosoph als Samurai, Stuttgart 2009.
Wade, Simeon: Foucault in California (a true story wherein the great French philosopher drops acid in the Valley of Death), foreword by Heather Dundas, Berkeley 2019.

Zeittafel

1926	Paul-Michel Foucault wird am 15. Oktober in Poitiers geboren, als zweites Kind des Chirurgen und Anatomen Paul-André Foucault und von Anne Malapert, Tochter eines Arztes.
1946-1951	École normale supérieure (ENS) an der Rue d'Ulm in Paris; Studium der Psychologie und der Philosophie
1950-1953	Mitglied der Kommunistischen Partei Frankreichs
1951-1955	unterrichtet Psychologie an der ENS und an der Universität Lille
1954	*Maladie mentale et personnalité*
1955-1960	Leiter französischer Kulturinstitutionen in Uppsala, Warschau und Hamburg
1960-1966	Professor für Psychologie an der Universität Clermont-Ferrand
1961	*Folie et déraison. Histoire de la folie à l'âge classique*
1963	*La naissance de la clinique. Une archéologie du regard médical* und *Raymond Roussel*
1966	*Les mots et les choses. Une archéologie des sciences humaines*
1966-1968	Professor für Philosophie an der Universität Tunis
1969	*Archéologie du savoir*
1969-1970	Professor für Philosophie an der Universität Paris-Vincennes
1970	Berufung zum Professor am Collège de France für die »Geschichte der Denksysteme«
1970-1972	Reisen nach Japan und in die USA
1971	*L'ordre du discours, leçon inaugurale au Collège de France*
1971-1972	militante politische Arbeit zugunsten von Strafgefangenen
1973	*Ceci n'est pas une pipe* und (hg.) *Moi, Pierre Rivière, ayant égorgé ma mère, ma sœur et mon frère;* Reisen nach Kanada, Brasilien und in die USA

1975 *Surveiller et punir. La naissance de la prison*; erste Reise nach Kalifornien

1976 *Histoire de la sexualité, tome 1: La volonté de savoir*

1978 (hg.) *Herculine Barbin, dite Alexina B.*; zweiter Aufenthalt in Japan; Reisen nach Iran

1982 (hg., zusammen mit Arlette Farge) *Le désordre des familles. Lettres de cachet des archives de la Bastille*

1983 Übersetzung (mit M. Ziegler) von Norbert Elias' *Über die Einsamkeit der Sterbenden in unseren Tagen*

1984 *Histoire de la sexualité, tome 2: L'usage des plaisirs* und *tome 3: Le souci de soi.* Schwere Krankheitssymptome; Michel Foucault stirbt am 25. Juni in Paris an Aids.

Philipp Sarasin, geb. 1956, ist Professor für Neuere Geschichte am Historischen Seminar der Universität Zürich, Forschungsstelle für Sozial- und Wirtschaftsgeschichte, und Gründungsmitglied des Zentrums »Geschichte des Wissens« der Universität und der ETH Zürich. Arbeitsgebiete: Geschichte des Wissens, Geschichte des Kalten Krieges, Theorie der Geschichtswissenschaft, Stadtgeschichte, Körper- und Sexualitätsgeschichte. Wichtigste Publikationen: *Evolution. Ein interdisziplinäres Handbuch*, Stuttgart 2010 (hg., mit M. Sommer); *Darwin und Foucault. Genealogie und Geschichte im Zeitalter der Biologie*, Frankfurt/M. 2009; *Bakteriologie und Moderne. Studien zur Biopolitik des Unsichtbaren 1870-1920*, Frankfurt/M. 2006 (hg., mit S. Berger et al.); *»Anthrax«. Bioterror als Phantasma*, Frankfurt 2004 (US-Ausgabe Cambridge/Ms. 2006); *Geschichtswissenschaft und Diskursanalyse*, Frankfurt/M. 2003; *Reizbare Maschinen. Eine Geschichte des Körpers 1765-1914*, Frankfurt/M. 2001; *Physiologie und industrielle Gesellschaft. Studien zur Verwissenschaftlichung des Körpers im 19. und 20. Jahrhundert*, Frankfurt/M. 1998 (hg., mit J. Tanner); *Stadt der Bürger. Bürgerliche Macht und städtische Gesellschaft*, Basel 1846–1914, Göttingen 1997.